Rosina-Fawzia Al-Rawi

La Sabiduría del Amor

EL AMOR Y SUS 99 CUALIDADES SANADORAS

Los Más Bellos Nombres de Dios

أسماء الله الحسنى

´asmā´u llāh al-ḥusnā

Traducido por Rauda Adela Aguirre

Rosina-Fawzia Al-Rawi

La Sabiduría del Amor

EL AMOR Y SUS 99 CUALIDADES SANADORAS

Los Más Bellos Nombres de Dios

أسماء الله الحسنى

´asmā´u llāh al-ḥusnā

Traducido por Rauda Adela Aguirre

Biblioteca Nacional Alemana Catalogación-en-Publicación Datos
Este libro figura en el catálogo de la Biblioteca Nacional Alemana; ver: http://dnb.de/ES

Primera publicación año 2023

Propietaria: Cornelia Linder, Hirnsberger Str. 52, D – 83093 Antwort
Tel. +49 8053 7992952, correo electrónico: info@sheema.de
https://www.sheema-verlag.de

ISBN 978-3-948177-63-8 (tapa blanda)
ISBN 978-3-948177-64-5 (tapa dura)
ISBN 978-3-948177-65-2 (libro electrónico)

Diseño de tapa: Schmucker Digital; derechos de autor de la ilustración:
© oowenoc/Fotolia.com
Correctoras de pruebas: Laura Hawa Antoine, Lilia Habiba Luna, Monique Mona Arav
Traducción: Rauda Aguirre
Edición general: Sheema Medien Verlag, Cornelia Linder, www.sheema-verlag.de
Impresión y distribución: tredition GmbH, Halenreie 40-44,
22359 Hamburgo, Alemania

Sheema Medien Verlag atribuye especial importancia a la producción sustentable.

A mis compañeros en el sendero,
Rauda y sus hermosos hijos,
Sarah, Laila y Muyib
y a mis hijos Nour, Tasnim y Qais
Con profundo amor

ÍNDICE

Reconocimientos

Agradezco profundamente a todas las grandes almas que Allāh me ha permitido conocer, a aquellas con quienes pude estar y de cuya luz y sabiduría me fue dado beber. Quisiera agradecer a Rauda Adela por su gran ayuda y esfuerzo al traducir este trabajo y así hacer posible este proyecto, así como a Laura Hawa, Lilia Habiba y Monique Mona por el tiempo que dedicaron a la revisión del texto.

Finalmente me gustaría agradecer a mi esposo y a mis hijos por su paciencia y su amor.

Comentarios sobre la transliteración

La transliteración de este libro se ha efectuado siguiendo las reglas del sistema IJMES para la transliteración del inglés al árabe, tal como fuera recomendado por el Periódico Internacional de Estudios del Oriente Medio (International Journal of Middle East Studies), dado que no existe un acuerdo internacional para la transliteración del árabe al español, con la salvedad de las letras árabes que tienen correspondencia fonética en español, en cuyo caso se han utilizado éstas últimas para los Nombres Divinos y los textos breves.

Los títulos de los suras están en árabe según la transliteración de la edición inglesa, "The Message of the Qur'ān", traducida por Muhammad Asad.

Nombres Divinos que cambian por la fonética en español:

Árabe	Inglés		Español	
ج	j	Al-Jabbār	y	Al-Yabbār
		Al-Jalīl		Al-Yalīl
		Al-Mujīb		Al-Muyīb
		Al-Wājid		Al-Wāyid
		Al-Mājid		Al-Māyid
		Dhū-l-Jalāli wa-l-Ikrām		Dhū-l-Yalāli wa-l-Ikrām
		Al-Jāmi'		Al-Yāmi'
خ	kh	Al-Khāliq	j	Al-Jāliq
		Al-Khāfiḍ		Al-Jāfiḍ
		Al-Khabīr		Al-Jabīr
		Al-Mu'akhkhir		Al-Mu'ajjir
		Al-'Ākhir		Al-'Ājir
ي	yy	Al-Qayyūm	ii	Al-Qaiiūm

En el caso de oraciones completas y párrafos en árabe, generalmente en letra cursiva diferenciada, se ha optado por la fonética del sistema IJMES incluso para las letras con correspondencia fonética en español.

Asimismo se ha optado por utilizar el Nombre Divino Allāh, el término Qur'ān y el nombre propio del Profeta Muhammad, que la paz y las bendiciones de Allāh sean sobre él, con la fonética del sistema IJMES.

Recitación y grabación de los Nombres Divinos

Al comienzo de la página 44, los lectores encontrarán recomendaciones sobre como pronunciar los Nombres Divinos. Para facilitar su pronunciación correcta, la Dra. Al-Rawi los ha grabado especialmente para todos los interesados. Se encuentran en la página web que lleva su nombre:

https://www.fawzia-al-rawi.com -> Publications -> Downloads -> DivineNamesMP3.zip

Precaución: Se recomienda enfáticamente no escuchar las grabaciones de los Nombres Divinos mientras maneja su automóvil o realiza otras actividades que requieren total concentración.

Comentarios sobre el uso del género femenino y masculino

Siempre que fue posible se eligió en esta traducción el plural para referirse a ambos géneros. Sin embargo, cuando se utilizó el género masculino sin que fuera referido a una persona, fue para no entorpecer el libre fluir de la lectura, debiéndose entender, en estos casos, que su significado es universal, refiriéndose tanto a mujeres como a hombres.

La palabra árabe *nafs* ha sido traducida al género masculino, número singular, en este libro como figura en otras traducciones al inglés, francés y alemán.

Comentarios sobre el uso del pronombre 'Él', y los términos 'Uno' y 'Único' para Allāh

Si bien el concepto de Divinidad trasciende los géneros femenino y masculino, a los efectos de darle consistencia y simplicidad al texto, en este libro se utilizó el pronombre 'Él' para referirse a Allāh, a Dios, al amado grandioso y eterno, a pesar de que el absoluto no tiene sexo masculino ni femenino, sino que los incluye y los trasciende a ambos.

Se han utilizado asimismo los términos 'Uno' y 'Único' para referirse a la Divinidad.

Comentarios sobre la traducción del Sagrado Qur'ān

En el presente libro todas la traducciones del texto de los suras del Sagrado Qur'ān, se han tomado de la edición en español de "El Mensaje del Qur'an" de Muhammad Asad, traducida por Abdurrasak Pérez, Junta Islámica, 2001.

Información para los lectores

Se ha optado por cambiar la fonética de los Nombres Divinos, para que su pronunciación se acerque a la del idioma árabe al leerse en español.

Esta traducción ha sido efectuada por estudiantes de sufismo en Argentina, con gran dedicación, esfuerzo y amor. Al respecto Fawzia nos recuerda que lo más importante es beber de la sabiduría de este libro y de los Nombres Divinos, apreciando y respetando las posibles diferencias idiomáticas existentes en los países de habla hispana.

El objetivo es difundir el mensaje de amor, compasión, sabiduría, paz y justicia, ampliando simultáneamente los horizontes de conocimiento, tolerancia y comprensión.

Prefacio

Este libro tiene como objetivo ser una introducción y una modesta contribución para la comprensión de los Nombres Divinos. Refleja el conocimiento recibido de mi maestro, el sheikh Sidi Muhammad al-Jamal al-Rifa'i, como así también el de otros maestros y eruditos.

Me gustaría expresar mi amor y especial agradecimiento a mi maestro, el sheikh Sidi Muhammad al-Jamal al-Rifa'i, quien con infinita paciencia y gran amor me ha acompañado a través de las montañas y los valles de mi propio ser, mostrándome una y otra vez el verdadero sentido de lo que significaba convertirse en un verdadero ser humano.

Le agradezco sobre todo que haya sembrado en mi corazón las semillas de la confianza, dado que solía decirme una y otra vez, sin cansarse: *¡Todo se encuentra en tu interior, aprende a leer!* Agradezco haber tenido el privilegio de pasar doce años con él y haber podido sentarme silenciosamente, en su presencia, meciéndome en la luz de su alma hermosa. En esos preciosos años nuestro vínculo se hizo muy profundo, ya que era su estudiante y su nuera. Guardo el recuerdo imborrable de aquellos años como un tesoro en mi corazón.

Sidi pertenece a la escuela de los sufíes Shaduliyya, una tradición sufí muy expandida que se origina en las enseñanzas del gran maestro sufí Abu al-Hasan ash-Shaduli, quien recibiera su iniciación de manos del distinguido maestro sufí marroquí 'Abd as-Salām ibn Mashish y difundió sus conocimientos especialmente en Túnez y Egipto, donde fue enterrado en el año 1258.

El Shaduliyya es un camino espiritual que no promueve acciones espectaculares, sino que, en el plano externo, las acciones deben ser equilibradas, moderadas y armoniosas; mientras que en el plano interno, el buscador debe conectar su corazón con Allāh a través de la práctica de la remembranza. Este camino requiere que el buscador se involucre en la vida cotidiana: así el aspirante trabaja, tiene familia y pertenece a una comunidad. Es importante, además, que el desarrollo interno obtenido por el buscador se manifieste en el mundo a través de sus acciones.

Obviamente no es demasiado difícil lograr el equilibrio, ser digno y pacífico cuando se vive en soledad, en una ermita, pero sostener estas cualidades, mientras se vive entre la gente, requiere de magnanimidad, compostura, confianza, fuerza de voluntad y autocontrol; además, implica reflexión, contemplación y profundo amor. Aprender a conectarnos con nuestro ser interior y beber de nuestra sabiduría para ver la vida profundamente, con los ojos del corazón, en su estado primario y prístino, y en unidad con todo lo que es requiere de una profundísima transformación, dado que al ego le fascina ver desde una visión externa y superficial, e interpretar los sucesos como hechos fortuitos, es decir, fuera del ámbito de la Divinidad.

¿Qué es el sufismo?

El sufismo es un camino de autoconocimiento que nos brinda un método para descubrir nuestro propio ser, nuestro potencial y nuestros talentos, así como también una guía para encontrar nuestra verdadera realidad, revelándonos el milagro que somos.

El sufismo es un sendero que debe ser recorrido y experimentado. No se trata de un sistema teórico, producto de conclusiones o reflexiones, y dista mucho de serlo. Fue revelado por los Profetas y Mensajeros quienes encarnaron sus enseñanzas y fueron ejemplos vivientes de ellas, arribando a un estado de absoluto conocimiento.

En nuestro ser conviven dos fuerzas o anhelos, uno vertical: el amor a Dios, y otro horizontal: el amor por la humanidad y la Creación.

Cuando transitamos la vida sin que ésta tenga un sentido más profundo, sin saber para que vivimos ni donde estamos parados, nos sobrecogen las dudas, nos sentimos perdidos y confundidos, caminamos sin un propósito, simplemente reaccionando ante las circunstancias externas y apenas tomando aliento entre una circunstancia y otra.

Cada día transitamos una amplísima gama de estados de ánimo muy diferentes: podemos estar abiertos y amigables en un momento, y al segundo estar enojados y temerosos; ser honestos e inmediatamente después actuar con hipocresía, sentir coraje y a los minutos miedo, estar profundamente satisfechos e inmediatamente infelices, sentirnos tolerantes y luego quisquillosos, ser generosos y al rato mezquinos. ¿A qué se deben todos estos vaivenes? ¿Por qué ocurren? ¿Qué me pasa? ¿Qué hago con todo esto que me ocurre?

Cuanto más conocemos a Dios, más Lo amamos, de la misma manera en que la mejor forma de conocer a los seres humanos, es amándolos.

Las cualidades básicas que debemos cultivar para convertirnos en seres completos, son el amor y la compasión hacia los demás seres humanos. Estos sentimientos son lo suficientemente poderosos para liberarnos de las cadenas del aislamiento y para disolver esas emociones persistentes y apasionadas que nos separan de las otras personas y del resto del mundo. Purifican el corazón y liberan el espíritu de los obstáculos egocéntricos. Amar a nuestros semejantes requiere eliminar el egoísmo. Es una expansión que ocurre cuando limpiamos el corazón de las oscuras manchas que producen en él la codicia, la envidia y la arrogancia. Verdaderamente la empatía por todos los seres vivos y el amor hacia el prójimo son la base de la moral auténtica.

Desde la perspectiva ordinaria de separación, el ser humano es insignificante. Desde esa percepción, no somos nada; sin embargo, si vemos al género humano desde la perspectiva de la Unidad, de la realidad Divina, somos todo. Completarnos en el Uno, es sinónimo de perfección ya que formamos parte de ese Uno, somos una parte de la Creación. Es decir que dependiendo de la perspectiva que tomemos, y en relación a Dios, somos 'nada' o somos 'todo'. En relación al universo, somos parte de esa Creación perfecta. En el centro de nuestro ser, cuya parte más externa es el ego, vibra la totalidad, nuestro núcleo Divino.

Los sufíes aspiran a atravesar su ser periférico, es decir, el ego, para conectarse y estar presentes en su centro Divino, buscando al mismo tiempo transformarse en seres completos. Este es el viaje que nos trae nuevamente a casa, desde el exilio hasta nuestro centro, a nuestro verdadero ser, a través del reconocimiento de la unidad de toda la existencia. Los puntos de referencia que guían este camino son el sendero espiritual y el centro.

Las facultades cognitivas son el obsequio más grande que le ha sido dado a la humanidad. El Profeta Muhammad, que la paz y las bendiciones de Allāh sean sobre él, dijo:

> *Dios no ha creado nada más noble que el poder de conocimiento y Su furia desciende sobre aquellos que lo desdeñan.*

A nosotros los seres humanos, se nos han dado facultades cognitivas para poder discernir, pero los susurros de la tentación siempre ponen a prueba nuestra fuerza de voluntad. La voluntad humana es como el viento: si descansa en el arbitrio Divino, reflejará con claridad el eterno y perfecto océano luminoso que existe en nuestro interior; si la turbulencia del ego la agita, el reflejo del sol se verá alterado y el reflejo Divino distorsionado. La maldad o la desarmonía no son opuestas a Dios, son resistencias a Él. Todo lo que existe proviene de la misma fuente. La Divinidad contiene a ambos: blanco y negro, femenino y masculino.

La dualidad existe para orientarnos en el mundo, no para quedar atrapados en ella. La dualidad existe en este mundo únicamente para guiarnos hacia la Unidad. La dualidad forma un mundo de aparentes polos opuestos que en realidad se complementan unos con otros, no siendo verdaderamente antagónicos. Todo lo que existe está entrelazado y forma parte de un patrón energético inseparable.

Utilizar y profundizar la práctica de los Nombres Divinos, especialmente, los que vienen en pares, aparentemente opuestos o complementarios, tales como *Aḍ-Ḍār* (el que crea daño), *An-Nāfi‘* (el que crea lo que es útil) o *Al-Qābiḍ* (el que contrae), *Al-Bāsiṭ* (el que expande), nos ayuda a trascender el pensamiento lineal de la mente y a vislumbrar la interconexión que existe en toda la Creación.

Los sufíes se refugian en Dios hasta que pueden aceptar y reconocer al Amado en cualquier situación y con cualquier cualidad que se les presente en la vida, sea placentera o difícil, porque ven la realidad a través de la sabiduría del corazón. A medida que nuestra conciencia se expande y profundiza, nos vamos liberando del aislamiento que produce el ego y comenzamos a entender esta realidad más profundamente.

El camino consiste en ir guiando paulatinamente las características del ego desde la periferia hasta nuestro verdadero ser. La multiplicidad de manifestaciones externas tiene el propósito de ayudarnos a tomar el camino que conduce a las dimensiones internas, donde todo fluye hacia la Unidad, muere y renace.

Somos al mismo tiempo seres celestiales y terrenales. Encontrar el centro y el equilibrio entre las dos pulsiones que existen en nosotros es el sendero de los sufíes. Somos celestiales como los ángeles que solo pueden hacer el bien mientras alaban a Dios, y terrenales como los animales que siguen sus instintos y necesidades. Tanto los ángeles como los animales están determinados por sus naturalezas y no pueden elegir su camino. Sin embargo, a nosotros los seres humanos, se nos han dado capacidades intelectuales. Podemos comprender y reflexionar teniendo, consiguientemente, el deber y la carga de elegir. Dado que tenemos conciencia de nosotros mismos y de nuestras acciones, somos responsables por las consecuencias de nuestros actos. Si nos inclinamos hacia nuestro verdadero ser, nuestro ser Divino profundo –con toda la lucha que ello implica– nos elevamos sobre los ángeles porque hemos tomado una decisión consciente; si optamos por seguir nuestros impulsos y necesidades egoístas, descendemos por debajo de la vida animal.

La dignidad humana descansa en esta decisión consciente y en este esfuerzo. Paso a paso, momento a momento, incesantemente, vamos ganándola con firmeza la batalla al ego, transformándolo y adquiriendo los colores de las cualidades Divinas, yendo cada vez más profundo. De esta manera los seres humanos podemos alcanzar nuestro destino, nuestra verdadera naturaleza. Es por lo tanto esencial conocerse a uno mismo para poder usar los métodos correctos y eficientes que nos conducirán a nuestro verdadero ser, al amor, al significado verdadero de nuestra existencia, ¡al Gran Amado que está en nuestro interior, a nuestro alrededor y más allá de todo!

El gran poeta Rumi dio una excelente definición del ser humano: *tiene cola de burro y alas de ángel.*

Los seres humanos llevan en sí mismos la unidad de toda la existencia. Por ello han sido llamados el centro de la Creación.

¡Sé consciente de tu eternidad y del 'instante atemporal' que te brinda la remembranza de Allāh! Como dicen los sufíes, *¡Conviértete en la hija o el hijo del momento presente!* y ¡no te preocupes por el mañana! Pues es únicamente en el instante presente e irremplazable, en el Divino 'ahora' que pertenecemos completamente a Dios.

Levántate y comienza a caminar, abre tu corazón, permítete rotar y girar dentro de la Divina perfección, sabiendo que todo viene de Él y regresa a Él. La meta de los sufíes es conocer a la Divinidad, devenir uno con Dios y disolver las cadenas del ego complaciente, egoísta y ansioso, focalizando en la fuerza unitiva del amor. Como dijera Rabi'a al-'Adawiyya:

> *Ni el miedo del infierno ni la esperanza del cielo son importantes, lo esencial es la experiencia de la belleza eterna de Dios.*

La introspección y la purificación espiritual del corazón son prácticas esenciales para aquellos que buscan conocer la Divinidad, la Realidad eterna. Los sufíes denominan a esta lucha la 'gran batalla' o *yihad un-nafs*, la gran guerra, el gran esfuerzo personal focalizado en la lucha contra el ego herido que se esfuerza por lograr el aislamiento. Consecuentemente, la *yihad* es el 'esfuerzo hecho para la Divinidad' contra las pasiones egoístas y debilidades del ego.

El término *yihad* proviene del verbo *yahada* y significa esforzarse, luchar, trabajar sobre uno mismo, ejercer presión sobre sí para combatir el mal y elegir lo virtuoso. Requiere un gran esfuerzo de voluntad colmar al ego o *nafs* de compasión, de amor por nuestros semejantes, y de la comprensión que no somos islas, sino que los estados y situaciones por las que atraviesan los demás seres humanos están conectados con los nuestros; y la única forma de comprender esto es descubrir la fuente y esencia original que nos conecta a todos.

Así que si abro mi corazón lentamente y digo: *Sí, confianza, ven hacia mí, ven, amor, ven y ¡tócame! Tengo miedo de las consecuencias, tengo miedo que quizás venga también el dolor, pero quiero completarme, deseo arrojarme fuera de la separación y comenzar la lucha requerida para aprender a cuidarme y poder ser sanado!* En este sentido la *yihad* es una 'batalla sagrada y sanadora' que continúa hasta que llega el tiempo en que el alma se transforma en un 'alma en paz'.

Las prácticas comprenden oración, meditación, danza sagrada, música, *jalwa* (retiro espiritual) y *dhikr* (remembranza de Dios, conciencia de Dios). Pero el punto focal es siempre la vida cotidiana, la relación con otros seres humanos y las acciones. Este es el verdadero campo para la práctica y la reflexión.

Divide tu día en dos partes: desarrolla la cualidad de gratitud, *shukr*, absorbiendo las experiencias que te trae el día, y a la noche permanece haciendo la remembranza, *dhikr*, observando y contemplando las situaciones que tuviste durante la jornada, y desarrollando así el aprendizaje interior. La noche y el día son símbolos donde el 'día' es la capacidad que Dios ha dado a la humanidad para adquirir conocimiento a través de la conciencia y el intelecto, y la 'noche' es la intuición que brota del silencio y la devoción serena, y responde las preguntas de tu corazón.

Sura *An-Naml*, Las Hormigas (27:86)

pues, ¿es que no veían que somos Nosotros quienes hicimos para ellos la noche para que descansaran, y el día para que pudieran ver? [...]

Los primeros pasos –que da el buscador para encaminarse hacia la Divinidad, luchando para abandonar el daño que causa su ego complaciente y egoísta– están muchas veces acompañados de una soledad desgarradora. Implica separarse de lo que es familiar y muchas veces también despedirse de relaciones pre-existentes.

Sura *An-Nisāa'*, Las Mujeres (4:100)

Y quien abandone el ámbito del mal por la causa de Dios hallará en la tierra muchos caminos de soledad, pero también abundante vida. [...]

Para poder caminar en este sendero, el buscador necesita un maestro que haya caminado, que conozca las intrincadas trampas que tiende el ego y que se encuentre inmerso en el amor de Dios. También necesita compañeros que le den soporte y lo alienten.

El camino y la meta son la belleza, *iḥsān*. *Iḥsān* proviene de la palabra *ḥusn* que significa belleza y gracia; implica acercarse, vivir y realizar todo de la manera más hermosa posible, pues de acuerdo con la transmisión del Profeta, que la paz y las bendiciones de Allāh sean sobre él, *iḥsān* significa

> *venerar a Dios como si Lo vieras, pues aunque no Lo puedas ver, Él te puede ver a ti.*

Iḥsān es la devoción completamente sincera a Dios y tiene lugar cuando el conocimiento y la voluntad personal se han fusionado completamente con la Divinidad.

El sufismo sostiene que ¡los seres humanos son la perfecta imagen del universo! Si miramos al universo y a la naturaleza, encontramos armonía, balance y paz. Entonces ¿por qué no encontramos armonía, balance y sobre todo paz entre la gente?

El ego está dotado de intelecto y libre albedrío, y utiliza estas facultades para obtener lo que desea y satisfacer sus apetitos lo mejor que puede. En su actitud egocéntrica, el *nafs* o ego rechaza el verdadero equilibrio sagrado y está dispuesto a destruir, no solo sus vínculos personales y sociales, sino también la naturaleza y el planeta entero para satisfacer sus apetitos. Sin embargo, a pesar que hacemos todo lo que está a nuestro alcance para lograr una satisfacción, seguimos sintiendo que algo nos falta, y esta sensación nos empuja constantemente en pos de lograr mayor 'progreso'.

Nuestra verdadera identidad es mucho más que un conglomerado de apetitos y comportamientos. A pesar que, desde la genética, nuestra composición es muy similar a la de las piedras, plantas y animales, los seres humanos tenemos un centro, una esencia, una luz interna y un ser que nos distingue del resto de los seres vivos y que podemos alcanzar conscientemente, a través de nuestra mente y nuestro corazón.

Es a este ser que, con palabras adecuadas a las circunstancias de cada época, se han dirigido todos los Profetas y los grandes maestros. Aunque nuestra percepción de sus mensajes pueda diferir, todos muestran una misma y única Realidad. Sus enseñanzas no se dirigen a nuestras emociones, conducta o inteligencia. Sus palabras siempre están dirigidas a nuestra esencia que existe eternamente, desde el comienzo de los tiempos hasta el final sin final. Todo se transforma: nuestro cuerpo, ideas, pensamientos, vínculos, inclinaciones y objetivos, y sin embargo nuestro verdadero ser no muere, es eterno.

Entrar en sintonía con nuestro verdadero ser implica volvernos disponibles para cumplir nuestro verdadero destino. Primero debemos conectarnos con nuestra verdadera naturaleza, antes de que las formas más elevadas de energía puedan manifestarse con claridad y libres de distorsiones. El ego aislado nos convierte con suma frecuencia en esclavos de nuestras insignificantes y mezquinas necesidades e impulsos, es lento y perezoso.

Abandonar el ego y abrirse al verdadero ser significa ser tomado con fuerza por la veloz rotación del amor que repele todo lo pesado y atrae la luz Divina. Significa llevar en el corazón un compromiso con la humanidad y con el planeta, y en realidad con todo el universo. Significa enamorarse de sí mismo, de esta naturaleza Divina y eterna que vibra en nuestro centro y que, si lo permitimos, nos guiará a través de la vida con su gracia y misericordia sin límites. Es la batalla que emprendemos diariamente para que triunfen la luz, el amor, la bondad, la armonía, la tolerancia y la paz.

Esencialmente, todos los Profetas nos han traído el mismo mensaje: *¡conócete a ti mismo!* El Profeta Muhammad, que la paz y las bendiciones de Allāh sean sobre él, también dijo:

¡Quién se conoce a sí mismo conoce a su Señor!

En nuestra naturaleza finita, nosotros que estamos sujetos a los cambios que trae el paso del tiempo, tenemos como destino iniciar el camino para descubrir la eternidad que también pulsa en nuestro ser.

El objetivo del sufismo es guiar a las personas para llegar a esta meta, iluminarlas y guiarlas a su santuario interior, hacia la energía Divina. El sendero es él del amor, y el amor se nutre a través de las prácticas espirituales y la sinceridad, hasta que el corazón y el espíritu comprenden el significado de la existencia.

El gran poeta Rumi dijo:

El resultado de mi vida está contenido en tres palabras únicamente:
¡era inmaduro, maduré, y fui consumido!

La sabiduría de los sufíes vibra en el corazón de todas las religiones, es un conocimiento profundísimo que en árabe se denomina *ma'rifa*. Esta sabiduría utiliza la diferencia existente entre lo Absoluto y Sus manifestaciones, la esencia y la forma, lo interno y lo externo, para conectar y unir la Verdad, *Ḥaqq*, con el mundo, *dunya*. Reunión que tiene lugar en el corazón humano.

Los Nombres y Atributos Divinos

El objetivo de este libro es que se convierta en un manual de trabajo que contribuya a abrir un espacio fértil en el corazón del lector, donde germinen las semillas del anhelo y el amor por la belleza y majestuosidad de los Nombres Divinos, llegando eventualmente a experimentar la hermosura y dignidad de este mundo, vislumbrando la armonía y la majestuosidad del Creador y de esta manera sentirse hermanado con los demás seres humanos.

Todos los Nombres (o Atributos) Divinos reflejan los diferentes aspectos del Uno, del Amor que todo lo abarca: Allāh.

A través de los Nombres Divinos intentamos saborear la presencia de lo infinito en lo finito. Describen como acercarnos a Dios. Dado que han sido creados por Dios, no pueden contenerlo, pero a través de ellos, podemos conocerlo. Sin embargo, este conocimiento estará siempre limitado, por surgir de una evaluación humana. La única forma de acercarse a Dios es 'adquirir' los colores de Sus atributos, encaminándonos hacia nuestro propio perfeccionamiento y utilizando Sus atributos en nuestro ser, hasta que llegue el momento en que la luz Divina, a partir de la cual fuimos creados, brille a través de nuestro caparazón terrenal y nos transformemos nuevamente en aquello que fuimos originalmente –y en esencia somos– antes de venir a la tierra.

De acuerdo a los dichos de los sufíes, la repetición de los Nombres Divinos *viste al* nafs *con los atributos Divinos*. Al hacerlo contribuimos a que nuestra parte sagrada florezca; para ello el *nafs*, nuestra parte egoísta y complaciente, debe renunciar o transformar sus debilidades, prejuicios y hábitos negativos. La apertura y el despertar del corazón produce una expansión que nos permitirá sentirnos conectados, tocando y uniendo la Creación.

Dios está creando y recreando el mundo a cada instante, si así no lo hiciera, éste colapsaría; de modo que Él es el autor de cada manifestación. Las leyes de la naturaleza solo tienen efectividad entre Dios y Sus manifestaciones a través de los seres humanos quienes han sido creados para ser los puentes que unen el cielo y la tierra. Como representantes de Dios en la tierra, a los seres humanos se les ha otorgado tanto capacidad celestial para adquirir conocimiento, como capacidad terrenal para ejercer el libre albedrío. A través de su existencia, pueden traer armonía o desarmonía a este mundo.

Dios ha creado el mundo a partir de opuestos, y en él ha creado desigualdad deliberadamente para que podamos reunirnos y así enriquecernos adquiriendo conocimiento.

No es casual entonces que exista en la humanidad una multiplicidad infinita de opiniones e ideas. Se trata de un aspecto fundamental de nuestra existencia humana que ha sido establecido así por Dios. Si Él hubiera querido que solo compartiéramos un único punto de vista, se hubiera detenido el progreso y la posibilidad de crecimiento, hubiera quedado sin efecto el libre albedrío y la posibilidad de elegir entre el bien y el mal, que dota a nuestra vida de sentido moral y fortaleza espiritual.

Con la creación del mundo nació simultáneamente su anhelo de retornar al estado original de Unidad. El oso es más fuerte que el hombre, los leopardos corren más rápido, los peces nadan mejor y cualquier pájaro vuela más alto; sin embargo, únicamente los seres humanos tienen la capacidad de guiar al mundo hacia la Unidad y conectar los cielos con la tierra en completa armonía.

Los seres humanos somos inquisidores e investigadores. Queremos comprender, saber, y asimismo, buscamos ser conocidos. Nuestra búsqueda puede tomar formas diversas, sin embargo, finalmente se sintetiza en una pura alabanza a Dios, aunque ésta llegue recién después de nuestro último suspiro. Al final, lo único que permanece es lo que está presente en todos los niveles de la existencia. Alabar a Dios y conocer a la Divinidad constituyen el verdadero significado de la Creación.

En este mundo no existe nada que nos sea ajeno. Todas las criaturas existentes están entrelazadas en nuestro propio ser e impregnan nuestro espíritu. Cuando reconocemos que somos el alma de la Creación, se abren para nosotros las puertas de la vida, y nuestros pensamientos, palabras y acciones pueden reflejar la Divina Verdad enraizada en toda la Creación.

La repetición de los Nombres Divinos, *dhikr*, es un ritual externo que debiera tener un significado interno; a la inversa, una actitud interna recibe su verdadero valor cuando se refleja en nuestras acciones.

Lo exterior impulsa siempre lo interno porque la tarea y el sentido de la vida se encuentran reuniendo y conectando todo lo externo con su verdad interior. Es el conocimiento del corazón que siempre tiene la capacidad de unir. Este es el camino de los sufíes.

Las acciones externas que realizamos dejan recuerdos a partir de los cuales surgen valores internos. La repetición habitual de rituales y prácticas espirituales fortalece y estabiliza la actitud interior, encaminándola hacia la unidad, hasta que cada vez más y más aspectos de nuestro ser participan de este proceso. Es como un remo que desciende regularmente al agua para darle al bote un impulso firme hacia su destino.

> *Existe unidad entre el significado y la forma; mientras no se unan, no tienen utilidad alguna, de la misma manera que el carozo del durazno no crecerá salvo que se plante con su cascarón.* Rumi, "Fihi ma Fihi"

Para adquirir conocimiento verdadero, tenemos que elegir un camino espiritual. Debemos primero caminar y el conocimiento nos será dado más adelante. Los regalos que da Dios no pueden ser predichos ni planeados. Primeramente debemos arar la tierra, plantar las semillas y regarlas, luego vendrá el tiempo de cosechar. Debemos entonces arriesgarnos. Seguir las leyes espirituales no nos garantizará tener una vida fácil en este mundo, y sin embargo, una gran transformación tiene lugar cuando soltamos las creencias complacientes y nos abrimos para comenzar a transitar el sendero espiritual sin expectativas. Nuevas puertas se abren, nuestros puntos de vista y manera de pensar se transforman, conduciéndonos hacia una nueva actitud. No es posible pararse en la orilla tratando de entender el océano: debemos entrar al mar, comenzar a nadar y vivir la experiencia para poder adquirir el conocimiento que buscamos.

Sería extremadamente simplista, y opuesto al sentido y naturaleza del ser humano, contentarnos con cumplir con un cuerpo de leyes y delegarle a Dios la responsabilidad por nuestras acciones. El camino humano es –y sigue siendo– una aventura, un desafío, una prueba de coraje. No podemos tener seguridad basándonos en que seguimos las reglas y es inútil pedir garantías. Solo podemos aprender paso a paso, latido a latido, y ponernos en las manos de Dios incondicionalmente.

> *Sin embargo, el verdadero objetivo de la meditación y la oración no es la consecución de nuestros deseos. Sino que en realidad, es transformar nuestra voluntad para que pueda unirse con la voluntad Divina. Entonces la voluntad Divina podrá fluir a través del alma y transformarnos para que podamos aceptar nuestro destino como si hubiera sido elegido por nosotros.* Rumi

Los 99 Nombres Divinos sirven para indicarnos la manera en que Dios puede ser visto y conocido en este mundo.

Ibn al-`Arabi nos explica:

> *Allāh dijo: "Yo era un tesoro escondido y deseaba ser conocido, así que concebí la Creación (humanidad) para Mí, para que Me conocieran a Mí a través Mio". Los Nombres ocultos en Él anhelaban manifestarse y de esta manera, tal como el aliento se escapa del cuerpo cuando ha sido retenido por demasiado tiempo, los Nombres Divinos irrumpieron al exterior, desde la Divinidad permanentemente inaccesible, porque deseaban ser conocidos y amados.*
>
> *Este proceso se describe como* nafas ar-raḥmān, *el aliento Divino que sopla a través de la Creación y permite que las palabras de Dios hagan su tarea. Los Nombres se encontraron con la no-existencia que los reflejaba como una multitud de espejos; en este sentido, hasta cierto punto, podemos decir que el mundo es un reflejo de los Nombres Divinos. Solo existe en tanto y en cuanto que su rostro –la cara del espejo– permanezca girado hacia Dios, sin lo cual se desvanecería porque depende absolutamente de Él. Y sin embargo, Dios permanece inalterable, intacto por el mundo, pudiendo la humanidad acercarse a Él únicamente a través de Su reflejo; por ello cada persona conoce a Dios a su manera, de acuerdo con los Nombres que más intensamente se manifiesten en ella.*

Los 99 Nombres Divinos pulen el espejo del corazón para que podamos llegar a conocer al Creador, tanto en Su trascendencia, más allá del mundo creado, como en Su inmanencia, presente en todo lo que existe. Cada uno de los 99 Nombres Divinos es una expresión de amor que cura el corazón y por lo tanto, todo nuestro ser.

Los buscadores de la Verdad aprenden a entregarse a Dios en el ámbito interno, mientras que en el ámbito externo caminan por el sendero recto con paso firme y corazón despierto. Aprenden a aceptar las paradojas y a descubrir la Unidad que todo lo abarca debajo de la diversidad. Aprenden a transformarse en guerreros amorosos que caminan por el sendero del amor incondicional, cuya expresión externa es la bondad y la compasión hacia uno mismo y hacia los demás, y cuya expresión interna es la libertad.

Al repetir los Nombres Divinos, *dhikr*, el espejo del corazón se pule del óxido que le provocan los pensamientos y actividades mundanas, y así nuestra esencia, nuestra luz Divina puede mostrarse, libre de distorsiones en su total refulgencia.

Sobre la práctica de los Nombres Divinos

Se recomienda, especialmente al comienzo, repetir los Nombres Divinos en voz alta, de tal manera que podamos escucharnos a nosotros mismos. El Nombre Divino vibra, se mueve a través de nuestro cuerpo y por todo nuestro sistema. Lentamente, nuestra voz y la vibración inherente al Nombre comienzan a acercarse y la esencia del Nombre comienza a movernos.

Frecuentemente experimentamos diferentes formas de resistencia, pero al mismo tiempo un intenso eco comienza a resonar en nuestro interior. A veces, el Nombre Divino toca precisamente ese sitio donde nos sentimos separados –separados del alma y de la conciencia de su existencia, de nuestra familia, de nuestra comunidad, de la humanidad, de Dios, y de la existencia eterna que todo lo abarca. El campo del subconsciente es alcanzado porque es precisamente allí donde se encuentra la herida que causa la sensación de separación, esa herida que intentamos proteger a toda costa, a veces incluso de formas sumamente intrincadas.

La repetición silenciosa se recomienda especialmente una vez que el buscador se ha transformado en *murīda* (femenino) o *murīd* (masculino), es decir, cuando ha llegado a un punto en su camino en que desea poner todas sus energías, aspiraciones y voluntad en el camino hacia Allāh, hacia el Absoluto, hacia el Amor eterno, hacia el Amado.

Para llegar a las dimensiones más profundas de la existencia, es esencial olvidarse de uno mismo y abrirse para atravesar las barreras del ego *nafs* y así dejarse tocar por los Nombres Divinos.

Cuando trabajamos con los Nombres Divinos, podemos elegirlos para que toquen nuestra carencia o debilidad directamente, y así tomar conciencia de ello e integrarlo a la totalidad de nuestro ser, o, alternativamente, podemos elegir aquellos que estimulen y desarrollen una cualidad innata que ya está muy desarrollada en nosotros. Esta cualidad comienza entonces a esparcirse a través de todo nuestro ser, brindándonos la fortaleza necesaria para conectarnos con nuestras partes más débiles, nuestras áreas heridas.

Es importante en este proceso mantener una actitud equilibrada. La insistencia exagerada en aquello que carecemos puede dejarnos hambrientos, mientras que la concentración excesiva en aquella cualidad en la que tenemos fortaleza puede ser explotada por el ego. La inspiración que surge de los Nombres Divinos nos ayudará a descubrir nuestra verdadera naturaleza, ese ser y ese alma que es la imagen de Dios, transformándonos así en individuos intactos, integrados en la Divinidad. De esta manera lo Divino y lo humano, la misericordia y el amor se unen en nuestro interior.

Si un ser humano comienza su búsqueda de lo Absoluto, poniendo todo su empeño para ello, los Nombres Divinos se convierten en la puerta a través de la cual podrá entrar.

Si se concentra en lo relativo, es decir, en convertirse principalmente en un ser completo y enraizado ¡qué los Nombres Divinos le brinden las bendiciones y el amor que necesita!

La enfermedad y la sanación

El Profeta Muhammad, que la paz y las bendiciones de Allāh sean sobre él, dijo:

> *Allāh no ha hecho descender ninguna enfermedad sin originar una cura para ella.*

La naturaleza femenina conoce la Unidad. Una mujer la siente instintivamente en su cuerpo. Sabe que todo está interconectado. Sabe que aunque las criaturas salgan de sus entrañas, de un mismo útero, pueden ser completamente diferentes, cada una de ellas un ser único e irrepetible, y sin embargo pertenecientes todas a una Única fuente. Así como es el 'pequeño' útero, es el 'gran' útero. Esta es la profunda sabiduría de lo femenino que conoce cómo funcionan los vínculos y percibe la interconexión existente en la Creación.

Esta sabiduría profunda no tiene cabida en la percepción racional, científica, analítica y mental del mundo que hemos construido, es por ello que a la mayoría de las mujeres no les queda otra opción que suprimir o dejar al margen esta sabiduría, anestesiándola y tratando, en su lugar, de imitar las formas de pensamiento y enfoques masculinos. Es precisamente a través de esta actitud espiritual de separación, que se infiltra en todos los ámbitos humanos, que hemos creado nuestra realidad presente. Sin embargo, si aprendemos a unir la sabiduría de lo femenino con la conciencia masculina, si desarrollamos una relación entre las partes y el todo, y entre el todo y el Uno, este nuevo conocimiento nos ayudará a sanar toda nuestra vida y también nuestro mundo, y se nos revelarán las formas necesarias para restaurar el equilibrio.

El mismo principio se aplica a nuestra sanación individual y eventual transformación en seres completos.

La mayor parte de las tensiones existentes en el mundo provienen de nosotros, los seres humanos, consiguientemente la solución también está en nuestras manos, con la ayuda de Allāh.

Para muchas personas 'tener salud' significa que el cuerpo y sus órganos funcionan sin fallas, mientras que 'estar enfermo' significa que una o varias partes del cuerpo están deterioradas o han dejado de funcionar. Consiguientemente deben ser restauradas o reemplazadas para que todo vuelva nuevamente a funcionar en forma normal. Cada persona es vista como un organismo aislado y limitado.

En occidente, esta es aún la aproximación dominante para el tratamiento de las enfermedades. Focaliza en la disfunción, en el órgano enfermo (por ejemplo, el hígado enfermo o la fractura del hueso), y no tiene en cuenta la totalidad de la persona, a saber las partes sanas que desean comprender lo que está sucediendo y que en realidad deberían participar en el proceso de sanación. Así en algunos idiomas como el alemán, un hospital se denomina 'casa para los enfermos' (*Krankenhaus*), mientras que en el idioma árabe un hospital se denomina 'casa de sanación' (*mustashfa*).

En las culturas no occidentales tradicionales, el concepto holístico del mundo se expresa naturalmente en la forma de vincularse con las cosas y también en la vida cotidiana. Se sobrentiende que todo está interconectado, de modo que todas las cosas se completan y dependen unas de otras, el nacimiento y la muerte, la salud y la enfermedad, la alegría y la tristeza. En estas culturas la sociedad se basa en los vínculos, mientras que en el occidente lo fundamental son los logros.

Esta comprensión de la vida también integra la muerte que no es vista como un fracaso, más allá del dolor que pueda provocar la partida, sino como una parte integrante de la vida. Lo más importante es que el paciente pueda morir en paz, habiéndose sanado, y en un estado de unidad. La sanación no conduce necesariamente a una prolongación de la vida; nuestra existencia trasciende el periodo comprendido entre el nacimiento y la muerte.

Uno de los cuentos sufíes más famoso nos narra la metáfora del río y el desierto. De manera poética y conmovedora, describe la transformación que tiene lugar cuando se recorre el sendero de crecimiento: para poder dar el último paso hacia la salvación, el ego debe ser sacrificado en aras del verdadero ser.

> *Un arroyo proveniente de su fuente en las montañas lejanas iba pasando sobre toda clase de terrenos, climas y paisajes, hasta que finalmente llegó a las arenas del desierto. De la misma manera en que en el pasado había atravesado todos los obstáculos, el arroyo intentó atravesar el que ahora se le presentaba, pero descubrió que por más que intentara cruzar el desierto a toda velocidad, sus aguas desaparecían en las arenas del desierto.*
>
> *El arroyo estaba convencido que era su destino atravesar este desierto y sin embargo, por más que lo intentaba, no había manera de hacerlo. En ese momento una voz oculta, proveniente del mismo desierto, murmuró: "El viento cruza el desierto y el río también lo puede hacer".*
>
> *El arroyo objetó que por más que se abalanzara a toda velocidad por el desierto, solo conseguía ser absorbido:*

el viento podía volar, siendo esta la causa por la cual podía cruzar el desierto.

–Lanzándote de la forma en que acostumbras, no podrás cruzar. Desaparecerás o te convertirás en un pantano. Debes permitir que el viento te transporte para arribar a tu destino."

–¿Pero cómo podría suceder esto?

–Permitiendo que el viento te absorba.

El arroyo no podía aceptar esta idea. Después de todo en el pasado nunca había sido absorbido. No quería perder su individualidad. Y si la perdía, ¿la recuperaría algún día? ¿Cómo podía saberlo?

La arena dijo: "El viento realiza esta función. Toma el agua, la transporta sobre el desierto y luego la deja caer. El agua que cae como lluvia se convierte en río."

–¿Cómo puedo saber si esto es verdad?

–Así es y si no lo crees no podrás convertirte más que en una ciénaga, e incluso en este caso te llevaría muchísimos años; y no es lo mismo un pantano que un río.

–¿Pero no podré permanecer siendo el mismo arroyo que soy hoy en día?

–Tú no podrás en ninguno de los dos casos permanecer siendo el mismo" dijo el murmullo. "Tu parte esencial será conducida y formará un nuevo arroyo. Aún hoy el nombre que recibes es tal porque tú no sabes aún cuál es tu parte esencial.

Cuando el arroyo escuchó esto, ciertas reminiscencias aparecieron en su memoria. Recordó vagamente un estado en el cual él o alguna parte de él –¿sería así?– había sido sostenido en los brazos del viento. También recordó –¿estaría de verdad recordando?– que esto era lo real, lo que verdaderamente debía hacer, en lugar de hacer lo que parecía obvio.

Y entonces el río elevó su vapor hacia los amorosos y acogedores brazos del viento que suave y sencillamente lo elevó y lo condujo a través del desierto, dejándolo caer suavemente muchas, muchas millas más adelante, en cuanto encontró la cima de una montaña. Y el río, debido a sus dudas, prestó mucha atención a todos los detalles de lo que sucedía, y pude recordar y reflexionar después, y al hacerlo advirtió que ahora sí, había descubierto su verdadera identidad.

El río estaba aprendiendo; pero las arenas le susurraron: "nosotras sabemos porque observamos que esto sucede día tras día, y porque, las arenas, nos extendemos desde el cauce del río hasta la montaña."

Es por ello que se dice que el cauce en que el Río de la Vida transcurrirá su camino está escrito en la arena. Idries Shah

¿Qué diferencia existe entre la sanación y la curación?

Sanar es una acción que está conectada, tanto con la cualidad de totalidad, como con lo sacro. Estar sano y salvo significa estar integrado con la gran armonía de ser. Incluso en el caso extremo de la muerte, el proceso no se detiene a las puertas de la muerte, mientras que la humanidad como un 'todo' siempre resuena con el yo individual. Consecuentemente el bienestar individual es siempre materia de interés para toda la comunidad humana y verdaderamente para toda la Creación. El estado de profunda armonía individual se irradia y trae armonía a todos.

Cuando las personas son 'curadas' y pueden volver a 'funcionar', pero no han encontrado significado para su vida, conexión o integración en su comunidad, no ha sucedido una sanación en el sentido holístico. Cualquier enfermedad que experimentemos debiera darnos la oportunidad de devenir más humanos y acercarnos a nuestra perfección. Para ello necesitamos estar adecuada y significativamente acompañados, y recibir la medicina apropiada.

Los métodos y terapias de sanación holísticas, provenientes de la cultura islámica y de otras fuentes que tienen una visión holística, como los indios americanos, los tibetanos o los hindúes, se basan en la unidad existencial de todos los seres y en el conocimiento que todas las formas de existencia están entrelazadas.

Desde la perspectiva sufí, toda enfermedad proviene de una 'separación', de haber olvidado la unidad e interconexión existente entre todos los seres. La ilusión de separación puede manifestarse en el plano físico, psicológico, o emocional, apareciendo velos entre el cuerpo, el espíritu y el alma que reflejan esta separación, tanto en el interior de la persona enferma, como en el exterior, en sus vínculos con su familia o en sus relaciones sociales, trayendo como consecuencia una sensación de soledad, de aislamiento y la impresión de no pertenecer. Al no estar conscientes de su conexión con la Divinidad, se sienten perdidos y confundidos. Uno de los objetivos fundamentales de la sanación es disolver este aislamiento y reconectar nuevamente a la persona con la totalidad.

Todos los tratamientos, todas las formas de ayuda tienen como objetivo disolver los 'velos de separación', insertando y reconectando a la persona enferma, ayudándola a encontrar y abrazar de todo corazón su lugar en la vida. La sanación ocurre cuando la persona recobra la conciencia de su conexión con todos los niveles de su ser, enclavándose en la unidad de toda la existencia y encontrando su lugar nuevamente, en su interior y en el exterior.

Todo ser humano que nace en esta tierra trae consigo una contribución para el mundo. Cada ser humano es un regalo para la humanidad, para la Creación. Recordar nuevamente que estamos conectados nos da salud. El objetivo no es la independencia, sino la aceptación consciente del hecho que en el universo todo está interconectado, todas las criaturas se completan entre sí y son interdependientes.

A pesar que la enfermedad y el dolor no son siempre fáciles de tolerar, son parte de nuestra existencia humana. La enfermedad solo se convierte en sufrimiento cuando pensamos que es un castigo o un 'exilio', o cuando creemos que hemos sido malos y que debido a ello hemos sido condenados a tener una enfermedad o a sufrir un accidente, alguna desgracia o problema. Muchas veces este dolor es mucho más intenso que la enfermedad en sí misma. Creer que somos inadecuados, insuficientes o feos, y que por ello no merecemos las múltiples bendiciones Divinas es el castigo más severo que podemos infringirnos, sumando así la vergüenza, la culpa y el insulto al dolor y a la enfermedad.

Los sufíes consideran que la enfermedad es una de las muchas formas que Allāh elige para transformarnos en mejores seres humanos, más compasivos y más integrados. Es la puerta grande que se nos abre para permitirnos transformar el *yo* en nuestro verdadero ser. Las enfermedades, igual que la familia y la comunidad, son una de las muchas posibilidades que se nos brindan para conducirnos a la perfección que pulsa en todo nuestro ser. De acuerdo a la sabiduría sufí:

> *las enfermedades barren nuestras creencias complacientes de la misma manera en que los vientos del otoño hacen caer las hojas.*

Lastimarse el dedo es doloroso, pero creer que es un castigo Divino, eso es sufrimiento. Pasamos muchísimo tiempo de nuestras vidas juzgándonos y sentenciándonos: juzgamos nuestra conducta, nuestro trabajo, nuestro pasado, y la mayoría de las veces llegamos a la conclusión que no somos suficientemente buenos, o que no sabemos lo suficiente o que realmente lo que hacemos no vale nada. Al *nafs* le encanta murmurar: *tú no eres suficientemente bueno, en realidad lo que experimentaste no fue nada especial, lo que hiciste fue nuevamente de poco mérito, ¡no fue lo suficientemente bueno!*

Al juzgarnos y dictar sentencia en nuestra contra, no solo cerramos las puertas que nos llevarían a un conocimiento más profundo de nosotros mismos, sino que no nos damos la oportunidad de crecer, de aprender verdaderamente de cada situación y poder integrar la experiencia a nuestro camino de maduración. Pero al *nafs* le encanta vivir y bañarse en la autocompasión, negándonos así la felicidad y cerrándonos el camino del conocimiento.

Si asumimos que pecar es divorciarnos de la posibilidad de completarnos, entonces juzgarnos y sentenciarnos es un pecado porque causa sufrimiento, nutre los velos relacionados con la autocompasión y nos separa del sendero hacia la luz Divina del alma.

Más aún nos aleja de la fe en la misericordia de Allāh, *Ar-Raḥmān*, y la compasión, *Ar-Raḥīm*, de la confianza en el completo perdón de Allāh, *Al-Ghaffār*, y del amor de Allāh, *Al-Wadūd*, como así también de Su infinita capacidad de transformarlo todo, *Al-Qādir*, y de Su guía a través del plan eterno, *Ar-Rashīd*. Pues Allāh creó el mundo de la multiplicidad a través del cual la Unidad se contempla a Sí misma, diseñó toda la Creación para la humanidad y creó la humanidad para Sí mismo.

Es de primordial importancia conocer –y en realidad recordar– la unidad existencial de todos los seres porque esa unidad es la herramienta para alcanzar la santidad y está enclavada a su vez en lo sacrosanto. Saber que nada en este mundo existe como realidad independiente, sino que es completamente dependiente de la existencia de la sustancia original prístina y oculta, develar su magnificencia es experimentar el éxtasis. La unión de los sentidos externos e internos equivale asimismo a unir la vida visible de esta tierra con la vida oculta del más allá.

¡Lee! Esta es la primera orden que surge del Sagrado Qur'ān. Significa asimismo contemplar, conocer, darse tiempo para absorber las cosas externas, unir el fluir de la vida con el aprendizaje interno, ver con el ojo interior del corazón, con todo nuestro ser, con nuestros ojos, oídos y corazón.

Utiliza la totalidad de tu ser para leer las señales y símbolos que están a tu alrededor, en los reinos vegetal, animal y mineral, en las nubes del cielo, en los movimientos y encuentros que suceden en tu vida, y llévalo todo a tu interior, a ese espacio donde las ideas externas y los símbolos externos te guían hacia tu verdad.

El sufismo se basa en nuestro ser real, en el centro estable y constante de nuestra existencia. Este centro no puede heredarse. Todo ser que habita la tierra tiene una fuente, un centro de estabilidad, y en los seres humanos ese centro está en el corazón.

Es por este motivo que el corazón ha sido considerado tan valioso por el sufismo y por todos los Profetas. Se entiende que es una puerta hacia los mundos invisibles, hacia el reino celestial, una puerta hacia el reino Divino. El corazón tiene la capacidad de unirlo todo. Mirar a través de los ojos del corazón es ver al universo como un todo orgánico, como una unidad. ¡Y esa Unidad es ALLĀH!

Sura *Al-Ḥajj*, La Peregrinación (22:46)

¿Acaso no han viajado por la tierra, de forma que sus corazones adquieran sabiduría, y sus oídos puedan oír? ¡Pues, ciertamente, no son los ojos los que se vuelven ciegos – sino que se vuelven ciegos los corazones que encierran los pechos!

En la sanación, la confianza y la intención que se llevan en el corazón son lo más importante. Irradia entonces confianza sabiendo que puedes ayudar. Si tu intención de ayudar y sanar es fuerte y suficientemente focalizada, va a imbuir a la persona con la que estás trabajando. Trabaja para las personas, no sobre ellas. Honra la importancia y significación de la situación o estado por el que están atravesando, mientras que al mismo tiempo reduces el peligro de ese estado. Verdaderamente transmitirles confianza a las personas ya es la mitad de la sanación.

Cualquiera sea la enfermedad, básicamente, podemos decir que es siempre lo que el organismo ha creado para reestablecer el balance y la armonía. El organismo siempre trabaja buscando una sanación holística. La persona humana está dotada de homeóstasis. Acompañar y dar soporte a un enfermo requiere fundamentalmente y en primer lugar cultivar un espacio de amor y confianza en el cual pueda darse la sanación y, por supuesto, exige además que el sanador tenga los conocimientos necesarios.

Siempre que formulas con claridad una intención antes de comenzar a hacer algo, atraes la energía de Unidad. ¡En la vida todo tiene un significado más profundo que el aparente! En la sanación, cuando el sanador escucha el cuerpo del paciente, se produce un diálogo natural desde una luz hacia la otra luz; esto es conocido por todos los sanadores. Cuando el ser sano y estable de una persona se comunica con el ser de otra persona, juntas pueden reorientar el cuerpo y el alma.

La sanación es siempre un tema espiritual. El desarrollo espiritual es entonces la aspiración que se manifiesta en nuestra vida y a nuestro alrededor. La salud significa estar en armonía con el mundo y experimentar al universo y a todas sus criaturas como provenientes de una misma sustancia, única y original; significa crecer más allá de la conciencia individual y trascenderla para sentir las vibraciones y corrientes del universo.

Esta verdad universal aparece en todas las tradiciones y en todos los tiempos. Su cara externa es la diversidad y la multiplicidad, sin embargo ambas confirman su universalidad y provienen de una única fuente; a pesar que la verdad despliega su fuerza creativa infinita en innumerables mundos y posibilidades, todos ellos reflejan la Verdad única.

Los sufíes consideran que todos los seres humanos pueden reconectarse nuevamente con la Divinidad, sanarse y transformarse en seres completos. Para cada persona existe una dimensión completa de sí mismo. Los seres humanos somos obras maestras complejas, cada ser es un universo con sus propias leyes, único en su existencia. Los sufíes utilizan diversas prácticas para restaurar la conexión necesaria para la sanación: oraciones, ayuno, danzas, música, trabajo corporal, técnicas de respiración y el poder de los Nombres Divinos. Este libro trata especialmente sobre el significado y la energía sanadora de los Nombres Divinos.

Sura *Al-Inshiqāq*, El Resquebrajamiento (84:19)
que [así también, Oh Hombres] avanzaréis vosotros de estadio en estadio.

Invariablemente nuestra rutina diaria es el campo de entrenamiento para nuestras vidas, el sitio donde nos transformamos. Sin embargo, sin una conexión con la Verdad más elevada, que todo lo abarca, nuestra vida carece de sustento, de sentido y de brillo.

Como maderas a la deriva, quedamos entonces expuestos a las corrientes, sin saber quienes somos ni hacia donde vamos. Permite que el Amor sea el fundamento de tu vida, resuelve tu relación con lo que te rodea de forma diferente a lo que hacías cuando obrabas desde el miedo y el aislamiento, sostiene una actitud amorosa hacia la vida y todas las criaturas del universo, y entonces todo fluirá nuevamente hacia ti. Pues todo lo que hacemos por los demás, lo hacemos también por nosotros mismos, y todo lo que hacemos por nosotros mismos, lo hacemos por los demás –tal es la ley de la Unidad. ¡Así que entrégate y confía!

Un beduino que tenía tres hijos, al estar próximo a su muerte, los reunió y les dijo: "Hijos quisiera legarles mis diecisiete camellos, pero insisto en distribuirlos de la siguiente manera: a ti mi primogénito te dejo la mitad, a ti mi segundo hijo te dejo una tercera parte y a ti mi hijo menor te dejo la novena parte."

El beduino falleció y los herederos no podían ni siquiera imaginar como hacer la repartición. De cualquier manera que intentaban hacerla, parecía imposible. ¿Debían acaso sacrificar un camello y repartirlo? ¿Debían repartir solo algunos de ellos?

En eso, descubrieron a un anciano sufí, descansando con su camello debajo de una palmera y decidieron pedirle consejo. "Tomen mi camello ¡y tendrán dieciocho camellos!

Así lo hicieron. El hijo mayor recibió la mitad, nueve camellos, el segundo un tercio, seis camellos, y el menor la novena parte, dos camellos. Una vez finalizada la distribución, quedo un camello de más. El anciano sufí tomo su camello y prosiguió su camino con una sonrisa.

Eso es amor, confianza, libertad y certeza en Dios. ¡La sabiduría es dulce!

En los apartados siguientes, hablaremos sobre las estructuras del lenguaje árabe y sobre como cada Nombre Divino está basado en un código sonoro que conlleva una determinada vibración. Durante el recitado esa vibración y su significado pasan a quien está recitando. Cada manifestación Divina de amor, cada Nombre Divino trae armonía allí donde reina la desarmonía, sanación donde hay dolor, entrega y confianza donde existe desesperación y aislamiento. Toda enfermedad, sea de origen mental, nervioso o físico, se origina siempre en una desarmonía.

En la tradición sufí, el cuerpo en sí mismo se considera una vibración, un campo energético poseedor de alma. Para facilitar la comprensión podemos dividir este campo energético materializado, en sonido y ritmo, siendo el sonido nuestra energía vital o *qudra*. *Qudra* es la capacidad y energía vital individual que tiene cada ser humano. Asimismo también hay un *qudra* universal, disponible a través de todo el universo, que interpenetra el cosmos y todos los seres vivientes. Está conectado con nuestra respiración –absoluta manifestación de la vida– que lo estimula y brinda soporte. El ritmo es el latir de nuestro pulso, que fluye a través de todo nuestro cuerpo, a través de la circulación de la sangre. La canción que nace de esa unión de sonido y ritmo toma forma en el corazón y recibe su colorido, en el plano interno por nuestros pensamientos y en el plano externo por nuestras acciones.

El centro, donde la respiración y el pulso se unen, se encuentra en el corazón. Aquí es donde los pensamientos y acciones se armonizan y entonan, recibiendo su colorido a través de nuestros sentimientos, ocupando nuestro mundo interno y manifestándose en el externo a través de la acción. Es nuestra opción, por supuesto, elegir si vamos a conectar nuestras palabras y acciones con nuestro corazón. La mente y el corazón funcionan de acuerdo a leyes diferentes.

El corazón es directo, libre e independiente de las reservas que pudiera tener el *yo*. Es por esta razón que muchas veces el *yo* evita recurrir al consejo del corazón, ya que su respuesta seguramente le resultará incómoda. Podemos decir que, hasta cierto punto, la mente siempre se pregunta: *¿cómo puedo obtener más?* mientras que el corazón se pregunta: *¿cómo puedo dar más?* Encontrar una solución, que también traiga alegría al corazón, es la base del camino sufí.

Nuestra vida siempre se acompaña con dos movimientos: nuestra respiración y el latido de nuestro corazón. En estado normal de quietud, la relación es de 1 a 4, consiguientemente por minuto tenemos alrededor de 60 a 80 latidos cardíacos que corresponden a 15 a 20 respiraciones.

El *1* representa la unidad básica y el *4* representa las cuatro cualidades básicas que existen en la naturaleza: frío, caliente, húmedo y seco. A la mente le corresponde la función de unificar y catalogar el conocimiento, mientras que si deseamos descubrir la sabiduría, debemos contemplar la naturaleza propia y circundante. La naturaleza es la compañera natural de la fe. Le enseña humildad a la mente: *¡tú no has creado ni el agua ni el árbol, ni la luz ni el ojo!* Al reconocer sus limitaciones, la mente puede abrirse a la necesidad de la fe y elevarse a las dimensiones superiores donde la conciencia de ser parte de la Unidad recibe su forma.

La respiración está conectada no solo con nuestros pensamientos, sino también con nuestros sentimientos, como si fueran el anverso y reverso de una moneda. Así, podemos decir que la respiración es el aspecto físico del pensamiento, que el pensar es el aspecto psicológico de la respiración y que los sentimientos conectan a ambos. Consecuentemente cualquier cambio espiritual y de forma de pensar, es decir, un cambio de conciencia, modifica inmediatamente nuestra respiración. Cuando observamos nuestra respiración, notamos con claridad que se profundiza, nuestros pensamientos se lentifican y se aquietan, mientras que al contrario, si estamos confundidos y agitados, el aliento se acorta y se acelera.

La interacción entre el cuerpo, los pensamientos y las emociones nos brinda una llave preciosa para acceder a nuestro tesoro innato.

Dado que el plano mental es más sensible que el físico, nuestra actitud mental ejerce una influencia fundamental sobre el cuerpo.

Para fortalecer nuestra vibración sonora y nuestra energía vital, nuestro centro, es importante estar saludables o recuperar la salud. La enfermedad nos hace perder nuestro ritmo natural y es de primordial importancia recuperarlo para que no quede ninguna señal de la enfermedad. La esencia de la enfermedad y el medio en que puede desarrollarse no se anulan hasta que la persona encuentra nuevamente su ritmo. La persona está realmente libre de la enfermedad y ya no proclive a ella cuando las raíces que causaron la afección han sido extirpadas totalmente, y no únicamente las hojas o los frutos.

Parafraseando el lenguaje de los sanadores, podemos decir que es indispensable extirpar el espíritu de la dolencia. Cada ser humano tiene su propio ritmo y es esencial que lo encuentre y lo respete. Para insertar nuestro ritmo en la totalidad, debemos nutrirnos con los alimentos adecuados, encontrar equilibrio entre actividad y reposo, respetar el ritmo diario y estacional. Las prácticas que colaboran para restituir nuestro estado de integridad son la respiración consciente, desarrollar un esquema mental que de soporte a la vida, la oración y la meditación.

A corto plazo, todas las transiciones hacia un nuevo ritmo provocan estrés e inquietud, e implican una crisis. Por lo tanto, es importante transitar estos períodos con cuidado. La tarea del sanador es motivar, acompañar y brindar soporte.

Todos los átomos tienen vida, ya sea que los denominemos rayo, vestigio, electrón, microbio, germen o bacteria. Los sanadores tradicionales los llamaban entidades, espíritus y organismos vivos. Dado que su percepción no se detenía en la apariencia externa de estos organismos, sino que abarcaba también su esencia, buscaban asimismo eliminar el espíritu de la bacteria. Así nos sanamos y nos liberamos.

¡Reflexiona sobre la muerte y vive una vida consciente!
¡Vive en el amor y realiza tu tarea!
¡Desarrolla maestría sobre tus palabras
y permite que cada una surja de tu corazón!

Existe además otra energía que se origina en la interrelación de los pensamientos, el cuerpo y los sentimientos: el magnetismo. El magnetismo es la fuerza que mantiene unidos el cuerpo y el alma, y está conectado con el sistema inmunológico. Este sistema inmunológico es el punto de conexión entre el cuerpo y el alma.

Para fortalecer el sistema inmunológico y la resistencia, es de vital importancia conservar la salud de nuestra flora intestinal, dado que la mayor parte del sistema defensivo actúa en el intestino. El sistema inmunológico es un sistema de defensa que rechaza lo nocivo; rechazar significa no permitir la entrada.

Lo opuesto a la defensa es el amor porque el amor implica permitir la entrada. Cada vez que nos defendemos, ponemos límites o nos aislamos, estamos reforzando el ego y obstaculizando nuestro camino hacia la perfección. El ego nos facilita todo lo necesario –impulsos y afirmaciones sumamente inteligentes, decentes y devotas– para llevarnos al aislamiento. Sin embargo, el camino del Amor nos reafirma que *¡todo lo que existe es bueno!*

La defensa es ciertamente importante porque en nuestro mundo de dualidades, ella nos lleva a experimentar fricciones y resistencias –a las que usualmente llamamos dificultades y problemas– para poder progresar a través del conocimiento. Las dificultades son legítimas y necesarias, de la misma manera en que las enfermedades lo son hasta que las transformamos en salud. Ambas nos ayudan a crecer y madurar en el sendero del amor, la madurez y la libertad. Todo en la existencia se esfuerza por llegar a la madurez y la libertad.

Aceptar todas las circunstancias y desafíos que el Amor Divino trae a mi vida es alcanzar la unidad. Para ello es primordial hacer un espacio en mi corazón y en mi espíritu para pensar bien del Único dador. Haz un espacio en ti para confiar. La mente nos gritará *¡La confianza es peligrosa, pones en riesgo tu vida!* *¡Pero es indispensable!* responderá el corazón. Confía en la sabiduría de la misericordia y en la mano infinitamente amorosa de Dios, que está debajo de la medicina más amarga.

En la enfermedad no es tan importante destruir el agente patógeno, sino que lo fundamental es fortalecer al sistema inmunológico para que pueda derrotar al agente patógeno. En ello está involucrado el ser humano integral: el cuerpo, el espíritu y la moral.

Un cuerpo que se ha desarmonizado se convierte en un sitio propicio para recibir influencias negativas, verdaderamente las atrae en forma inconsciente; posteriormente, el cuerpo y la mente sostendrán la disonancia. Podemos decir que cada dolencia física se corresponde, de alguna manera, con una enfermedad o conflicto mental. Dado que lo similar atrae lo similar, la desarmonía atrae desarmonía y la armonía atrae armonía.

La ciencia de las letras

Cada una de las letras del alfabeto árabe tiene un valor numérico. Ibn al-'Arabī en su libro, "*Al-futuḥāt al-makkiyya*", nos brinda el significado esotérico de las veintiocho letras del alfabeto árabe, comparando el universo con un libro en el cual cada letra representa un número y a su vez una idea. También establece una relación entre el universo o macrocosmos, *al-kawn al-kabīr*, y el ser humano o microcosmos, *al-kawn aṣ-ṣaghīr*, estableciendo una correspondencia entre cada letra del alfabeto y el cuerpo humano. Estas correspondencias nos permiten el uso terapéutico de la ciencia secreta de las fuerzas ocultas en las letras. A su vez esta ciencia secreta de las letras nos conduce hacia los niveles de existencia.

En su sentido más elevado, ella conduce al conocimiento de los principios primordiales; en un sentido intermedio, conduce al conocimiento de la creación del mundo perceptivo y en el sentido más bajo, al conocimiento de las cualidades de las palabras y los nombres compuestos por letras, y también las cualidades de los números. Así las letras de un Nombre nos muestran con claridad la naturaleza de la criatura.

A los seres humanos les fue dado el conocimiento de los nombres:

Sura *Al-Baqara*, La Vaca (2:31)
Y enseñó a Adán los nombres de todas las cosas; [...]

En cada letra pulsa una fuerza individual que le permite participar en la formación de la materia. La asociación de ciertas letras transporta una epifanía individual que puede influenciar al organismo humano porque cada órgano tiene una vibración básica, un matiz, que corresponde al de una letra en particular.

Además, cada letra del alfabeto árabe está conectada con un elemento. El orden sigue la secuencia interna de las letras. Comienza con la letra *ālif* conectada con el elemento fuego; la segunda letra *bā´* está conectada con el elemento aire, y así sucesivamente (cf. recuadro más adelante). Dado que una palabra es un conjunto especifico de letras, ciertos elementos resuenan automáticamente, brindándonos así una nueva comprensión sobre el efecto de la palabra.

En este libro, a continuación de cada uno de los Nombres Divinos encontraremos tres números. Esos números tienen un significado que se comprenderá al explicar como se calculan.

Así tomemos, por ejemplo, el Nombre *Ar-Raḥmān* que está conformado por las consonantes **r-ḥ-m-n**. Cada una de las consonantes está asociada con un número (r=200, ḥ=8, m=40, n=50). Si sumamos esos números el resultado es 298. Esta cantidad de repeticiones se utiliza para la sanación al nivel físico.

El segundo número es el resultado de multiplicar el número resultante de la operación anterior (298 en este caso) por la cantidad de consonantes que tiene el Nombre, en este caso 4 (298 x 4 = 1192). Esta es la cantidad de repeticiones que se utilizan cuando es esencial integrar nuevamente a la persona en su círculo familiar o su comunidad.

El tercer número es el cuadrado del número anterior (en este caso 298 x 298 = 88 804) y se utiliza principalmente en caso que la persona hubiera perdido conciencia de su conexión con la Divinidad. Cada uno de estos niveles ayuda a expandir y liberar la conciencia del velo de separación.

Recitar los Nombres Divinos nos ayuda y nos da soporte para transitar el camino hacia la integración individual como ser completo. Esto sucede a través de su significado, su forma, su código sonoro, y la fuerza de sus letras que están conectadas con varias partes del cuerpo y con nuestros órganos, y asimismo a través de su valor numérico –derivado de la combinación de las letras– que nos indica cual es la cantidad óptima de repeticiones.

Cada uno de los Nombres está pleno de vibraciones Divinas que se reflejan en todo el mundo circundante. Protegen y atraviesan nuestro cuerpo y todo nuestro ser. Cada sílaba de un Nombre Divino contiene vibraciones que transforman la atmósfera. Contemplar los Nombres Divinos nos trae un regalo directo de paz y felicidad, transportándonos desde lo mundano hacia la Divinidad.

Al hacer la repetición, debemos tener cuidado de no agotarnos ni buscar un resultado específico; más bien deberíamos intentar conectarnos con sinceridad, sentir nuestro amor por Dios y permitir que nuestro corazón esté disponible para la apertura. De esta forma recibiremos la fuerza del Nombre, estemos o no conscientes de ella.

A pesar del poder de los Nombres Divinos, es posible que nos lleve un tiempo comenzar a sentir su efecto, pero los resultados aparecerán. Repitiéndolos en voz alta, entonándolos en una canción o en silencio, podemos cambiar las cosas. No hay un tiempo determinado para esta práctica. Podemos repetirlos y que nos acompañen durante todo el día, dejándolos fluir hacia nuestro corazón. Entonces el corazón comienza a vibrar y gradualmente va tomando el cantar de la lengua, y luego es el alma la que comienza a entonar el Nombre que durante tanto tiempo anheló escuchar.

Cada vez que puedas, cultiva la contemplación de la Divinidad. Puedes hacerlo mientras estás en actividad especialmente si es física, y también si tu tarea involucra lo mental, aunque en este caso es más difícil. La ciencia ya ha comprobado que la práctica regular de la meditación colabora con nuestra salud física, emocional y mental, otorgándole además inspiración y riqueza a nuestra vida diaria.

Las sugerencias contenidas en este libro respecto de la cantidad de repeticiones o los mejores momentos del día o de la noche para hacerlas provienen de las enseñanzas de diferentes maestros: sheikh Sidi Muhammad al-Jamal al-Rifa'i, sheikh 'Abd al-Maqsud Muhammad Salim, sheikh Tosun Bayrak al-Jerrahi al-Halveti.

Todas las indicaciones y explicaciones mencionadas en este libro han sido hechas con la intención de que tú puedas descubrir la joya que se encuentra en tu interior, tu verdadero ser, tu esencia eterna a la cual se han dirigido todos los Profetas. Capa sobre capa, vas abandonando los velos del aislamiento en tu búsqueda del Absoluto, la causa primordial de toda la existencia, Allāh, buscando Su cercanía, pidiéndole ayuda, sintiendo Su amor. Una búsqueda realizada con los ojos del corazón y la luz de la mente, uniendo la alegría y la dignidad, enlazando este mundo y el más allá, lo visible y lo invisible.

Las 28 letras del alfabeto árabe transliteración, numerología y elementos

SECUENCIA EXTERNA	NUMEROLOGÍA	ELEMENTO	SECUENCIA INTERNA	NUMEROLOGÍA	ELEMENTO
ا = '	1	FUEGO	ا = '	1	FUEGO
ب = b	2	AIRE	ب = b	2	AIRE
ت = t	400	AIRE	ج = j	3	AGUA
ث = th	500	AGUA	د = d	4	TIERRA
ج = j	3	AGUA	ه = h	5	FUEGO
ح = ḥ	8	TIERRA	و = w	6	AIRE
خ = kh	600	TIERRA	ز = z	7	AGUA
د = d	4	TIERRA	ح = ḥ	8	TIERRA
ذ = dh	700	FUEGO	ط = ṭ	9	FUEGO
ر = r	200	TIERRA	ى = y	10	AIRE
ز = z	7	AGUA	ك = k	20	AGUA
س = s	60	AGUA	ل = l	30	TIERRA
ش = sh	300	FUEGO	م = m	40	FUEGO
ص = ṣ	90	AIRE	ن = n	50	AIRE
ض = ḍ	800	AIRE	س = s	60	AGUA
ط = ṭ	9	FUEGO	ع = '	70	TIERRA
ظ = ẓ	900	AGUA	ف = f	80	FUEGO
ف = f	80	FUEGO	ص = ṣ	90	AIRE
ق = q	100	AGUA	ق = q	100	AGUA
ع = '	70	TIERRA	ر = r	200	TIERRA
غ = gh	1000	TIERRA	ش = sh	300	FUEGO
ك = k	20	AGUA	ت = t	400	AIRE
ل = l	30	TIERRA	ث = th	500	AGUA
م = m	40	FUEGO	خ = kh	600	TIERRA
ن = n	50	AIR	ذ = dh	700	FUEGO
ه = h	5	FUEGO	ض = ḍ	800	AIRE
و = w	6	AIRE	ظ = ẓ	900	AGUA
ى = y	10	AIRE	غ = gh	1000	TIERRA

Las formas del lenguaje árabe, significados y efectos

Hace tiempo, un maestro sufí llegó a visitar a un amigo. Lo encontró en su casa en compañía de un mercader de su amistad. Después de los saludos, se sentaron a compartir la cena.

Mientras así lo hacían, repentinamente irrumpió la niñera de la hija del dueño de casa. Completamente fuera de sí, la mujer exclamó: "¡La niña no está nada bien, perdió el conocimiento y ahora está recostada en su cama con temperatura elevada!" El maestro sufí inmediatamente comenzó a recitar oraciones de sanación. El mercader meneó su cabeza, en señal de negación, con mucho énfasis, mientras exclamaba: "¡Qué tradición tan supersticiosa, creer que meras palabras pueden influir en la salud de una persona!"

El maestro sufí se irguió con la velocidad de un rayo y con gran enojo respondió: "¡Cómo puede una persona inmadura, presuntuosa, ignorante y tonta como tú comprender alguna cosa! ¡Un burro es un burro, aunque lo carguen de libros!" Al escuchar estas palabras, el mercader se levantó rápidamente, su cara teñida de un rojo carmesí, mientras temblaba como una hoja e intentaba atrapar el aire con grandes bocanadas. Intentó, en vano, encontrar palabras adecuadas para responder, pero todo su ser estaba fuera de sí.

La mirada del maestro se suavizó completamente y con dulzura y suavidad dijo: "Por favor perdóname, hermano mío a quien tengo en gran estima, ¡qué mis palabras no hagan mella en tu honor o en tu reputación! Simplemente quería demostrarte el poder de las palabras comunes y como pueden influenciarnos y modificar nuestro estado físico, emocional y mental. Si las palabras ordinarias tienen este efecto, ¡imagínate cuál será el poder que tienen las palabras sagradas!"

El sonido y el significado de los Nombres Divinos están enraizados en la estructura gramatical del idioma árabe, que consiste en raíces básicas – generalmente tres, o a veces cuatro letras, todas consonantes – que fluyen para formar las diferentes formas. Estas formas están dotadas de una cualidad básica y una resonancia que nos afecta en todos los niveles de nuestro ser: físico, emocional, mental, psicológico y espiritual. Así las palabras que contienen la misma raíz o forma, también comparten el mismo código sonoro y un significado básico en común.

Cuando las minúsculas partículas o consonantes fluyen para dar nacimiento a las formas, nacen diferentes palabras, conceptos y significados. Las formas fijas contienen cualidades activas, pasivas y a veces ambas, como asimismo varios grados de comparación. Las palabras que tienen el prefijo *mu* indican interacción o instrumentación. Consiguientemente el significado de un Nombre Divino no está dado por su sonido, sino que es su *forma* la que nos permitirá comprender su esfera de acción.

Todos los Nombres Divinos contienen una cualidad activa, y por ello es importante conocer el significado del Nombre cuando lo repetimos. Las mismas formas que existen en los Nombres se encuentran en el idioma árabe cotidiano. Si lo único decisivo fuera la forma o el sonido, podríamos elegir cualquier palabra del lenguaje diario, y repetirla esperando que surta algún efecto ya sea positivo o negativo. Y esperaríamos en vano porque no sucedería. Consecuentemente no podemos obtener el significado de un Nombre Divino a partir de su sonido, basándonos únicamente en su forma o vibración. Todos los Nombres Divinos nacen de la Única fuente eterna, Allāh, y descienden como arroyos para plasmar el mundo de la existencia.

Adelante hay un listado de los Nombres Divinos catalogados por su forma, a los efectos de clarificar el significado básico de una forma (o tallo).

En el idioma árabe existen quince formas o tallos. Algunas raíces (combinaciones de consonantes) fluyen hacia los quince tallos o hacia diez, o incluso hacia un número menor. Cada tallo está formado por vocales alargadas, consonantes que se duplican, prefijos, alguna consonante adicional o una combinación de estas posibilidades. Cada agregado que se efectúa al tallo básico cambia el significado de la palabra.

Consiguientemente cada tallo afecta un campo diferente. El código sonoro tiene un efecto específico. Para ayudar a comprender este concepto, podríamos decir que sería como si la luz de un Nombre determinado se focalizará, a través de su forma o sonido, sobre un área determinada de la vida.

El listado de las diferentes formas y códigos sonoros tiene como objetivo facilitarnos el uso de los Nombres Divinos. Profundizar la comprensión de su potencial innato nos ayudará a comprender su efecto sanador y su recitado traerá equilibrio, sabiduría y sanación a todos los aspectos de nuestra vida, facilitando así nuestra transformación en seres integrados y completos.

Los Nombres Divinos nos ayudan a comprender y alcanzar nuestro potencial psicológico y espiritual, y a convertirnos en los seres que realmente somos. Nos dan posibilidades de transformación y el objetivo es establecer una conexión entre el ser humano y Dios. La finalidad es el éxtasis. El éxtasis es Allāh.

Muchas personas encuentran que el idioma árabe tiene algunas letras de difícil pronunciación. Cabe entonces aclarar que al pronunciar los Nombres, no es tan importante pronunciar bien cada letra que lo compone, sino que lo primordial es conocer su significado y respetar su forma y código sonoro. Así por ejemplo, en el Nombre Divino *Quddūs*, la letra *q* se pronuncia con un sonido gutural cerrado, difícil quizás de pronunciar; en este caso, no es imprescindible para que nos brinde sus frutos pronunciarlo así, sería suficiente pronunciarlo como la *k* de kilo.

I *FĀ'IL*: 'el activo, el único ejecutor'

En el idioma árabe la combinación de la forma y el código sonoro *fā'il* componen la forma activa *fā'il* que significa el activo, el único ejecutor. Esta forma se imprime en el corazón del que repite el Nombre, con la claridad de una columna de luz. Ello es consecuencia de vocal larga *ā* que aparece por ejemplo en la letra *alif*, ا que suena como una *a* alargada. Cada Nombre Divino que tenga esta forma nos penetrará profundamente y activará nuestra compostura a nivel espiritual, emocional y perceptual.

Existen diecinueve Nombres Divinos que se basan en esta forma; podríamos agregar tres más, cuya última vocal es larga debido a su forma gramatical especial.

La primera parte del Nombre Divino *Māliku-l-Mulk*, es decir, *Mālik*, pertenece a esta categoría por su sonido y por su forma. El agregado del segundo Nombre *Mulk* enfatiza su carácter absoluto y abarcador de toda la existencia.

Al-Jāliq
Al-Bāri´
Al-Qābiḍ
Al-Bāsiṭ
Al-Jāfiḍ
Ar-Rāfi'
Al-Wāsi'
Al-Bā'ith
Al-Wāyid
Al-Māyid
Al-Wāḥid
Al-Qādir
Al-´Ājir
Aẓ-Ẓāhir
Al-Bāṭin
Al-Yāmi'

Al-Māni'
An-Nāfi'
Al-Wārith
Al-Wālī
Al-Hādī
Al-Bāqī
Māliku-l-Mulk.

II *FA'ĪL:* 'penetra e impregna a todos los seres sin distinción'

Los Nombres Divinos que aparecen en esta forma y este sonido tienen principalmente una cualidad básica de penetración; su vibración se introduce y atraviesa a todos los seres sin distinción, tanto a nivel individual como colectivo. *Fa'īl* es el grado superlativo de *fā'il*. Mueve al corazón de aquí para allá, hasta que logra el equilibrio entre el mundo visible e invisible, obteniendo así una profunda paz interior.

Los Nombres Divinos que se basan en esta forma son veintisiete:

Ar-Raḥīm
Al-'Azīz
Al-'Alīm
As-Samī'
Al-Baṣīr
Al-Laṭīf
Al-Jabīr
Al-Ḥalīm
Al-'Aẓīm
Al-'Alīy
Al-Kabīr
Al-Ḥafīẓ
Al-Ḥasīb
Al-Yalīl
Al-Karīm
Ar-Raqīb
Al-Ḥakīm
Al-Mayīd
Ash-Shahīd
Al-Wakīl
Al-Qawīy
Al-Matīn
Al-Walīy
Al-Ḥamīd

Al-Ghanīy
Al-Badī'
Ar-Rashīd.

III *FA'ŪL*: 'tocando el abismo'

Los Nombres Divinos que aparecen en esta forma y este sonido llevan principalmente una cualidad de profunda penetración, alcanzando todos los dolores y cada uno de los padecimientos, sin importar cuan profunda se halle la herida en el corazón. Estos Nombres son la mano amante y penetrante de Dios que brinda sanación: a través de su significado y código sonoro, lavan y limpian las heridas más intensas e insondables y la zona en que se encuentran, incluso aquellas heridas que, en los momentos de mayor desprotección, casi no soportamos mirar. *Fa'ūl* es el grado superlativo de *fā'il*, y se basan en esta forma cinco Nombres Divinos.

El Nombre Divino *As-Salām* se basa sobre la forma *fa'āl* que es una variación de *fa'ūl* en la cual la *ū* se reemplaza por una *ā*. Este código sonoro conlleva una apertura adicional y penetra aún más profundo en el corazón, elevándolo y trayendo un sentimiento de conexión con todas las personas y todo lo que existe.

Pertenecen a este grupo:

Al-Ghafūr
Ash-Shakūr
Al-Wadūd
Ar-Ra´ūf
Aṣ-Ṣabūr
Al-'Afūw
As-Salām.

IV *FA"ĀL* y *FA"ŪL*: 'continuidad, eternamente recurrente'

Las combinaciones de forma y sonido *fa"āl* y *fa"ūl* significan 'eterno' y 'siempre'. Su resonancia implica constancia, flujo, eternamente recurrente, sin pausa ni interrupción, como el latido del corazón. Expresan el sonido de la continuidad sin comienzo ni final.

La duplicación de las consonantes centrales conlleva una cualidad de gran intensidad, como si una estampa se plasmara en el corazón, y es precisamente en el interior de esa estampa donde el corazón terminará disolviéndose. Son siete los Nombres Divinos que se basan en esta forma.

Las variaciones *fa"ūl* y *fu"ūl* también contienen una duplicación de la consonante central y poseen la misma cualidad vibratoria, incluyendo además, aspectos de eternidad y de profundidad universalmente abarcativa. Los Nombres Divinos que se basan en estas variaciones penetran en las capas más profundas del corazón.

El Nombre Divino *Al-´Awwal* pertenece a esta categoría, aunque el significado de su código sonoro solamente se puede comprender completamente en relación con su polo opuesto, *Al-´Ājir.* Ambos Nombres juntos forman el círculo completo de la continuidad eterna.

Al-Yabbār
Al-Ghaffār
Al-Qahhār
Al-Wahhāb
Ar-Razzāq
Al-Fattāḥ
At-Tawwāb
Al-Qaiiūm
Al-Quddūs
Al-´Awwal.

V *FA'L*: 'la cualidad innata, omnipresente y esencial de la existencia'

El significado y el efecto del código sonoro *fa'l* está relacionado con la cualidad y vibración de permanencia. Es un atributo que, de manera visible o invisible, pertenece a la naturaleza propia de la existencia, más allá de cualquier manifestación, como cualidad esencial, intrínseca e innata. Es a través de este código sonoro que se expresa la continuidad de la existencia.

Los Nombres Divinos basados en esta forma son omnipresentes, aunque no necesariamente de manera evidente, y forman parte de las características básicas subyacentes en todas las manifestaciones de la existencia. Su código sonoro hace surgir, en el corazón, una cualidad que extasía sobriamente, otorgándonos gran perseverancia, incluso durante las grandes tempestades de la vida. Son cuatro los Nombres Divinos basados en esta forma.

Pertenecen a esta categoría dos Nombres Divinos más, a pesar de que se basan en una forma gramatical externa diferente: *Aḍ-Ḍār* y *An-Nūr.*

Asimismo el Nombre *Al-Malik* pertenece a una variación de esta categoría, a través de la vocal *i*, ya que tiene el mismo significado básico.

Al-'Adl
Al-Ḥaqq
Al-Ḥayy
Al-Barr
Aḍ-Ḍār
An-Nūr
Al-Malik.

VI *FA'AL*: 'el curso permanente, constante de lo Absoluto'

Esta forma y código sonoro *fa'al* está relacionada con la naturaleza primigenia de las cosas, con el carácter originario y esencial de la sustancia primordial, es decir, con el Absoluto. Como en el caso anterior, los Nombres Divinos sustentados en esta forma conllevan la cualidad de constancia, con el agregado de que su significado implica también la existencia de un proceso: su iniciación y desarrollo. Son tres los Nombres Divinos basados en esta forma.

Al-Ḥakam
Al-´Aḥad
Aṣ-Ṣamad.

Cuando el prefijo *mu* se encuentra combinado con una forma, significa causar en forma continuada.

Siempre que una combinación de forma y sonido comienza con el prefijo *mu*, indica una fuerza constante, de continua creación, causal, fundamental. Expresa con claridad la idea de una fuerza superior que actúa a través o sobre nuestro, 'como si nos hicieran algo' o 'como si algo trabajara a través nuestro'.

VII *MUFA"IL*: 'la acción que se lleva acabo eternamente'

El concepto de acción realizada por y para siempre, sin comienzo ni final, es decir, eternamente, es inherente a la forma y código sonoro de los Nombres que se listan a continuación. Allāh crea y recrea el mundo de las manifestaciones a cada momento.

Al-Muṣawwir
Al-Muqaddim
Al-Mu´ajjir.

VIII *MUF'IL*: 'la causa que todo lo abarca'

Esta combinación de forma y código sonoro denota que Allāh es el Uno que origina y da forma a cada cosa creada, cada manifestación y cada suceso, acentuando el concepto que no hay más Causa que Él. Este código sonoro imprime la cualidad de lo Absoluto en el corazón.

Cabe aclarar que siguiendo una regla gramatical, algunos de los Nombres que siguen finalizan con una vocal larga.

Al-Mu´min
Al-Muqsiṭ
Al-Mubdi´
Al-Mu'izz
Al-Mudhil
Al-Muḥṣī
Al-Muḥyī
Al-Mughnī
Al-Mu'īd
Al-Mumīt
Al-Muqīt
Al-Muyīb.

IX *MUFAY'IL*: 'la fuerza penetrante de la transformación'

Esta combinación de forma y código sonoro expresa la penetración continua de una fuerza que llega hasta la estructura fundamental del ser. Si bien tiene una connotación de gran poder, contiene también liviandad y suavidad. Ejemplo de ello es la expresión *sé como lana en las manos de Dios.* El Nombre que la contiene es:

Al-Muhaymin.

X *MUTAFA"IL*: 'el estado de reflejar o devolver la imagen constantemente'

Esta combinación de forma y código sonoro agrega dos aspectos a la cualidad esencial de continuidad propia del prefijo *mu.* Esto sucede como consecuencia del agregado de las comillas dobles (*"*) y de la letra *t* que traen como consecuencia un estado de reflejo constante de la imagen que se proyectó, como si fuera un espejo. Por este mismo motivo, los que lo recitan deben hacer grandes esfuerzos para penetrar en el estado de este Nombre. El espejo debe estar bien pulido antes de que pueda reflejar la luz adecuadamente.

Únicamente existe un Nombre Divino que irradia este sonido. Es interesante destacar que en el Sagrado Qur'ān, este Nombre aparece solo una vez (59:23), al final de la única lista más larga de Nombres Divinos que tiene el texto sagrado.

Al-Mutakabbir.

XI *MUFTA'IL*: 'aquello que es eternamente recíproco'

En este código sonoro, la presencia adicional de la letra *t* expresa la cualidad de reciprocidad. Allāh nos otorga una determinada cualidad y este talento es llevado a la acción por quien lo recibe. Nos hacemos responsables por nuestras acciones en el entendimiento que todo proviene de Allāh y que todas las acciones son Suyas. Esta es una de las interpretaciones de la frase *Tu voluntad y la mía son una.*

Al-Muqtadir
Al-Muntaqim.

XII *MUTAFA'IL*: 'reciprocidad que reúne'

Esta forma también conlleva la noción de evidente reciprocidad, a la que su código sonoro agrega una connotación de entrega profunda. Esta forma integra los aspectos de acción y de entrega, uniendo agua y fuego, coraje y confianza, lo elevado y lo bajo.

Al-Muta'ālī.

بِسْمِ اللَّهِ الرَّحْمَٰنِ الرَّحِيمِ

بِسْمِ ٱللَّهِ ٱلرَّحْمَٰنِ ٱلرَّحِيمِ ﴿١﴾ ٱلْحَمْدُ لِلَّهِ رَبِّ ٱلْعَٰلَمِينَ ﴿٢﴾ ٱلرَّحْمَٰنِ ٱلرَّحِيمِ ﴿٣﴾ مَٰلِكِ يَوْمِ ٱلدِّينِ ﴿٤﴾ إِيَّاكَ نَعْبُدُ وَإِيَّاكَ نَسْتَعِينُ ﴿٥﴾ ٱهْدِنَا ٱلصِّرَٰطَ ٱلْمُسْتَقِيمَ ﴿٦﴾ صِرَٰطَ ٱلَّذِينَ أَنْعَمْتَ عَلَيْهِمْ غَيْرِ ٱلْمَغْضُوبِ عَلَيْهِمْ وَلَا ٱلضَّآلِّينَ ﴿٧﴾

Sura *Al-Fātiḥa*, La Apertura

(1) En el Nombre de Dios, el Más Misericordioso, el Dispensador de Gracia:
(2) Toda alabanza pertenece sólo a Dios, el Sustentador de todos los mundos,
(3) el Más Misericordioso, el Dispensador de Gracia,
(4) ¡Señor del Día del Juicio!
(5) A Ti sólo adoramos; sólo en Ti buscamos ayuda.
(6)¡Guíanos por el camino recto –
(7) el camino de aquellos sobre los que has derramado Tus bendiciones, no él de aquellos que han sido condenados [por Ti], ni él de aquellos que andan extraviados!

Al-Fātiḥa

Un breve comentario sobre el primer sura: La Apertura

1. En el nombre de Dios, el Más Misericordioso, el Dispensador de Gracia

En el Nombre de la Realidad eterna, infinita, trascendente e inmanente, del que brinda todo desde Su amor, del cuya misericordia preserva toda la Creación. El que expresa clemencia absoluta, el singularmente misericordioso. Los dos Nombres *Ar-Raḥmān* y *Ar-Raḥīm* indican que la misericordia de Dios no tiene límites, pues incluye y abraza toda la existencia.

2. Toda alabanza pertenece solo a Dios, el Sustentador de todos los mundos

Las alabanzas de las criaturas hacia su Creador expresan su gozo de existir. Pues existir es percibir y saborear la hermosura del mundo; verdaderamente respirar, alimentarse, vivir, apreciar la belleza, trabajar –todo brinda alegría. La diversidad de la vida y las diferentes formas que toma la existencia le recuerdan al corazón que cada obra perfecta, cada cualidad existente, sea interior o exterior, proviene de la Única fuente de la cual todos los mundos emergen.

3. El Más Misericordioso, el Dispensador de Gracia

Tanto nuestra existencia como todas las condiciones que la hacen posible emergen de la gracia Divina. No olvides los innumerables obsequios que has recibido ni te apropies de ellos, pues tú no has inventado ni el agua ni el árbol.

De acuerdo con la tradición oral, el Profeta Muhammad, que la paz y las bendiciones de Allāh sean sobre él, manifestó:

> *Cuando Allāh creó a las criaturas, escribió en el Libro que está sobre Su trono: "Verdaderamente Mi misericordia prevaleció sobre Mi ira",* agregando: *Allāh dividió la misericordia en 100 partes, de las cuales retuvo para Sí 99, haciendo descender una parte a la tierra. Es desde esta parte que emana toda la compasión que las criaturas se tienen entre sí.*

Permitan que la misericordia anide en sus pechos, pues aquellos que brindan misericordia y tratan a los demás con bondad y compasión serán ellos mismos abrazados por la misericordia y participarán de la Unidad, pues ésta es su verdadera naturaleza.

4. *Señor del Día del Juicio*

Dios es el sostén de la Creación y también es el Señor del fin de los tiempos. Comprender este concepto profundamente nos ayuda a entender que toda la Creación está sujeta a la condición de dependencia del Absoluto, ya que surge y depende de Él.

El Día del Juicio es la esperanza de los que han sido pacientes y han luchado para combatir su orgullo y sus partes más bajas, sin haberse dejado vencer por sus impulsos complacientes, guiando así a su verdadero ser hacia la victoria. El Día del Juicio, *yawm ad-dīn*, los opresores y los oprimidos serán reunidos, y los opuestos serán unidos porque los opuestos se unen en Dios. Ese Día todos seremos agrupados y todas las injusticias se tornarán visibles. Todos seremos iguales: el rey y sus súbditos, el rico y el pobre. Ese Día seremos juzgados por cada una de nuestras acciones, sean malas o buenas

5. *A Ti sólo adoramos, sólo en Ti buscamos ayuda*

Adorar a Dios implica reconocer Su presencia en el exterior, y tomar refugio en Dios es volver hacia Él, encontrándolo en la profundidad de nuestro propio corazón; confiando en Su proximidad absoluta y permanente. El Dios que vemos en el exterior se asemeja al cielo infinito, el Dios interior, a la intimidad de nuestro corazón.

Esta aleya nos muestra dos partes del vínculo con Dios. La primera, *iyyāka na'budu* (sólo a Ti adoramos), es para Dios; en cambio la segunda, *wa iyyāka nasta'īn* (sólo en Ti buscamos ayuda), es para quien ora.

Navegando entre la confianza y la entrega a Dios, podemos evolucionar hacia nuestro verdadero ser, librándonos así de negar la unidad de toda la existencia. El amor sin entrega no te bastará, tampoco la entrega sin amor será suficiente. Quienquiera que desee saborear la dulzura de la fe deberá unir en su corazón el amor y la entrega a Dios. Él te ha creado para que despiertes tu Divinidad, no para que te degrades. Dios te ha creado para que fueras libre, así que no te conviertas en prisionero de tus impulsos. Libérate de todas tus cualidades bajas y transforma tus impulsos, conduciéndolos al lugar donde su anhelo de volver a casa pueda ser satisfecho. Devuélveles su fragancia y permíteles entrar en el Océano de luz.

6. Guíanos por el camino recto

Este es un sendero ascendente que nos guía hacia la Unidad; requiere fuerza de voluntad, amor y conocimiento. *Guíanos por el camino recto* especialmente cuando nos enfrentamos con situaciones difíciles porque el mundo nos distrae de lo esencial. Las preocupaciones a menudo comprimen nuestro pecho y caemos en monólogos.

7. El camino de aquellos sobre los que has derramado Tus bendiciones

El sendero recto es aquel donde la misericordia Divina nos empuja hacia arriba. La misericordia nos abre el camino, sin embargo nos toca a nosotros abrir el corazón y obedecer sus leyes. Allāh, ¡Tú quien transformas los corazones, permite que mi corazón permanezca siempre dentro de Tu Unidad!

8. No él de aquellos que han sido condenados [por Tí]

No él de aquellos que se resisten a recibir Tu misericordia y rompen el lazo de la Unidad. Si ellos buscan independizarse de la fuente Divina primordial o ser ellos mismos la fuente, su corazón gradualmente pierde receptividad, y la Divinidad los deja ir.

9. Ni él de aquellos que andan extraviados

No niegan al Uno, pero debido a su debilidad, se pierden en el mundo. Siguen sus humores y sus antojos, cayendo así a merced de las fuerzas terrenales, y sin embargo no están totalmente perdidos si así lo desean.

Yo vi a mi Señor con los ojos de mi corazón.
Le pregunté: ¿Quién eres? Respondió: ¡Tú!
Donde Tú estás, no existe ningún lugar.
La imaginación no puede dibujarte
o percibir donde estás.
¡Tú eres el Uno que abraza todos los lugares
hasta que deja de haber algún lugar! ¿Así que dónde estás?
En mi aniquilación, en mi aniquilación solo existe
lā 'ilāha 'illa llāh – *nada existe salvo Dios.*
Nada existe salvo Tú.
Al-Hallaj

Las fórmulas

La repetición de las fórmulas nos brinda la posibilidad de enraizarnos conscientemente con nuestra realidad circundante, en la presencia Divina que todo lo abraza.

El resultado de la remembranza de la Unidad que todo lo abraza será que encontraremos el rumbo espiritual y podremos así participar conscientemente de las bendiciones y misericordia Divinas.

La repetición de las fórmulas no está relacionada con la moral, sino con la purificación del corazón y con nuestra apertura a la Unidad.

De acuerdo con un hadiz (ver definición p. 97), las fórmulas siguientes se recitan juntas frecuentemente:

> *subḥāna llāh* سبحان الله ‘ilimitado en Su gloria es Dios’
> *al-ḥamdu li- llāh* لحمد الله ‘alabado sea Dios’ y
> *allāhu ’akbar* الله أكبر ‘Dios es más grande’.

Al decir *subḥāna llāh* سبحان الله ‘ilimitado en Su gloria es Dios’, estamos reconociendo las acciones y hechos Divinos, como asimismo la omnipresencia de la cara velada de la justicia y de la verdad.

Así por ejemplo, un ladrón hurta la cartera de una pequeña anciana, escapa corriendo, tropieza con una piedra, cae, es atrapado, y el bolso es devuelto a su dueña ¡*subḥāna llāh!*

Esta fórmula se utiliza también en situaciones en las que no podemos comprender la sabiduría Divina subyacente o que, desde nuestra humanidad, no podemos entender completamente. Dado que se refiere a Dios, muchas veces la cualidad infinitamente abarcativa de esta fórmula excede nuestra comprensión. Al pronunciarla, nos apartamos del mundo visible, de cosas y perspectivas limitadas y nos insertamos en lo Absoluto, percibiendo la fragancia de la eternidad.

La fórmula *al-ḥamdu li-llāh* الحمد الله ‘alabado sea Dios’ eleva una acción terrenal hacia el cielo. Esta alabanza se denomina *al-ḥamd.* La mayoría de las veces, se dice luego de ejecutar o finalizar una acción. Hasta cierto punto, es la contraparte de *bismillāh ar-raḥmān ar-raḥīm* بسم الله الرحمن الرحيم ‘en el Nombre de Allāh, el infinitamente misericordioso, el singularmente compasivo’.

Todas las acciones comienzan con *bismillāh ar-raḥmān ar-raḥīm*, ‘en el Nombre de Allāh, el infinitamente misericordioso, el singularmente compasivo', el que crea por amor y salva por Su misericordia. Esta fórmula, que se denomina *basmalla*, hace descender sobre cada acción un rayo celestial de absoluta bondad, bendiciéndola y elevándola a la Unidad, a la misericordia y al amor Divinos. Cada vez que iniciamos algo nuevo o entramos en un espacio diferente, nuestra intención se plasma con esta *basmalla.* ¡Qué el eco de Su invocación reverbere a través de todas nuestras acciones!

Si comenzamos una comida con *bismillāh ar-raḥmān ar-raḥīm* y finalizamos con *al-ḥamdu li-llāh*, al agradecer con esta última fórmula, conectamos nuestras acciones y todas las cosas con Dios, elevándolas e insertándolas en la Unidad.

La fórmula *allāhu ´akbar* الله أكبر 'Dios es más grande' se denomina *takbīr*. Se la utiliza en el llamado a la oración e indica asimismo el cambio de posición durante las oraciones. La palabra *´akbar* (más grande que) es el vocablo comparativo de *kabīr* (grande); sin embargo, muchas veces se la confunde con el grado superlativo (el más grande de todos). Esta fórmula expresa el concepto que Dios será siempre más grande que todo y que todos.

Generalmente se la utiliza en la vida cotidiana ante situaciones abrumadoras o de sorpresa. También se emplea para dar ánimo o fortalecer a un grupo en su totalidad.

Otra fórmula frecuentemente utilizada es *inshallah* إن شاء الله 'si Dios quiere'. Se utiliza en la misma forma que en español para expresar nuestra ignorancia, nuestra dependencia y subordinación a Dios, y liberarnos de la arrogancia. Demuestra calma y confianza en Dios, y que todo lo que es correcto y bueno sucederá a través de Su voluntad –o no según sea el caso– y esto es perfecto. La meta es Allāh, todo viene de Él y regresa a Él. Sin Él no hay ni presente ni futuro.

Esta fórmula se usa en el lenguaje cotidiano cada vez que nos referimos a una situación futura.

"Iré a la ciudad mañana, *¡inshallah!*" "Aprobaremos nuestro examen la semana que viene, *¡inshallah!*"

La fórmula *mā shā'a llāh* ما شاء الله 'sucedió lo que dispuso Dios' se utiliza tanto para el pasado como para el presente. Es posible que el hecho haya acontecido en el pasado, pero sus efectos continúan en el presente. Se utiliza asimismo cuando otro ser humano o alguna cosa es admirable, y deseamos ensalzarla sin dar lugar a la envidia o a los celos, simplemente recordándonos que todo depende de Dios y todo regresa a Él. Así nuestro corazón permanece libre, estamos satisfechos y podemos convertirnos en personas que disfrutan de la belleza.

Al ver un niño hermoso, decimos *¡mā shā'a llāh!* Al alabar una voz melodiosa o los comentarios agudos de una persona, o al ver un magnifico paisaje, decimos *¡mā shā'a llāh!*

Todas las acciones pueden clasificarse en cinco categorías:

obligatorias: *farḍ* فرض o *wājib* واجب
recomendadas: *mustaḥab* مستحب
permitidas, dependen de nuestra evaluación: *mubāḥ* مباح
a ser evitadas: *makrūh* مكروه
prohibidas: *ḥarām* حرام

Un día Nasruddin iba camino hacia el mercado de los asnos. Llevaba consigo su bolsa con el dinero. Pasó al lado de un conocido que le preguntó:

–¿Hacia dónde te diriges, Nasruddin?

–Voy camino al mercado para comprar un asno.

–Siempre debes decir inshallah, *Nasruddin.*

–¿Por qué debo decirlo? si es obvio: tengo el dinero en mi bolsa para comprar el asno, y el mercado está ahí nomás, respondió Nasruddin antes de proseguir su camino.

Sin embargo, antes de llegar al mercado lo atacaron varios ladrones. Le pegaron un mazazo en la cabeza y le robaron sus pertenencias. Muy confundido Nasruddin emprendió su camino a casa.

Volvió a ver a su conocido, a la vera del camino, quien le preguntó: –¿Qué te pasó, Nasruddin?

–Iba camino al mercado ¡inshallah! *y me atacaron* ¡inshallah! *y robaron varios hombres* ¡inshallah!, *me pegaron en la cabeza* ¡inshallah!, *me robaron mi dinero* ¡inshallah! *y ahora me voy para mi casa* ¡inshallah!

Los Nombres Divinos en el Sagrado Qur'ān

Los Perfectos Nombres de Allāh se mencionan cuatro veces en el Sagrado Qur'ān:

Sura *Al-'A'rāf*, La Facultad del Discernimiento (7:180)
Y [solo] de Dios son los atributos de perfección; así pues, invocadle por medio de ellos [...]

Sura *Ṭā Hā*, Oh Hombre (20:8)
¡Dios no hay deidad sino Él; Suyos [en exclusiva] son los atributos de perfección!

Sura *Al-'Isrāa'*, El Viaje Nocturno (17:110)
Di: "Invocad a Dios, o invocad al Más Misericordioso: como quiera que Le invoquéis, [a Él os dirigís –pues] Suyos son todos los atributos de perfección. [...]

Sura *Al-Ḥashr*, La Concentración (59:24)
¡Él es Dios, el Creador, el Hacedor que modela todas las formas y apariencias!
¡Suyos [en exclusiva] son los atributos de perfección. Todo cuanto hay en los cielos y en la tierra proclama Su infinita gloria: pues sólo Él es todopoderoso, realmente sabio!

El Profeta Muhammad, que la paz y la salvación de Allāh sean sobre él, dijo:

Noventa y nueve son los Nombres que pertenecen a Allāh, aquel que los aprenda, experimente, comprenda y pueda recitarlos, entrará en el Paraíso y obtendrá la salvación.

Allāh

La Realidad Eterna
'Aquello Que Es'
66 – 264 – 4356

Allāh es la presencia que se encuentra en todos los Nombres.

El primer paso es decir "Allāh" y nada más,
el segundo paso es la intimidad y el tercero la combustión.
'Attar

Allāh es el Nombre del ser absoluto y contiene a todos los otros Nombres Divinos. Allāh es la realidad Divina absoluta que todo lo abarca; los demás Nombres Divinos nacen y fluyen del único ser Divino, son uno con Él y Lo reflejan en el mundo creado.

Allāh es esencialmente el amor profundo y apasionado. Los restantes Nombres Divinos son diferentes aspectos de este Único amor. Las 99 Cualidades Divinas nos fueron dadas para ayudarnos a atravesar los velos del ego y llegar a nuestra verdadera naturaleza, y a la fuente, al origen de toda la existencia. Generalizando podemos decir que cada uno de los Nombres actúa en dos niveles: nos acerca a la Divinidad y simultáneamente nos ayuda a aproximarnos a nuestro verdadero ser, a nuestra verdadera naturaleza.

Allāh anhelaba que Su ser se tornara visible a través de un ser absolutamente inclusivo: el mundo. Los Nombres Divinos fluyeron desde Su ser hacia las manifestaciones, y en ese instante nació un anhelo profundo entre el Creador y Su criatura. En las profundidades de nuestro interior existe una chispa Divina que contiene todos los Nombres Divinos. Este es el lugar de entrega y paz interior. Sin embargo, al emanar Sus Nombres al mundo de las manifestaciones, Allāh apartó la paz del mundo, de modo tal que ahora la Creación gira buscando la Divinidad; mientras tanto, nosotros los seres humanos buscamos la paz interior, oscilando entre la quietud interna y la inquietud externa, la quietud externa y la inquietud interna.

Allāh trasciende los géneros femenino y masculino, y no admite el número plural. Sin embargo, la magnificencia Divina se muestra tanto en lo femenino como en lo masculino.

Ibn al-'Arabī comenta:

> *Nosotros mismos somos los atributos por los que describimos a Dios; nuestra existencia es meramente la concreción de Su existencia. Así como Dios nos es necesario para existir, nosotros le somos necesarios a Él para que pueda manifestarse a Sí Mismo.*

Allāh es el Nombre más grande y magnífico del Uno, el Señor y el Creador de los mundos, con quien nada ni nadie puede compararse y quien transmitió Sus revelaciones a la humanidad a través de Sus Mensajeros. Entre los que se encuentran: Noé, Abraham, Moisés, Jesús y Muhammad, que la paz sea sobre todos ellos.

A través de nuestra capacidad de discernimiento, los diferentes Nombres Divinos y sus atributos cobran existencia. Sin embargo, como solo existe una única verdad, las cualidades de un Nombre también se encuentran en los demás de alguna forma. Solo puede ser así porque la Verdad es una y si bien en lo externo esta Unidad se manifiesta a través cualidades diferentes, existe entre ellas correlación y reciprocidad. La Divinidad está omnipresente en todos los Nombres.

La diversidad de la Creación no está en contradicción con la unicidad de la existencia Divina.

Ibn al-'Arabī utiliza el ejemplo del fuego para ayudarnos a comprender este concepto: el fuego tiene una naturaleza determinada, pero sus efectos son muy diferentes según sobre que material se utilice. Así el fuego quema la madera, convierte rápidamente el papel en cenizas, tiene un efecto diferente sobre el agua, cambia el color del cobre y lo torna blancuzco, y transforma al oro en un líquido. A pesar de estos efectos tan diferentes, la naturaleza del fuego –su ser– permanece inalterable. Los diferentes efectos de las llamas se manifiestan de acuerdo con la naturaleza y el estado del material sobre lo cual actúan. Es de esta manera que deberíamos entender la unicidad de la Divinidad y la variedad de Sus manifestaciones.

Sura *Al-Baqara*, La Vaca (2:255)

Dios – no hay deidad sino Él, el Viviente, la Fuente Autosubsistente de Todo Ser. Ni la somnolencia ni el sueño se apoderan de Él. Suyo es cuanto hay en los cielos y cuanto hay en la tierra. ¿Quién puede interceder ante Él, si no es con Su venia?

Conoce lo que está manifiesto ante los hombres y lo que les está oculto, mientras que ellos no abarcan de Su conocimiento sino aquello que Él quiere [que abarquen].
Su poder eterno se extiende sobre los cielos y sobre la tierra, y el mantenimiento de estos no Le fatiga. Y Él es el altísimo, el grandioso.

El Nombre Allāh comprende aspectos de trascendencia y de una plenitud que todo lo abarca, es sublime, sereno y misterioso, e irradia estas cualidades.

Todos los Nombres Divinos son diferentes perspectivas y percepciones del Nombre Allāh, el Único Amor todopoderoso que todo lo abarca. Los demás Nombres se funden y se unen en este Nombre.

Sura *Al-'An'ām*, El Ganado (6:162-164)
Di: "Ciertamente, mi oración, [todos] mis actos de adoración, mi vida y mi muerte son [sólo] para Dios, el Sustentador de todos los mundos, en cuya divinidad nadie tiene parte: esto es lo que se me ha ordenado –y soy el primero en someterme a Él."
Di: "¿Voy, acaso, a buscar un sustentador distinto de Dios, cuando Él es el Sustentador de todas las cosas?" [...]

Escuchar el sonido de nuestra voz, mientras repetimos el Nombre Allāh, nos da la fortaleza necesaria para disolver esa ilusión –tan arraigada y que a menudo se transforma en obsesiva– que estamos separados, y nos ayuda a captar la fragancia que nos conecta con nuestra propia esencia, iniciando así el proceso de sanación de las heridas de la separación y del aislamiento. El flujo de la Unidad elimina las densas paredes de separación, regresándonos a nuestro centro, allí donde la eternidad pulsa en nuestro interior, y donde estamos plenos de la luz que irradian las Cualidades Divinas. No hay nada como Allāh que pueda disolver la ilusión de separación a través del poder del amor extático.

Todos los Nombres Divinos pueden ser recitados conjuntamente con el Nombre Allāh. También Jesús utilizaba el Nombre arameo *Alaha* para llamar a Dios.

Todo comienza con los tesoros ocultos en este Nombre:

El verdaderamente sabio lo reconoce a Él en todas las manifestaciones de Sí Mismo y en todas las formas en las que Él se manifiesta.
Ibn al-'Arabī

... y cuando el viaje hacia Dios llega a su término,
comienza el viaje eterno en Dios...
Iqbal

Ar-Raḥmān

1

El Más Gracioso, El Absolutamente Misericordioso, El Que Derrama Bendiciones, El Singularmente Compasivo

298 – 1192 – 88 804

Ar-Raḥmān es como un océano rebosante de infinita bondad y belleza. Es la marea que rebalsa misericordia y naturalmente se extiende hasta abrazar toda la existencia. Es el portal a través del cual fluyen todos los demás Nombres Divinos.

Las 99 cuentas que utilizamos para la oración simbolizan los 99 Nombres Más Bellos de Dios, comenzando con *Ar-Raḥmān*, *Ar-Raḥīm*, el más gracioso, el singularmente compasivo, los dos Nombres que indican la inmensa la misericordia Divina y que dan comienzo a cada sura del Sagrado Qur'ān, salvo el noveno, y que deberían mencionarse cada vez que comenzamos algo:

بسم الله الرحمن الرحيم

bismillāh ar-raḥmān ar-raḥīm

en el Nombre del más gracioso, singularmente compasivo

¡Qué esta invocación despierte tu corazón para guiar cada una de tus acciones hacia su veracidad!

Este Nombre incluye los siguientes atributos: amor, generosidad, misericordia y compasión. Simboliza la compasión que fluye eternamente hacia todas las criaturas, sin distinción, dado que contiene la cualidad Divina de bendición y regocijo que alcanzan a todos por doquier.

La repetición de este Nombre evoca una sensación de estar abrazado por los gentiles brazos de la misericordia Divina, desvaneciéndose así la sensación de aislamiento y de separación que tan frecuentemente nos acompañan. Este Nombre Divino disipa los demonios de la duda y el desaliento, derramando sobre nuestro ser alegría, satisfacción, esperanza y un sentimiento de conexión. Repetir este Nombre Divino 100 veces durante el segundo tercio de la noche aclara la memoria, despierta la conciencia y nos libera del peso de las preocupaciones y de la dureza hacia nosotros mismos y los demás. El segundo tercio de la noche se refiere a una hora antes de la oración de *fayr*, es decir, una hora antes del amanecer.

Cuando Allāh ama a una persona, hace comparecer al ángel Gabriel y le dice: *Yo amo a este ser humano, así que ¡ámalo tú también!* Y Gabriel lo ama. Luego Gabriel convoca a los seres celestiales y les dice: *Allāh ama a este ser humano, así que ¡ámenlo ustedes también!* y los seres del cielo lo aman. Les es revelada la belleza de la tierra. Allāh ama a todas Sus criaturas; algunas comienzan a buscarlo para intentar encontrar aquello que no puede ser encontrado a través una búsqueda, y que sin embargo, solo es encontrado por aquellos que buscan. Cuando el buscador da un paso hacia Dios, el Ser Divino corre hacia él. Tal es el inmenso amor que Dios tiene por cada ser humano...

Permite que la compasión y la bondad enternezcan tu corazón y se irradien a tus palabras y acciones. Pues aquellos que tratan a las criaturas de este mundo –minerales, vegetales, animales y humanos– con bondad, se encontrarán envueltos en la bondad Divina, pudiendo así sentirla en sí mismos y a su alrededor. Así que repite 10 veces el Nombre *Ar-Raḥmān* después de cada oración, para que tu corazón pueda expandirse con cada latido, y puedas vislumbrar las maravillas que te rodean y la belleza que está en ti. Verdaderamente aquellos que sienten bondad en su corazón no conocen las dudas ni las preocupaciones. Repetir este Nombre Divino traerá alegría y confianza a tu corazón, disolviendo las dudas y la falta de esperanza que son ilusorias.

Tener bondad en el corazón significa tener gentileza en tu interior; cualidad que abre el ojo del corazón e induce el sentimiento de profunda conexión con todos los seres del mundo, pudiendo entonces verdaderamente entenderlos.

Existe una parte del cuerpo humano que, si está sana, traerá salud a todo el cuerpo, pero que si está enferma, debilitará a todo el organismo. ¿Acaso no es ésta el corazón? Así que permite que tu corazón se convierta en tu guía y deja que tu mente se conecte con él, para que puedas así convertirte en un ser completo.

> *¡Allāh, a través de Tu inmensa bondad, ayúdame a transformarme en un ser completo! ¡A través de Tu bondad, permíteme sentir el sol interno que brilla sobre todas las cosas y todas las personas sin distinción! Este sol interior que tantas veces sentimos adentro nuestro es parte de nuestro verdadero ser.*

La raíz **r-ḥ-m** de la cual derivan los Nombres Divinos *Ar-Raḥmān* y *Ar-Raḥīm* significa asimismo útero, lazos de familia, compasión, piedad y simpatía. Ambos Nombres son especialmente sanadores de las relaciones humanas y estimulan el amor y la compasión entre las criaturas. Al repetirlos, aquellas personas que tienen la sensación que Dios las ha olvidado o abandonado sentirán abrirse en su interior aquello que pensaban se había cerrado para siempre.

El código sonoro y el significado de *Ar-Raḥmān* expresan la cualidad de existencia eterna y del infinito. Se trata de una profunda cualidad innata y eterna, sin la cual nada existiría. Allāh es el Nombre que da nacimiento a todos los demás Nombres que, a su vez, acentúan los varios aspectos de la Unidad; *Ar-Raḥmān* es el portal a través del cual nacen todos los Nombres Divinos.

La aleya *kataba 'alā nafsihi r-raḥma* (6:12), 'Allāh se ha impuesto a Sí Mismo la ley de la clemencia y la misericordia', significa que Allāh ha grabado en Su corazón Divino la palabra *raḥma*, misericordia, mostrando así que todos los Nombres Divinos pasan por la puerta de la misericordia antes de manifestarse en el mundo.

La muerte también está conectada con esta raíz. Así la palabra *marḥūm* 'aquél a quien Dios ha otorgado su compasión y misericordia' se refiere a una persona muerta. Antes de nacer estamos inmersos en esta *raḥma* y después de la muerte regresamos a ella. De este modo el ser humano viaja de un útero amoroso a otro útero amoroso en el más allá y en el ínterin estamos en el mundo, donde vivimos y somos responsables de nuestras acciones para poder expresar este conocimiento primigenio. ¡Confía y sigue tu destino!

Estar verdaderamente embarazada significa llevar la bondad y la misericordia en tu corazón, permitiendo que todas las criaturas se transformen en tus hijos.

Ayudar a que una persona madure espiritualmente significa conectarla con su sabiduría, su conocimiento, su equilibrio y su armonía. En realidad es conectarla nuevamente con los cielos y sanar sus lazos con la Divinidad, ayudándola a liberarse del yugo de estar sujeta a sus deseos y sometimiento a la prisión del mundo material, para que pueda conectarse nuevamente con el mundo del espíritu y recobrar su alegría y claridad.

Cuando repites este Nombre, extiende una mano sobre tu vientre una y otra vez, y respira con calma, dirigiendo tu aire hacia el corazón para que puedas descubrir y conocer tu sol interior, permitiendo que brille incondicionalmente. Encuentra la luz de *Ar-Raḥmān* adentro tuyo, usando tu libre albedrío para ser bondadosa contigo misma y hacer el bien a los demás.

Tanto *Ar-Raḥmān* como *Ar-Raḥīm* sanan nuestras heridas más profundas, nuestros sentimientos de insuficiencia e incapacidad. Nos conectan con aquel tiempo y mundo en que vivíamos antes de nacer, y restauran nuestro vínculo con el pulsar eterno del amor compasivo. Estos dos Nombres fortalecen el útero y los órganos sexuales femeninos y masculinos; además, su repetición activa todos nuestros órganos.

¡Oh Allāh, abre mi corazón cerrado con Tu Nombre de la misericordia!

Ar-Raḥīm
2

El Singularmente Compasivo, El Más Bondadoso, El Absolutamente Misericordioso, El Generador de Acciones Benditas, El Más Clemente
258 – 1032 – 66 564

La misericordia comprende la compasión, la empatía y la capacidad de perdonar. Existe una modalidad de misericordia que se manifiesta antes que surja la necesidad, una compasión que fluye continuamente desde la Divinidad hacia todas las criaturas, protegiéndolas, preservándolas y guiándolas hacia la luz y hacia dimensiones de vida más elevadas.

Ar-Raḥmān es la bajamar que nos lleva de regreso a nuestro origen. Es la Gracia que nos permite evolucionar para poder trascender nuestras limitaciones humanas y terrenales, y experimentar el paraíso de la Unidad. La sabiduría, el conocimiento y el equilibrio son las cualidades básicas de nuestro ser profundo.

Para el sufismo, el océano simboliza la Unidad, *Ar-Raḥmān* y *Ar-Raḥīm* son como el flujo y reflujo de las mareas. Allāh nos ha enviado olas de amor que, provenientes de Su océano infinito, llegan a nuestras costas finitas. Esas olas son las revelaciones de Sus Mensajeros. El sufismo es el profundo anhelo de arrojarse a las olas amorosas del inconmensurable océano Divino, para dejarse llevar hacia la fuente infinita de Amor, nuestro origen sin límites. Para la mayoría de los creyentes, lo único importante es el agua que deja el mar y va quedando en los charcos, vale decir las formas externas de la religión. Sin embargo, los sufíes buscan comprender, conocer y amar incondicionalmente; emplean las formas externas para conocer la sabiduría interior que todo lo une.

Los seres humanos llevamos en nuestro interior mucho dolor, soledad y una inmensa necesidad de ser libres. La mayoría de nosotros generalmente, cuando se nos presenta una experiencia adversa o dolorosa, optamos por congelar nuestras emociones, bloqueándolas. Pero nuestros sentimientos son la conexión entre el cuerpo y el espíritu; cuando los bloqueamos se vuelven rígidos e impiden el flujo natural de la energía, obstaculizando así nuestra posibilidad de maduración y desarrollo.

Ar-Raḥīm y *Ar-Raḥmān* nos permiten acercarnos a esas zonas dolorosas, despertando suavemente la esperanza y recordándole al alma su verdadera naturaleza y destino.

La misericordia Divina está en todas las criaturas y es para toda la Creación. Con cada gota de confianza, de fe que descubrimos en ese manto Divino invisible con él que se nos cubrió al nacer, vamos conociendo cada vez más la misericordia Divina manifestándose a través de todas las criaturas. De esta manera, la presencia de cada criatura y cada encuentro nos van enriqueciendo porque cada cosa creada lleva en sí parte de la misericordia Divina. En la vida tendremos que afrontar diversas situaciones y cada una de ellas nos ofrece la oportunidad para ahondar en nuestro interior, conocernos más.

Los seres humanos que han saboreado y experimentado este Nombre llevan en su corazón dulzura, refinamiento y una sinfonía de ternura. La compasión innata se acentúa al recitar *Ar-Raḥīm*.

Si repites *Ar-Raḥmān* y *Ar-Raḥīm* todos los días 100 veces después de una oración o meditación, la intimidad que resultará de esta práctica te ayudará a incrementar tu tolerancia y capacidad para ayudar a los demás, y liberará tu corazón de la ceguera de creer que podemos juzgar a los otros. A pesar de no ser idénticos, estos Nombres son similares, ya que ambos viven en el océano del amor. Son la llave que abre el portal a todo lo que es bueno y el cerrojo que no deja pasar nada que sea dañino. Cada acto que se comienza diciendo estos dos Nombres recibirá la bendición Divina, así que empieza cada cosa diciendo:

بسم الله الرحمن الرحيم

bismillāh ar-raḥmān ar-raḥīm

en el Nombre del más gracioso, más misericordioso

Al decir esta fórmula, le pides conscientemente a tu corazón que cada acción que realices esté cubierta de honestidad y entretejida con la luz de la misericordia Divina, de modo tal que la luz Divina se irradie en la tierra a través de tu existencia.

Los Nombres Divinos *Raḥmān* y *Raḥīm* derivan ambos de la palabra *raḥma* que significa ‘misericordia’ y ‘tener misericordia’. *Raḥmān* es la misericordia oculta, eterna y completamente predominante, mientras que *Raḥīm* es la manifestación externa e ilimitada de esta cualidadd.

El mundo se crea a partir de *Ar-Raḥmān*, siendo *Ar-Raḥmān* la realidad del amor. Todas las condiciones para que pudiera surgir vida sobre la faz de la tierra surgen de Su infinita misericordia y ternura. *Ar-Raḥīm* es la gracia y la salvación de la humanidad. La manifestación de estos dos Nombres siembra las semillas del amor y la misericordia sobre la tierra, y distribuye acciones benditas entre los seres humanos. Podemos descubrir esas semillas, enterrarlas en la tierra de nuestro corazón, alimentarlas con atención amorosa y regarlas con el agua de la compasión y así florecerán iluminadas por nuestra confianza en Allāh. Es por esto que los sufíes dicen: *¡la lluvia es la bendición de Allāh!* Él siempre nos recuerda que en nuestro corazón tenemos una hermosa rosa: el proceso interno de crecimiento y maduración.

Cuando repetimos *Ar-Raḥmān* y *Ar-Raḥīm* se desarrolla, en nuestro corazón, un encuentro consciente e íntimo entre la misericordia Divina y nuestras limitaciones humanas. Necesitamos estar conscientes de nuestro estado de desamparo para poder convertirnos en un receptáculo de confianza apto para recibir la misericordia. En ese momento la pequeña gota comienza a adoptar la vibración del océano. Esa unión de la gota y el océano es *Ar-Raḥmān* y *Ar-Raḥīm*,

El Nombre *Raḥmān* es como el inmenso cielo abierto y *Raḥīm* es como el rayo del sol que brinda el calor que nos da la vida.

Si repites *Ar-Raḥīm* fervientemente, con pasión en tu corazón, este Nombre te protegerá del olvido, la confusión y el endurecimiento. Si lo repites 100 veces durante la última tercera parte de la noche, comenzarás a sentir compasión y conexión con todas las criaturas.

Aquellas personas que padecen problemas en el seno nasal pueden poner una mano en esa zona y repetir *Ar-Raḥīm* 258 veces.

La repetición de este Nombre Divino transforma un enemigo en amigo, trayendo paz y calma al cuerpo y al alma.

Practica la compasión sobre esta tierra y los cielos te brindarán Su compasión. El sendero más rápido hacia la transformación es el servicio. Servicio no significa autosacrificio, servicio es permitir que la compasión crezca en tu corazón y conectar la misericordia del corazón con el intelecto para pulir el corazón con el sol de la razón.

Sura *An-Nisāa'*, Las Mujeres (4:1)

¡Oh gentes! Sed conscientes de vuestro Sustentador, que os ha creado de un sólo ente vivo, del cual creó a su pareja y de esos dos hizo surgir a multitud de hombres y de mujeres. Y manteneos conscientes de Dios, en cuyo nombre os reclamáis mutuamente [vuestros derechos], y de estos lazos de parentesco. ¡En verdad, Dios os observa continuamente!

En árabe, la palabra *al-´arḥām* puede ser traducida por 'úteros' y conlleva el significado de lazos de familia.

Hay dos cosas esenciales en nuestro camino espiritual que siempre se expresan en el ámbito social: devenir conscientes de Dios y devenir conscientes del útero. El útero es el lugar de la concepción, el sitio donde nutrición y protección se unen, siendo éstas las dos cualidades requeridas para crecer en forma equilibrada. La matriz también representa un estado interno reconfortante y placentero. Es necesario que respetemos el útero que nos vio nacer como el 'locus' que da nacimiento al género humano en este mundo y que nos recuerda que estamos todos hermanados y provenimos del mismo origen. Respetar el útero significa estar siempre al lado del débil y del oprimido, defender la justicia y luchar contra los opresores. Implica también respetar y cuidar al útero cósmico: la madre naturaleza, pues la naturaleza es y siempre será la compañera de la fe.

Reunir a Dios y a la matriz es unir lo visible y lo invisible, este mundo y el más allá.

Dios nos informa cuales son nuestros derechos y nuestras obligaciones mutuas y nos señala como están organizados en relación a su orden, prioridad, y proporción. Cumplimos con ellos conscientemente desde la Fuente de amor y bondad.

Nosotros los seres humanos nunca debiéramos olvidarnos de dar testimonio sobre la absoluta Unidad de todos los seres, ni de recordar el útero que nos trajo aquí, es decir, nuestros lazos como familia humana y la multiplicidad externa de la existencia.

Todo lo escrito anteriormente tiene el objetivo de ayudarnos a disolver el aislamiento al que nos induce el ego, y los muros de separación del nosotros que solemos construir a partir de nuestros variados temores. Verdaderamente es a través de la confianza en la Divinidad –y no en los muros inútiles del ego– que lograremos obtener la entrega necesaria y esa protección tan anhelada.

La bondad, la misericordia y el amor nutritivo y protector de los cuales somos capaces deberían primariamente dirigirse a los huérfanos y a aquellos que han sido abandonados, pues ellos son los que necesitan por partida doble de esa protección.

Los sufíes tienen formas de aprender a orar de modo de estar verdaderamente en el corazón, no solamente repitiendo palabras, no solamente contemplando buenos pensamientos o buenas intenciones o actos voluntarios, sino orando realmente desde el corazón.
Thomas Merton

Al-Malik
3

El Soberano, El Gobernante, El Rey
90 – 270 – 8100

El soberano es el rey que gobierna sobre todas las criaturas. Este Nombre expresa la conexión existente entre los seres humanos y la Divinidad. Él es el Señor de todas las criaturas y su gobernante verdadero y eterno. Gobierna no solo sobre sus cuerpos, sino también sobre sus corazones y sus almas. Repetir este Nombre 100 veces hace brotar la cualidad de respeto hacia uno mismo, hacia los demás y de ellos hacia uno mismo. Al repetir este Nombre, invocas la generosidad y el poder absoluto de Dios. *Al-Malik* otorga paciencia y agradecimiento al corazón de quienes lo invocan. A través de *Al-Malik* podrás ir transformando tu corazón para que esté contento con todo lo que viene de Dios.

¡Haz siempre lo mejor que puedas y confía! Aléjate del 'mundo de tu pequeño ego' y dirígete con plena confianza hacia la totalidad, hacia la unidad. ¡Haz lo mejor que puedas y confía! No te apures, permanece en tu centro, en tu ser interior, conectado con tu corazón. Todo lo que se haya dispuesto que sea para ti, te alcanzará sin ninguna duda, aunque tenga que dar la vuelta al mundo para poder hacerlo.

Este Nombre Divino nos ayuda a reconocer que nuestras posesiones no son realmente nuestras, y saber que nada nos pertenece nos permite disfrutar de todo lo que tenemos. Abre en nuestro interior un sentimiento de gratitud por el momento en que pudimos gozar profundamente de la belleza sin la pesadumbre que trae aferrarse. Nos ayuda a mantenernos seguros mientras abrimos las manos generosamente, esas mismas manos que muchas veces se cierran con fuerza, queriendo aferrarse a las cosas.

Di:

ربي زدني علماً

rabbi zidnī 'ilman

Allāh, ¡otórgame conocimiento y expande mi comprensión!

Repetir tres veces la siguiente oración sobre una persona enferma le traerá alivio y sanación, si ese fuere su destino:

اللهم أنت الملك الحق الذي لا اله الا أنت يا الله يا سلام يا شافي يا شافي القلوب

allāhumma anta l-malik ul-ḥaqqu ladhī lā 'ilāha 'illā anta, yā allāhu, yā salāmu, yā shāfī, yā shāfī l-qulūb

Oh Allāh, Tú eres el Rey verdadero. No existe otro, salvo Tú. Oh Allāh, Tú eres la fuente de paz, Tú eres el sanador, Tú eres el bálsamo del corazón.

Cuando nos encontramos con alguien a quien tememos, muchas veces nos congelamos y nos quedamos mudos. La repetición de este Nombre Divino desata gradualmente el nudo de la lengua y permite que las palabras fluyan, mientras colma nuestro pecho con una luz cálida. Recita este Nombre especialmente por las noches, silenciosamente. Te dará paciencia, un corazón contento y brotará de él un sentimiento de agradecimiento. ¡Qué Su Reino descienda a la tierra! *–teete malakutah–* así decía Jesús en arameo.

Una vez que has bebido del néctar de este Nombre, comprenderás que nada te pertenece, ni tus posesiones, ni tu reino, ni tu posición social. Entonces solamente Allāh será suficiente para ti.

La repetición de este Nombre ayuda asimismo a aquellos que tienen miedo de tener posesiones o sienten que no tienen derecho a tenerlas, ya sea porque tienen miedo de tomar demasiadas repentinamente o porque sienten que no lo merecen.

Los Nombres Divinos *Al-Malik* y *Māliku-l-Mulk* provienen de la raíz **m-l-k** cuyo significado básico es tener en sus manos, ser propietario de la existencia de algo. Significa que a través de *Al-Malik*, Allāh tiene firmemente en Sus manos la esencia de todas las cosas, y que esta esencia fue y será por siempre majestuosamente abrazada por Él por toda la eternidad.

Repitiendo *Al-Malik*, nos hacemos conscientes de esta postura interna y experimentamos una de las mayores liberaciones posibles en esta vida: comprender que pertenecemos a Dios y que a Él siempre regresaremos. Esta toma de conciencia nos libera también del miedo primordial a ser rechazados y de encontrarnos solos, permitiéndonos así seguir el sendero que nos llevará a ser verdaderamente humanos.

Las palabras *malāk*, ángel y *malakūt*, mundo invisible, provienen de la misma raíz, consecuentemente los diferentes significados de esta raíz nos muestran que todos los mundos y todos los seres están en Sus manos, en todos los niveles.

¡Oh Allāh, los bienes terrenales que hayas dispuesto para mí,
dáselos a quienes te han olvidado
y lo que hayas decretado para mí en el más allá,
otórgaselo a quienes te aman,
pues para mí, Tú eres suficiente!
Rabi'a´ al-'Adawiyya

Al-Quddūs
4

El Más Sagrado
170 – 680 – 28 900

Las cualidades Divinas de pureza y libertad pertenecen a este Nombre. Su esencia conlleva los atributos de perfección y de sacralidad en su forma eterna e infalible. La repetición de este Nombre colma el corazón con un sentimiento de respeto y con el conocimiento de que todas las criaturas veneran y alaban a Dios, consciente o inconscientemente. Despierta asimismo un profundo sentimiento de agradecimiento en nosotros. Además nos trae la comprensión de que no tenemos la posibilidad de agradecerle a Dios de manera adecuada, siendo ésta, mi amado, la mismísima esencia de la gratitud. Repetir *Iā Quddūs* 100 veces en forma diaria con un corazón puro libera a éste de aquellos pensamientos y actividades que presagian dudas, dolor y agitación.

Encontrar en nuestro interior un espacio sagrado significa cultivar un lugar donde nos sentimos a gusto, 'como en casa', para poder descubrir aquello que realmente nos importa en la vida y aprender a no juzgar las cosas, comentarios o personas por nuestra primera impresión basada en nuestros sentidos.

Las cualidades Divinas son eternas. Cuando comprendemos esto, surge en nuestro interior un espacio de oración, convirtiendo nuestras plegarias en actos de pura veneración, y Dios deviene nuestro protector eterno y perfecto.

Puedes practicar el siguiente ejercicio:

> Siéntate cómodamente y al comenzar a respirar, permite que tu aliento tome el ritmo de tu corazón. Siente como tu corazón se convierte en un espejo capaz de reflejar la luz Divina en tu interior y alrededor tuyo. Permite que tu alma (*rūḥ*) invite a todas tus voces interiores a sentarse alrededor de una mesa redonda y otórgales la bienvenida al círculo interno de la Unidad.

Al-Quddūs lleva en Sí cualidades de belleza y majestuosidad. Te brinda la capacidad de ser paciente, sabio y agradecido, protegiéndote de las debilidades de los bajos impulsos. *Al-Quddūs* ejerce influencia sobre todos nuestros sentidos, permitiendo que nuestras percepciones sensoriales se eleven para regresar a su origen sagrado, a ese lugar donde la comprensión verdadera y el conocimiento nos conectan con nuestro ser profundo, con aquello que es eterno y sagrado en nosotros.

Al-Quddūs es el camino de regreso a casa.

Al-Quddūs proviene de la raíz **q-d-s** que significa sanarse, sagrado, pureza y paraíso. Nos regala la fuerza necesaria para soltar y dejar todo, para poder acercarnos cada vez más a nuestra esencia, paso a paso, con cada experiencia. También nos da la fortaleza necesaria para interiorizar nuestras experiencias mundanas y comprenderlas desde una visión íntima y profunda, acercándonos así a la Divinidad. El alma brillante y pura comienza a llamarnos cada vez con más y más fuerza, y el ego se entrega al llamado de esta luz, reconociendo su naturaleza sagrada. Es el camino hacia la unión de la tierra y el cielo, el tiempo y la eternidad.

Aquellas personas que han sido víctimas de maledicencias pueden liberarse a través de la repetición de este Nombre: la calumnia cesará y su intención verdadera saldrá a la luz.

Aquellas personas que conocen y comprenden este Nombre se limpian de los bajos impulsos, de las pasiones negativas y de las acciones egoístas. Cuidan, al garnarse la vida, de no oprimir ni explotar a los demás, y liberan su corazón de la envidia, avaricia e hipocresía. A través de nuestra conexión con ellas, todas la criaturas terrenales se tornan iguales, las briznas del pasto son tan sagradas como las estrellas del cielo.

Invita únicamente a Allāh a tu corazón y serás un ser completo.

As-Salām
5

La Fuente de Paz y de Seguridad, La Paz, La Salvación
131 – 524 – 17 161

As-Salām és la cualidad de aquellas personas que han purificado su corazón de sentimientos como el odio, la envidia, la traición, los celos, el enojo y la venganza, y que han puesto su corazón a buen resguardo, *salām*. Repetir este Nombre 100 veces sobre una persona enferma le brindará alivio, comenzando por el corazón. La seguridad y la paz brotan a partir de nuestra conexión con la Divinidad. *As-Salām* nos protege y salva de situaciones peligrosas.

La raíz árabe **s-l-m** significa paz, entrega, estar sano y salvo, ileso, incólume, intacto, a salvo, seguro, sin culpa, inocente, intachable. La palabra *sillam* سلّم , escalera, también deriva de la misma raíz, indicándonos que se trata de una herramienta adecuada para elevarnos, una herramienta tan segura y sólida como una escalera. Asimismo, la palabra *salm*, mordida de serpiente, nos muestra que este Nombre Divino puede protegernos del veneno que a veces vibra en las palabras de las personas.

Este Nombre también es usado como saludo mutuo: ¡Qué estés inmerso en la paz y la entrega en tu corazón, y en la seguridad que es fruto de ellas! ¡Qué *As-Salām* te nutra y te proteja de todo daño!

As-Salām nos brinda la capacidad y la fortaleza creativa necesaria para abandonar aquello que queremos dejar, por ejemplo, malos hábitos.

La palabra *salām* describe la paz interior, el bienestar y el amparo respecto de cualquier negatividad, ya sea física o espiritual. *Salām* significa sentir la protección Divina en cualquier sitio o situación que debamos afrontar. Es obedecer las leyes Divinas reveladas por los Profetas. Si bien mucha gente entiende al Islam como la religión de los musulmanes, en realidad, en el Sagrado Qur'ān su significado comprende todas las revelaciones proféticas. El Islam comenzó con el Profeta Adán, que la paz sea sobre él, y continuó con los Profetas posteriores, entre otros Abraham, Moisés, Jesús, que la paz sea sobre todos ellos, finalizando con el Profeta Muhammad, como sello final de la cadena de revelaciones, que las bendiciones y la paz de Allāh sean sobre él.

> ¡Iā Salām, *Oh Allāh, sana mi cuerpo, mente y corazón, y otórgame reconciliación, paz y seguridad para que pueda percibir Tu poder inmortal y Tu amor en todas Tus revelaciones! Líbrame de errores, visibles e invisibles, para que pueda entregarme al flujo de Tu Unidad eterna!*

Cuando un ser humano que controla su ego y está conectado con Dios repite *Iā Salām* 160 veces por una persona enferma, el corazón de esta persona sanará.

Plegaria:

اللهم أنت السلام ومنك السلام و اليك يعود السلام فأنا بالسلام

allāhumma anta s-salām wa minka s-salām wa ´ilayka ya'udu s-salām fā ana bi salām

Oh Allāh, Oh Dios, Tú eres la paz, de Ti proviene la paz y hacia Ti retorna la paz. Permíteme vivir en paz

Imagínate la vida como si fuera una caravana en la cual el pasado está delante tuyo y el futuro a tus espaldas. Nosotros seguimos a los que vinieron antes, mientras que nuestros descendientes nos siguen a nosotros. Muchos son los que llegaron antes a esta tierra, y muchos vendrán después. Todo está en movimiento: la naturaleza, los seres humanos, el tiempo y el espacio. Todo se mueve con la cualidad y el misterio del Nombre Divino *As-Salām*.

Salām, la paz, no es el opuesto de la guerra. Este Nombre se refiere a la fuerza creativa que estuvo presente en el origen de todas las cosas y que aún existe, ahora y para siempre, en la caravana del presente y el futuro. Es a esta cualidad que nos referimos cuando mencionamos este Nombre en un saludo: ¡recuerda el tiempo en que ninguno de nosotros existía! En el gran misterio de la vida ¿qué importancia tienen nuestros problemas, nuestros conflictos, nuestras opiniones dispares? ¿Qué diferencia hacen? ¡Paz سلام *salām*! Este Nombre nos conecta con el pasado y el futuro, elevándonos por encima de los estrechos círculos del ego, ampliando nuestra visión y trayendo liviandad a nuestros corazones.

Guarda en tu corazón tres preceptos: si no puedes ayudar a una persona, ten cuidado de no hacerle daño; si no puedes traerle una alegría, guárdate bien de no causarle abatimiento, y si no la puedes alabar, cuídate de no permitir que tu lengua la dañe a través de tus palabras.

¡Oh Allāh, protégenos de la distracción y del descuido,
de la lengua y de las acciones de los injustos,
y regálanos plena confianza en Ti!

A medida que surjan, da *As-Salām* a cada uno de tus sentimientos, a cada uno de tus pensamientos y a cada una de tus acciones. Comparte *As-Salām* con cada persona con la que te encuentres. Brinda *As-Salām* a todos los que alguna vez te han ayudado: familiares, amigos, maestros. Ofrece *As-Salām* a todas las criaturas.

As-Salām conlleva la cualidad de aunar el pasado y el futuro en el momento presente. Nos da la fortaleza necesaria para mantener nuestro equilibrio interior en medio de la confusión de este mundo. Es lo que los sufíes denominan *alegría en el camino hacia la perfección*.

As-Salām es la entrega del ser humano a su verdadera naturaleza. Quien experimenta su ser verdadero libera a su corazón de necesidad, miedo, melancolía y preocupaciones, pues la paz ama la paz y brinda paz a aquellos que la piden. Las personas que confian en la cualidad Divina *As-Salām* nunca tendrán temor porque el poder de Dios las transportará, las protegerá y les regalará fortaleza en su fe.

Sura *Al-Ḥashr*, La Concentración (59:22-24)

Él es Dios, aparte del cual no existe deidad: Aquel que conoce cuanto está fuera del alcance de la percepción de los seres creados y también cuanto pueden percibir: Él es el Más Misericordioso, el Dispensador de Gracia.
Él es Dios, aparte del cual no existe deidad: ¡el Supremo Soberano, el Santo, Aquel de quien depende por entero la salvación, el Dador de Fe, Aquel que determina qué es verdadero o falso, el Todopoderoso, Aquel que sojuzga el mal y restaura el bien, Aquel a quien pertenece toda grandeza!
¡Absolutamente distante está Él, en Su infinita gloria, de todo a lo que los hombres atribuyen parte en Su divinidad!
¡Él es Dios, el Creador, el Hacedor que modela todas las formas y apariencias!
¡Suyo [en exclusiva] son los atributos de perfección. Todo cuanto hay en los cielos y en la tierra proclama Su infinita gloria: pues sólo Él es todopoderoso, realmente sabio!

Un ser humano verdadero se integra y se relaciona con las personas
sin jamás olvidarse de Dios ¡ni siquiera por un instante!
Abu Sa'id Abul-Khayr

Al-Mu´min
6

El Creyente, El que Concede Seguridad, El Protector,
El Que Trae Seguridad
136 – 544 – 18 496

Allāh *Al-Mu´min* es el dador de fe, protección y seguridad.

Este Nombre deriva de la raíz **´a-m-n** y tiene dos acepciones: estar a salvo y creer. Ninguna criatura puede conocer a Dios de la misma forma en que Él se conoce a Sí mismo. Es con *Al-Mu´min* que Él, el sublime, se describe a Sí mismo como un creyente, dando testimonio ante Sus criaturas de Sus cualidades y Su majestuosidad.

Esta raíz tiene asimismo los siguientes significados: ser fiel, confiable, digno de confianza, estar seguro, sentirse seguro, proveer, asegurar, confiar, tener confianza, tener fe, seguridad, paz, protección, promesa de protección, fiel, verdadero, inofensivo, fiduciario, confidencialidad, secreto, leal, recto, honesto.

Cuando los seres humanos en cuyo corazón se ha manifestado el Nombre *Al-Mu´min* repiten este Nombre 70 veces, reciben protección respecto de todo lo que pudiera dañarlos, y sus lenguas devienen incapaces de mentir. Este Nombre nos protege de los castigos y fortalece nuestra honestidad. Otorga seguridad a quienes buscan refugio en Él. Imprime, en el corazón del buscador, fe, protección, alivio, confianza y seguridad en sí mismo. *Al-Mu´min* no implica confianza ciega, sino que, al contrario, protege contra la estrechez mental en la fe y permite que el coraje fluya hacia el corazón. Los creyentes son valientes, tienen el coraje de hacerse cargo de sus debilidades y errores, y disculparse por ambos. Los creyentes observan sus dudas y miedos, y los atraviesan. Aceptan su destino.

> Iā Mu´min, *Oh Allāh ¡permite que el sentido profundo derivado de Tu Nombre penetre profundamente en mi corazón y dirija mis sentidos! Tú eres el Absoluto, de Quien todo emerge y a Quien todo regresa. Ayúdame a ser un verdadero creyente,* mu´min, *a observar Tus leyes Divinas, y a encontrar en Ti confianza, sosiego en el corazón y paz,* ´amān*!*

Cuando la gente desea cercionarse que los demás les hablan con la verdad, a menudo comenzarán su diálogo con la palabra *´amānatullāh*, que significa 'por tu fidelidad y tu creencia en Dios'.

´Amāna es un concepto que indica asimismo todo lo que se le ha confiado a una persona, ya sea en el sentido físico o moral. Es la cualidad que uno espera de un verdadero amigo. Para un creyente, *´amāna* también se refiere a las verdades que le fueran impartidas a través de las Escrituras, verdades que deberían guiar su diario vivir y ser conservadas en su corazón, como bienes que se le han sido dados en confianza. Esta responsabilidad moral se manifiesta cuando ejercitamos la justicia social, siéndonos inmersos en las leyes Divinas.

¡Qué tu corazón se libere de miedos y de preocupaciones! ¡Qué puedas pronunciar tus promesas con cuidado! *Al-Mu´min* significa asimismo tomar refugio en Allāh.

Al-Mu´min le enseña al corazón que invariablemente, la mano más suave de todas está por debajo tanto de la mano dura como de la mano blanda de la vida. Los seres humanos que tienen esta cualidad en su corazón poseen la capacidad de proteger a su prójimo de sus debilidades, errores y de la esclavitud del ego.

Las personas que poseen esta cualidad están libres de toda clase de temores y dudas en cualquier situación que les presente la vida. *Al-Mu´min* es de gran ayuda cuando nos sentimos 'perdidos', pero también es aconsejable repetir este Nombre cuando tendemos a ser crédulos.

Cada vez que te sientes capaz de empezar algo, cuando te das cuenta de que puedes elegir entre dar o no dar, hacer el bien o el mal, ser constructivo o destructivo, vuelve tu ser hacia Allāh y pídele que te de soporte. Cuídate de tu propia arrogancia y de la ilusión de que somos independientes y estamos separados. Todo proviene de Dios y sin embargo, siempre existe una parte nuestra que se siente aislada y necesita protección porque dudamos. Abre la burbuja de la separación con la vibración de *Al-Mu´min*.

Todo viene de Dios y sin embargo, simultáneamente somos la manifestación de la Divinidad sobre la tierra. Tenemos la libertad que proviene del libre albedrío y tenemos la responsabilidad que éste conlleva porque nuestras acciones cambian la faz de la existencia. Si deseas actuar de forma auténtica, cuida dos cosas en tu corazón: la devoción (*tawakkul*) y la intención clara de aprender de tus errores pasados y no volver a repetirlos (*´ināba*). Todos nuestros errores, todas nuestras debilidades, por leves que sean, pueden disiparse a través de la intención y la voluntad. Toda injusticia, toda catástrofe que hayamos ocasionado, puede ser disuelta con la fórmula *´astaghfiru llāh* استغفر الله 'yo Te pido perdón Señor y me refugio en Ti'.

Al-Mu´min te ayuda a decidir lo que es justo y apropiado en cada momento. Con *Al-Mu´min* Allāh nos dió el regalo más grande y precioso: la fe, *imān*. Este Nombre inunda nuestro corazón con la calidez de la bondad y nuestros ojos con la belleza de la existencia. La verdadera fe no nos radicaliza ni nos convierte en fanáticos, sino que nos permite conocer las verdades espirituales fundamentales y eternas, proclamadas por cada uno de los Mensajeros Divinos. La fe en Dios, en la Unidad, es como un río que se ensancha con cada arroyo afluente, reconociendo la existencia de la multiplicidad en su camino hacia el océano de la Unidad en el cual desemboca.

Aquellas personas que tienen esta cualidad en el corazón no dañarán a ninguna criatura, sino que son seres con quienes podemos estar seguros y en cuya ayuda podemos confiar, tanto en temas espirituales como mundanos.

Este Nombre nos ayuda a encontrar la confianza en Allāh y a disolver todas las dudas y temores que tenga el corazón. Es muy beneficioso usarlo cuando trabajamos con las heridas profundas del alma.

Sura *Hūd*, Hud (11:88)

Respondió: "¡Oh pueblo mío! ¿Qué os parece? ¿Si [es verdad que] me apoyo en una prueba clara venida del Sustentador, que me ha concedido de Sí una excelente provisión [como regalo] –[cómo podría hablaros de forma distinta a la que hago]? Y no me mueve, en lo que os pido, un deseo de contrariaros: sólo quiero sanear las cosas en la medida de mis posibilidades; pero el logro de mi propósito depende sólo de Dios. ¡En Él he puesto mi confianza, y a Él me vuelvo siempre!

Oh corazón mío, sabe que Dios creó el universo armónicamente equilibrado, y que nosotros, los seres humanos, hemos sido nombrados como criaturas especiales dentro del mismo.

Al-Muhaymin
7

El Que Está Atento, El Protector, El Garante,
El Que Determina Sin Límite
145 – 725 – 21 025

Allāh es el protector de toda la Creación. Las personas que repiten este Nombre se verán envueltas en una luz atenta. *Al-Muhaymin*: su sonido e intención nos penetran profundamente, sacudiendo las rígidas estructuras de creencias y experiencias que nos mantienen separados de nuestro verdadero ser. A pesar de que es un Nombre poderoso, la liviandad y suavidad que resuenan con *Al-Muhaymin* nos protegen y suavizan nuestro corazón hasta que llegamos a ser *como lana en las manos de Dios*. *Al-Muhaymin* distingue lo verdadero de lo falso, dándonos la capacidad de prestar atención cuidadosa a nuestras acciones, palabras y pensamientos. Nada conquista tanto al ego como la conciencia amorosa. *Al-Muhaymin* no debiera restringir nuestro goce de vivir, sino todo lo contrario, nuestra alegría debiera incrementarse a medida que tomamos conciencia más profunda de lo que está bien y mal.

Al-Muhaymin está conectado con los Nombres Divinos *Ash-Shahīd* (50) y *Ar-Raqīb* (43). Estes tres Nombres nos ayudan a observar nuestros pensamientos, sentimientos, palabras y actos.

Al-Muhaymin vigila y protege todo y ve cada acción de la Creación. *Al-Muhaymin* determina el destino, el tiempo de vida y el bienestar de todas las criaturas. Conoce el secreto escondido y lo que está enterrado en el corazón; lo que se muestra y lo que escondemos, percibe todas las cosas y lo que se esconde detrás de ellas.

Los seres humanos que activan esta cualidad en sí mismos y que colman su ser con ella pueden observarse a sí mismos con suma claridad, sin sentimentalismo y sin perder el equilibrio entre su mundo interno y la expresión externa. Pueden percibir la existencia y las leyes Divinas subyacentes en todo. Tienen la fortaleza necesaria para ir por la vida caminando por el sendero recto y guiar a otros, pudiendo simultáneamente protegerse y protegerlos de la comisión de acciones debilitantes.

> Iā Muhaymin, *libera mi corazón y mis pensamientos de segundas intenciones y expectativas ocultas; guíame, para que pueda tener un corazón sincero; encáuzame por el sendero de la verdad y de la corrección, no me permitas hacerle daño a nadie debido a mis propios miedos o irritabilidad. Otórgame Tu majestuosa protección.*

El corazón de aquellas personas que repiten este Nombre Divino 100 veces después de cada oración recibe plenamente la luz de la fe profunda que silencia las voces internas de duda, miedo y aflicción, disipando olvidos. Conéctate con Dios a través de la remembranza, *dhikr*, y Él liberará tu corazón de preocupaciones y te obsequiará la capacidad de ver lo que está oculto e invisible. ¡Dios nos ha dado a todos los seres humanos la habilidad de no perder nunca y de ganar siempre, si así lo elegimos!

Repetir *Al-Muhaymin* 145 veces en casos de reumatismo traerá alivio, Dios mediante.

El Nombre Divino *Al-Muhaymin* proviene de la raíz **h-m-n** que significa guardar en el bolsillo o en el bolso, proteger a una persona de sus temores y preocupaciones, observar a alguien, atestiguar.

Sin embargo en su origen provenía de la misma raíz que *Mu´min*, es decir, **´a-m-n**, pero posteriormente la *´a* se cambió por una *h*. Consecuentemente este Nombre combina la fe de *Mu´min* con la cualidad de protección.

En el plano interno nos ayuda a relajarnos, a derrumbar el muro de separación que tan laboriosamente construimos, defendido por un ego asustado y preocupado, para podernos así saborear la verdadera seguridad. Entonces podremos vivenciar al universo como un sitio seguro donde tenemos nuestro lugar, abrazados en la profunda fe del corazón, como si estuviéramos *en el interior del bolsillo Divino*, protegidos de miedos y preocupaciones, con nuestro corazón pleno con la presencia de Dios.

Cuando repites *Al-Muhaymin*, guía tu respiración hacia todos aquellos espacios internos donde te sientes desprotegido e inseguro. ¡Quiera el aliento Divino en ti colmarte completamente y darte alivio! También puedes irradiar este Nombre hacia el exterior y fortalecer a otros, envolviendolos en Él.

Si estás consciente y atento, tanto de tu ser interno como de tus acciones, y escribes este Nombre en un pedazo de tela y luego quemas una mezcla de almizcle, ámbar y azúcar, poniendo la tela encima mientras recitas 5000 veces *Iā Muhaymin*, y lo haces durante siete dias y antes de colocar el género bajo tu almohada, soñarás, Dios mediante, con sucesos futuros que influirán en tu vida material y espiritual.

Nada conquista el ego tan enérgicamente como la atención y el ayuno

Sura *Al-´An'ām*, El Ganado (6:82)

Quienes han llegado a creer y no han enturbiado su fe con malas acciones –¡ellos son los que estarán a salvo, pues son ellos los que han hallado el camino recto!

Allāh vive en todos nuestros corazones,
incluso en los corazones cargados de culpa, enojados y sufrientes.

Al-'Azīz
8

El Poderoso, El Honorable, El Precioso, El Amigable
94 – 376 – 8836

Allāh gobierna el cielo, la tierra y todo lo que existe. Este Nombre Divino comprende las siguientes cualidades de Allāh: el valioso, el majestuoso y el poderoso. Aquellas personas que repitan este Nombre 40 veces, todos los días, durante 40 días en el segundo tercio de la noche, llegarán a liberarse de las necesidades de los demás, de las necesidades propias, y a adquirir la cualidad de completa confianza y certeza que todo lo que necesitan vendrá hacia ellas.

Las cualidades de este Nombre comienzan a vislumbrarse en nosotros cuando aprendemos a transformar las creencias del ego (aquellas voces internas que nos mantienen separados y nos dicen: *tú estás allí afuera y yo estoy aquí* o *debo satisfacer mis necesidades y ser feliz, sin importarme nada más, ni nadie más*, o *debo lograr mis deseos*) y a superar la ilusión que estamos solos. La visión clara, la honestidad y la bondad auténtica, tanto hacia ti mismo como hacia los demás, permiten a esta cualidad desarollarse en ti.

La remembranza o *dhikr* ذكر de un Nombre debe asimismo trasladarse a nuestros pensamientos, emociones y acciones, de lo contrario, será solamente una manifestación de egocentrismo y autoengaño. Para poder saborear, comprender y experimentar un Nombre, es importante repetirlo durante un período prolongado. Lentamente comenzamos a descubrir el eco del Nombre alrededor nuestro. Lentamente nuestra esencia, donde todos los Nombres existen en un estado de adormecimiento, comienza a llamarnos amorosamente, mostrándonos el camino de regreso a casa a través de esta expresión del amor Divino. Cuanto más profundizamos en el significado de un Nombre, más podrá éste impregnar nuestras cualidades y capacidades.

Al-'Azīz fortalece nuestras virtudes para que triunfen sobre nuestras debilidades, esas partes nuestras que aún no se han transformado, reconociendo el valor de esa cualidad, llevándola con humildad hacia Allāh, *Al-'Azīz*. Si deseas tener fuerza y poder en ambos mundos, obedece a *Al-'Azīz*, pues *Al-'Azīz* es la fuente y el océano hacia el cual fluyen estas cualidades.

Los Nombres Divinos *'Azīz* y *Mu'izz* (24) provienen de la raíz **'-z-z** que significa ser fuerte, desarrollar fortaleza, poderoso, respetado, ser o transformarse en raro, escaso, ser querido o tornarse querido, entrañable, precioso, ser duro, difícil para una persona, fortalecer, reforzar, fortificar, corroborar, confirmar, solidificar, revigorizar, endurecer, avanzar, dar soporte, consolidar, honrar, elevar la estima, elevar, exaltar, amar, premiar, desarrollar afecto, sentirse fuerte, abrumar, sobreponerse, encariñado con, valorar profundamente, sentido del honor, autorespeto, autoestima, amigo, gobernante.

Al-'Azīz combina dos cualidades opuestas: por un lado fuerza y poder, y por el otro suavidad y la característica de ser precioso. El poder y la fuerza que pulsan en este Nombre brindan a los que lo recitan la capacidad de sobreponerse a sus debilidades, observando la belleza, la riqueza y la dignidad innatas que Dios nos ha regalado. Reconocer este honor que hemos recibido nos permite expresar nuestra dignidad en la vida, y la dignidad se manifiesta a través de la generosidad.

Al-'Azīz puede transformar nuestro estado de debilidad, culpa y vergüenza, en un profundo sentido de valoración personal. Las heridas de la vergüenza y de la humillación pueden sanarse. Este Nombre restaura nuestro sentido de valía más íntimo, permitiendo así que se desarrolle nuestra fuerza interior. Saber que nuestro verdadero ser, nuestra alma es infinitamente valiosa nos permite liberarnos de nuestra identificación con el ego herido y nos conecta con la suavidad propia de nuestra naturaleza. Pues, quienes saben que son sumamente valiosos pueden ser suaves. Esta suavidad descansa sobre nuestra fortaleza interior. Así es *Al-'Azīz*.

El poder de Allāh que se manifiesta a través de *Al-'Azīz* está invariablemente conectado con la justicia y la compasión. Consecuentemente, también está relacionado con el castigo, el juicio y la reprimenda necesaria para que el ser humano pueda despertar su conciencia y enderezar su rumbo. Sin embargo, *Al-'Azīz* conlleva suavidad y un sostén amoroso y fortalecedor porque Dios es únicamente Amor Eterno.

Si el practicante persevera suficientemente en esta remembranza, el temor que pudiera tener en su corazón se disolverá y su entorno reconocerá su valía. Aquellas personas que repitan este Nombre durante 7 días, abrirán el corazón de sus semejantes que los verán con suavidad y compasión.

> ¡Iā 'Azīz, *Tú que eres precioso, Tú que eres poderoso, Tú que eres amado, Tú que eres difícil de alcanzar, elévame y dame fuerza y suavidad para poder servirte con nobleza y sinceridad!*

La tierra nos muestra la individualidad y la multiplicidad de la Creación. Nos muestra nuestra conexión con todo lo que nos rodea y con el universo. Los cielos nos muestran la luz, la energía que está en nosotros y que se conecta con la totalidad, haciéndonos iguales y permitiéndonos conocer la Fuente de la cual hemos venido y hacia la cual fluimos en nuestro camino de regreso.

Los sufíes manifiestan que: *materia+energía = a nosotros*. Las prácticas espirituales no nos alejan de la tierra ni del aquí y ahora, sino que nos ayudan a enraizarnos en la realidad y nos enseñan como entregarnos a Su dulzura.

Ninguna persona que habite la tierra está libre de heridas: sufrimientos ocasionados durante la niñez, agravios o golpes recibidos como adultos, que a veces están tan enterrados en nuestro ser que nos da cierto temor mirarlos. Y sin embargo, son esas mismas heridas las que nos conectan con nuestra humanidad, desatando los nudos de nuestra mente y ampliando nuestra comprensión, llevándonos a conocer nuestro corazón y enseñándonos a tener la mano abierta.

La vida es el espacio donde tienen lugar transformaciones benditas. Utiliza entonces tus desilusiones para alejar las nubes de la ilusión y así poder ver la verdad con todo tu ser. Siente la fuerza de la tierra debajo de tus pies, siente como esta energía asciende hasta el interior de tus huesos; respira profundamente hacia el espacio sagrado de tu corazón y percibe tu conexión con todo lo que te rodea. Y pregúntate: *¿Dónde está la fuerza en mí? ¿Qué cualidades tengo que manifiestan la fuerza que en mí habita?*

Solo el amor es el dulce, todo lo demás es el plato. Rumi

Al-Yabbār (Al-Jabbār)
9

El Que Une, El Sanador Que Alinea Nuevamente,
El Que Tiene Poder, El Que Perfecciona
206 – 824 – 42 436

Este Nombre Divino contiene las siguientes cualidades: corregir, mejorar, regular, aliviar, equilibrar, apaciguar. *Al-Yabbār* es también el que calma y guía al corazón. *Al-Yabbār* es el que restaura la salud, restaura lo que se ha roto a pedazos o ha sufrido un accidente. Es el que vence la injusticia y restaura la justicia. Es el que equilibra y compensa la pobreza y estado de necesidad de Sus criaturas.

La repetición sincera de este Nombre nos protege para que no nos encontremos en situaciones en las cuales no quisiéramos estar. Nos protege de la violencia , la dureza y la hostilidad.

Una oración:

يا جابر كل كاسر ويا مسهل كل عسر

lā yābira kulli kāsirin wa iā musahilla kulli 'asrin
Oh *Yabbār*, Tu que reúnes y restauras todo lo que se ha roto,
Tú que otorgas alivio en las dificultades.

Cuando repites este Nombre Divino, concéntrate en tus debilidades, reconoce su importancia y reúnelas con tus fortalezas. Muchas veces son nuestras debilidades las que nos fortalecen y conducen al sendero recto. Invita a todas, sé gentil con tus invitados, incondicionalmente y sin hacer diferencias. En esto consiste la generosidad.

Reunir nuestras partes dispersas trae paz al corazón y aquieta y calma nuestra mente. Recapacitemos: en el transcurso de un día ¿cuántas veces oscilamos entre un estado de grandeza, apertura y liviandad, y otro estado de gran constricción y severidad hacia nosotros mismos? *Al-Yabbār* sana los corazones, reúne nuestros opuestos desgajados y remueve los velos de arrogancia, envidia, ceguera, egoísmo e hipocresía.

Al repetir *Al-Yabbār*, estamos cuidándonos a nosotros mismos cuando caminamos para no caer en la ilusión de creernos superiores, pues la superioridad pertenece únicamente a Allāh. La fuerza de este Nombre nos ayuda a no caer en las trampas del cinismo y la ironía. También nos ayuda a no actuar con violencia hacia nuestros semejantes, a no enamorarnos de nuestras propias opiniones, a no inflar nuestro ego porque somos cultos o contamos con posesiones materiales, y a no sentirnos superiores debido a nuestra situación social o profesional.

Repetir este Nombre Divino es sumamente sanador para aquellas personas que han sufrido fracturas, heridas o debilitamiento de algún tipo en sus personas, familia o posesiones, siempre que permitan que su alma y su corazón devengan inmersos en las cualidades de paciencia y confianza, y tomen conciencia que estar en una situación de debilidad física o carencia económica no es ni una vergüenza ni un castigo.

El primer paso en el sendero de sanación es siempre aceptar y honrar la situación o estado interno existente. Es decir, tener humildad en el corazón para permitir que la grandeza del Dador se expanda.

Al-Yabbār es la fuerza creativa del Único que circula a través de las venas de la Creación. *Al-Yabbār* nos brinda la fuerza necesaria para admirar la Creación y dejarnos envolver por la fuerza que está detrás de todo. Esta es la sanación.

El mundo material está compuesto por objetos individualizados y es para nosotros una constante fuente de separación. Estamos separados unos de otros en diferentes partes de la tierra, en diferentes zonas geográficas y países. Asimismo, pareciera que estamos separados de la Divinidad. Desde el momento en que abrimos nuestros ojos por la mañana, cada uno de los objetos que vemos se diferencia del otro. El cepillo dental está separado del dentífrico, el plato de los alimentos, los zapatos de nuestros pies. En este mundo los límites están siempre claramente marcados: las paredes que nos rodean, el piso que pisamos.

Esta conciencia de separación ha penetrado hasta en nuestros vínculos, de modo tal que automáticamente nos percibimos como separados, dejando que nuestros hábitos y modelos mentales nos condicionen, creando así distancia entre nosotros. Sin embargo, si trascendemos las limitaciones de nuestra conciencia física, podemos observar que hay otra forma de vivir y que el mundo tal como lo vemos es una gran ilusión. Si la humanidad experimentara los misterios de la Unidad, esa profunda interconexión de todas las partes formando un todo, si pudiéramos abrir nuestro espíritu para captar este conocimiento, comenzaría una nueva era. Es a partir de esta conciencia de unidad que podemos descubrir nuestro verdadero 'lugar' en el mundo. Esta toma de conciencia nos dará un sentido de verdadera individualidad que surge de esa pertenencia al todo, y nos permite vivir juntos en armonía con nosotros mismos y con todas las formas de vida. La totalidad incluye lo Divino: Él está presente en la Unidad.

Los niños viven completamente en el momento presente hasta el tiempo en que los 'condicionamientos sociales' los desconectan de su verdadero ser. Muchos niños experimentan una gran cercanía a Dios, conexión que sus padres han perdido. Una vez que los pequeños han aceptado el mundo de los adultos, la mayoría de ellos renuncia a ese contacto natural: cierran sus ojos y dejan de ver las maravillas de este mundo. Sin embargo, la Divinidad puede multiplicarse en tantísimas manifestaciones y permanecer al mismo tiempo siendo Una, pues la multiplicidad y la unidad se reflejan mutuamente. *¡Sean como los niños!* ¿No es esto acaso lo que Jesús nos pidió que hiciéramos?

Siéntate, conéctate con tu respiración, serenándote y centrándote en tu corazón mientras repites *lā Yabbār*, inclinándote hacia delante en la inhalación y hacia atrás en la exhalación. Hazlo hasta que te sientas abrazado por el Amado.

El Profeta Muhammad, que la paz y las bendiciones sean sobre él, dijo:

> *"Únicamente aquellos que no tienen ni un gramo de orgullo en su corazón, entrarán al paraíso." Alguien entonces le preguntó: "Oh Profeta, si cuidan su apariencia exterior, sus vestimentas y sus posesiones ¿es eso orgullo?" Y el Profeta respondió: "No, no lo es. Pues Allāh es belleza y ama la belleza. Orgullo es tener una baja opinión de los seres humanos y no respetar sus derechos."*

Los seres humanos que despiertan la cualidad de *Al-Yabbār* en sí mismos aprenden a conectar los mundos internos con los externos y consecuentemente pueden servir a la Unidad. Una vez que lo interno y lo externo se unifican en nuestra conciencia y en nuestra vida, nace algo nuevo: el secreto relativo a lo masculino y lo femenino, el arriba y el abajo, la mente y la materia.

La belleza y el dolor de este mundo, *dunya* دنيا, permanecerán, pero nosotros podremos percibir su sentido y propósito con mayor claridad.

Al-Yabbār proviene de la raíz **y-b-r** y tiene los siguientes significados: restaurar, volver a la normalidad, ayudar, ayudar a alguien a ponerse de pie nuevamente, consolar, tratar a alguien de manera conciliatoria o bondadosa, arreglar huesos rotos, forzar, actuar con fuerza, poder, poderío, potente, poderoso.

El sentido esencial de *Al-Yabbār* es la sanación. El código sonoro de este Nombre nos muestra que la cualidad de sanación que en él pulsa es continua y eterna. *Al-Yabbār* es capaz de corregir y sanar absolutamente todo lo que necesita curación.

Un traumatólogo que quiere enmendar un hueso roto utiliza la fuerza y ésta posiblemente causará mucho dolor. Pero el objetivo no es causar dolor, sino traer sanación y recuperación donde se necesita. ¡Así actúa *Al-Yabbār*, el contundente, el sanador, el que une!

Al-Yabbār tiene múltiples facetas, por ello es que puede afectar el nivel físico, el alma y el espíritu. Actúa reuniendo los opuestos y juntando lo que ha sido separado, rectificando a las personas y dándoles la fortaleza de un gran roble, trayendo fertilidad y vida donde había debilidad, defectos y limitaciones, integrando y uniendo las diferentes partes de nuestro ser para que volvamos a ser personas enteras. Nos ayuda cuando nos sentimos impotentes frente a los acontecimientos en el mundo e incapaces de cambiar las cosas. *Al-Yabbār* une el poder y la confianza, estabiliza nuestra atención, y nos brinda el soporte y la fuerza que necesitamos para sanar.

El mundo de los humanos, *'ālam an-nāsūt*, es el mundo material y visible, también llamado el primer mundo. El mundo de los ángeles, *'ālam al-malakūt*, es el segundo mundo. El mundo de los poderes, *'ālam al-jabarūt*, es el tercer mundo y su nombre proviene de la misma raíz que el nombre del ángel Gabriel, *Jibrīl*.

O Yabbār quien Te conoce, ¿puede acaso invocar a otro que no seas Tú?
O Yabbār, quien Te conoce ¿puede acaso pedir ayuda a otro que no seas Tú?
O Yabbār quien Te conoce ¿puede acaso encomendarse a otro que no seas Tú?

En el nivel físico, el Nombre Divino *Al-Yabbār* se usa principalmente para fortalecer el sistema inmunológico. Para ello se pone una mano en cualquier parte del cuerpo y se repite el Nombre 180 veces.

Para fortalecer y sanar la columna vertebral, la glándula tiroides y las arterias, especialmente en casos de arterioesclerosis (endurecimiento de las arterias), repite *Al-Yabbār* 206 veces.

Al-Yabbār fortalece elevando el magnetismo corporal. Las enfermedades debilitan el magnetismo o fuerza vital. El magnetismo es la fuerza que mantiene unidos el alma y el cuerpo. Cuando esa fuerza magnética disminuye mucho, el cuerpo ya no puede sostener la conexión con el alma y se produce el deceso.

Cuídate de no tener tiempo para Aquel que creó el tiempo,
antes que llegue el término que Él te ha asignado
y ya no tengas más tiempo.

Al-Mutakabbir
10

El Majestuoso, El Elevado y Poderoso, El Sublime, El Grandioso
662 – 3310 – 438 244

La grandeza de este Nombre se manifiesta en todas las cosas y en todas las formas. Contiene la cualidad del más allá, de lo que trasciende a toda la Creación. Es único en su magnificencia y su majestuosidad, nos induce a la modestia, evocando en nosotros la humildad frente a la Divinidad. Este Nombre nos protege de la arrogancia frente a nuestro prójimo y nos recuerda regañar a nuestro ego, *nafs*, permanentemente para reconocer que nadie es superior a otro.

Una noche un sufí preguntó en sus sueños:
–Oh Allāh, ¿cómo puedo acercarme más a Ti?
–¡Ven a Mí con aquellas cualidades que no están en Mí!
–¿Y cuáles son las cualidades que Tú no posees?
–La pobreza y la necesidad.

La actitud interna de pobreza y necesidad nos brinda libertad y cercanía a Dios. Sentir esta pobreza es experimentar que uno es parte del todo, del universo, de la Creación y que todo viene de Ti ¡Amado!

Aquellas personas que deseen sentir esta cualidad necesitarán para lograrlo realizar un arduo trabajo sobre sí mismos para alcanzar su máximo potencial interno sin caer presas del orgullo. La repetición de este Nombre disuelve todos los deseos y anhelos conectados con este mundo, y nos da la fortaleza necesaria para ignorar todo lo que distraiga nuestro corazón de la conexión con Allāh. *Al-Mutakabbir* nos lleva al reino de la obediencia y nos muestra que *todo lo que puede ser contenido en el corazón puede ser llevado a cabo.* Este Nombre Divino nos da la fuerza necesaria para concentrarnos y completar todo lo que iniciamos.

La invocación *allāhu 'akbar* y los Nombres Divinos *Al-Mutakabbir* y *Al-Kabīr* (37) provienen de la misma raíz **k-b-r** que significa tener o llegar a tener grandeza, crecer, aumentar, magnitud, grandeza, importancia, poderoso, espacioso, orgullo, gloria, fama, nobleza, prestigio.

Al-Mutakabbir nos recuerda que sea lo que sea que experimentemos, Allāh es más grandioso que ello. *Al-Mutakabbir* nos abre a esta experiencia en el tiempo y en el espacio, llevándonos de una dimensión a otra.

Al-Mutakabbir también nos ayuda a renunciar a nuestras fronteras personales para llevarnos a descubrir que Dios está tanto en el interior como en el exterior de esas fronteras. Nos ayuda a romper las limitaciones de la mezquindad y la estrechez mental en las cuales a veces nos enredamos e incluso nos perdemos.

Aquí un ejercicio tomado de Abd al-Qadir al-Jilani:

> Apoya una mano en el medio de tu pecho, donde el corazón físico se une con el corazón sutil. Respira con calma y profundidad, y repite el Nombre *Al-Mutakabbir*, dejándolo resonar en tu corazón.
>
> Observa como el ritmo y la cualidad existente se van transformando a medida que pasa el tiempo.
>
> Viaja cada vez más profundo hacia el interior de tu corazón.
>
> Después de un tiempo, permite que penetre en este ritmo la pregunta que querías hacer o la decisión que querías tomar. Deja entrar a todas las posibilidades y respira, un momento, con cada una de ellas mientras repites *Al-Mutakabbir*.
>
> ¿Cómo te sientes ahora, expandida y más liviana, o incómoda y oprimida?
>
> Observa estos cambios que se manifestaron en ti sin esperar ninguna respuesta. Aprende a mirar hacia fuera desde tu interior.
>
> Al final suelta todas las posibilidades y respira tranquilamente con *Al-Mutakabbir*.
>
> Repite este ejercicio dos o tres veces para cada situación.

Allāh es *Al-Mutakabbir*. Esta cualidad nos muestra Su sublimidad y perfección; en cambio, la arrogancia humana muestra debilidad, falsedad, insensatez e ignorancia. ¡Qué Dios te proteja de ella!

Al-Mutakabbir abre la puerta a aquellas partes nuestras que es están esperando ser reconocidas y expresadas. Nos ayuda a sumergirnos en nuestro proceso de crecimiento. La arrogancia y la apropiación de cualidades que no nos pertenecen son situaciones en la cuales nos vemos envueltos una y otra vez, incluso aparecen tan sutilmente en nuestra mente y en nuestro corazón que son casi imperceptibles para nuestra conciencia. La arrogancia está en la base de cada uno de nuestros talentos y habilidades. Es la puerta a través de la cual las facultades que hemos recibido se individualizan y es asimismo esta arrogancia, la fuerza que nos separa de la Unidad. Tenemos que superar esta arrogancia, atravesándola, recién entonces podremos recordar, *dhikr*, la Unidad existencial de todos los seres. Teniendo esto en cuenta, observemos más de cerca dos Nombres Divinos que nos pueden ayudar en este proceso: *Al-Mu'izz* (24), el que eleva, y *Al-Mudhil* (25), el que humilla.

Al-Mutakabbir debiera siempre recordarnos que la vanidad y la arrogancia son las puertas a través de las cuales las fuerzas de la oscuridad nos lanzan un señuelo y nos seducen, ya sea en el plano intelectual, material, humano o político, llevándonos a participar en el mundo de una manera que cierra las puertas de nuestro corazón.

Sin embargo, en última instancia, es solo a través del amor que seremos llevados a ser en la Unidad.

Al-Jāliq (Al-Khāliq)
11

El Creador
731 – 2924 – 534 361

Este Nombre Divino debiera recordarnos que Dios creó los cielos y la tierra, el día y la noche, la vida y la muerte. *Al-Jāliq* es la manifestación absoluta de esta capacidad y el océano de oportunidades infinitas. Este Nombre es la tela que luego será cortada por *Al-Bārī´* (12) y diseñada por *Al-Muṣawwir* (13).

Es a través de esta tela negra, de esta tinta negra que Allāh creó a la humanidad a través de Sí mismo y para Sí, y que creó toda la Creación para la humanidad. Fue un acto de amor extático, amor hacia el velado tesoro y hacia la potencial capacidad de conocer.

Al-Jāliq deriva de la raíz **j-l-q** que significa crear, hacer, originar, dar forma, formar, modelar, cambiar, inventar, fabricar, idear, perfumar. Derivan de la misma raíz las palabras *jalaq*: todo lo que ha sido creado, Creación, humanidad y *juluq*: cualidades innatas, carácter, disposición, humanidad, coraje, fe, capacidades naturales, características, enojo.

Cuando profundizamos en *Al-Jāliq*, podemos vislumbrar la sustancia primigenia con la cual fue creada a la humanidad. La bondad y la humanidad forman parte de nuestro núcleo existencial. También nos fueron dados el coraje y la fe; nuestra naturaleza contiene todas las habilidades naturales del bien. Somos los portadores únicos e inigualables de una verdad íntima. Pero también está presente el enojo; es la apertura que se nutre en la arrogancia, la autosatisfacción, el desafío y el miedo.

El Nombre Divino *Al-Jāliq* está conectado con los Nombres Divinos *Al-Bārī´* y *Al-Muṣawwir*, y también con *Al-Qādir* (69) que reúne los conceptos de potencialidad y destino.

Al-Jāliq suele repetirse durante la meditación nocturna. A través de estas recitaciones, un ángel se manifiesta de pie junto al que recita, protegiéndolo hasta el fin de sus días. Por otra parte, todas las acciones de este ángel benefician a quien recita.

Al-Jāliq es la fuerza que no tiene forma específica y que da a cada criatura su forma individualizada, diseñándolas a todas en armonía las unas con las otras.

Al-Jāliq trae a la existencia aquello que no existe. Es el que le da forma tanto al que hace como a su acción. ¿Acaso no anhelamos profundamente poder integrar el espíritu y la materia, la vida cotidiana y el sentido profundo de la existencia humana? Así que asegúrate que actúas correctamente en todo lo que comienzas y que mantienes a raya tu ego, tu parte baja y egoísta, tu *nafs*. Pues el *nafs* está limitado a ocuparse solo de sí mismo, ama sus satisfacciones ilusorias, su interés propio equivocado, culpar a otros y sacar provecho de los demás. Verdaderamente a el *nafs* le encanta rebajar, denigrar e insultarse a sí mismo.

A todos nosotros nos visitan los malos pensamientos; sin embargo, si no los llevamos a la acción, gradualmente pasamos de ser sus esclavos a ser sus amos. Es la aseveración diaria, el refugio permanente en la Divinidad, momento a momento, lo que nos evita tropezar y perdernos en el mar del *nafs*, hasta que llega el momento en que aprendemos a disolvernos en el Océano de amor, transformándonos en la gota que refleja todo el universo, visible e invisible.

Cuídate y cuida tu verdadero ser, escucha con tu oído profundo, el que verdaderamente puede oír, mira con tu ojo interior que no puede ser enceguecido o confundido por las formas externas. Pesa y evalúa en tu corazón cada pensamiento, cada palabra, cada acción. Cada vez que te surja una pregunta o una idea nueva, fíltralas a través de tu corazón y escucha con mucho respeto a tu verdadero ser, para que con el tiempo, puedas zambullirte en las profundidades de tu ser, abandonando tu ser superficial y acercándote cada vez más a tu verdadero ser donde no existen ni el miedo ni el dolor, donde podrás ver la luz de tu existencia infinita y beber de su fuente.

Sura *Al-Baqara*, La Vaca (2:38)

[...] y los que sigan Mi guía nada tienen que temer y no se lamentarán;

Una vez que conocemos el esplendor de la fuente benevolente de la cual se origina nuestra vida y la vida misma, nos conocemos y reconocemos en armonía. A medida que desarrollamos la capacidad para relacionarnos con nuestro prójimo y en él confiamos, desarrollamos nuestra capacidad para relacionarnos con Dios.

Quien desee estar cerca de Dios debiera respetar a Sus criaturas y tratarlas con amor. Pues Allāh ama a los que aman a Sus criaturas. El anhelo en nuestro pecho ha estado llamando desde el comienzo de los tiempos: ¡Déjame finalmente recostarme en la profunda eternidad! ¡Recuerda, recuerda, *tadhakkar(ī)* تذكري!

En el sura 2, aleya 115, dice el Sagrado Qur´ān que dondequiera que mires verás la faz de Dios, todo desaparece, salvo este rostro del Uno. A través del amor nos disolvemos para convertirnos en amor. Para los hombres, el sendero de la transformación se encauza a través del autoconocimiento y para la mujer a través del amor a sí misma.

El Nombre Divino *Al-Jāliq* es la esencia de la cualidad creadora de Dios. Es el Creador de toda la Creación, el que concibió todo desde la nada, y es el que le da a todas las criaturas sus estados, capacidades y rasgos distintivos. Todo fue creado perfectamente y conforme a la sabiduría Divina. Y todo en la Creación sigue el curso para el cual fue creado. Nada es accidental en el universo. Allāh gestó a toda la Creación desde Su amor profundo y dijo:

كنت كنزاً مخفياً فأحببت ان أعرف فخلقت خلقا لي فبي عرفوني

kuntu kanzan makhfiyan fa-´aḥbabbtu ´an ´u'raf fa-khalaqtu khalqan lī fa-biya 'arafūnī
Yo era un tesoro escondido y desde Mi amor anhelaba ser conocido, así que di nacimiento a la creación (humanidad) para Mí, para que a través Mío me pudieran conocer a Mí.

hadiz *qudsī*

Los hadices *qudsī* son transmisiones cuyos contenidos recibió el Profeta, que la paz y las bendiciones de Dios sean sobre él, quien luego las expresó en sus propias palabras. Estas palabras no forman parte del Qur'ān, sin embargo se atribuyen a Dios.

Allāh creó el mundo para la humanidad y creó a la humanidad para Sí.

El círculo comienza con amor y separación, y finaliza con amor y unión. El amor es no solo la base de la creación del mundo, sino también la base de regresar a Dios. La Divinidad es en el centro de este círculo, mientras que la circunferencia está compuesta por las diversas manifestaciones; y todas ellas expresan la Divinidad – *tayallī*. El ser humano es el centro de la periferia, quiere decir, es el centro de todas las manifestaciones, dado que es el único ser en el cual la Divinidad puede manifestarse completamente.

Por esta razón se lo llama el vice regente de Dios.

La palabra *tayallī* proviene de la raíz **y-l-w** que puede ser traducida como revelar, descubrir, pulir, aclarar, brillar, distinguir, hacer más claro y aclararse, irse, mostrar, remover, manifestar, poner al descubierto, aparecer, traer a la luz, recibir una limpieza, desaparecer. En un sentido general *tayallī* se refiere a la manifestación Divina en el mundo entero. A nivel personal o individual, *tayallī* se refiere a la revelación Divina que tiene lugar en el corazón del creyente.

Dios surge de Su invisibilidad, revelándose a Sí mismo en el mundo exterior y mostrándose a través de los Nombres Divinos. El mundo entero fue creado desde su anhelo de ser y en él todos los Nombres Divinos son uno con Dios. Cada uno de ellos es portador del Único Amor a través del cual se crea el mundo.

Consecuentemente la Creación en su totalidad es un espejo que refleja a la Divinidad. El amor Divino se revela a través de Su manifestación continua en la Creación. El mundo creado es el aspecto externo de la Divinidad cuyo aspecto interno es Dios. El Uno permanece, mientras que la multiplicidad está en movimiento constante a través del eterno ciclo de vida y muerte. Los opuestos existen en este mundo para ser reconciliados y finalmente reunidos, pues la diversidad debe transformarse y devenir una nuevamente.

¿Acaso no es entonces el amor la fuerza motriz? Verdaderamente es el amor y son los Nombres Divinos, los que han acarreado inquietud en el mundo porque la Creación está buscando constantemente ese amor y esa paz, en un transcurrir de anhelo mutuo entre el Creador y Sus criaturas. Es como si el universo fuera el hielo y Dios el agua con la que está hecho el hielo. Se le dio el nombre *hielo* a una masa congelada cuyo verdadero nombre es *agua*.

Cada uno de los seres que existen en el universo tiene una fuente, un punto central de estabilidad. En los seres humanos este punto central está en el corazón, el centro del amor. Pues es el amor el que nos conduce de regreso a Dios, es el amor el que forma un cordón umbilical sutil con Él. Por esta razón es que el sufismo gira hacia el corazón, conociendo que es el corazón el que nos une nuevamente, conectando siempre lo exterior con su realidad interior. Es así como podemos comprender que nada en el mundo existe como una realidad independiente. Todo está totalmente conectado con el centro del tesoro escondido cuya belleza fuimos creados para descubrir.

Los agricultores, floricultores y otras personas que trabajan con plantas les brindan soporte para su crecimiento y protección, repitiendo este Nombre Divino.

También se puede utilizar *Al-Jāliq* cuando alguna persona querida está ausente o no nos ha visitado durante un largo tiempo. Repetimos *Iā Jāliq* a la noche hasta que nos dormimos.

El Nombre Divino *Al-Jāliq* se refleja en la belleza y naturaleza única de cada forma.

¡En nuestro interior se ubica un tesoro eterno!

Al-Bāri´
12

El Que Crea Armonía, El Que Da Forma, El Que Trae a La Existencia
213 – 852 – 45 369

Los siguientes Nombres Divinos son los que originan la creación y dan forma a lo creado: *Al-Jāliq* (11), *Al-Bāri´* y *Al-Muṣawwir* (13). Como ya dijimos en el capítulo anterior, *Al-Jāliq* es el creador de la tela originaria que más tarde será cortada en varias partes por *Al-Bāri´* y luego cada uno de ellas recibirá de *Al-Muṣawwir* su forma individualizada. Estos Nombres tienen ciertos significados en común pero se diferencian en algunos otros.

En el mar de infinitas potencialidades –que pertenece al tercer mundo, *ālam al-jabarūt*, el mundo de los poderes– se encuentran todos los arquetipos, simbolizados por *Al-Bāri´*. Es desde este mundo donde fluyen todas las manifestaciones. En él los Nombres Divinos existen en su esencia antes de manifestarse en el mundo exterior. Es asimismo en este mundo donde el alma de la Creación o alma universal se manifiesta en los diferentes Nombres Divinos, impulsada por la energía creativa de Dios.

Es de esta manera que el Nombre Divino *Al-Bāri´* nos ayuda a separar y descubrir todo lo que está en nuestro camino para alcanzar y develar la esencia de las cosas.

La acción de dar es la cualidad primordial de *Al-Bāri´*. Cada criatura recibe, de acuerdo a su comportamiento, su armonía y su relación con las otras, para poder vincularse adecuadamente con toda la existencia.

A través de *Al-Bāri´* surge la existencia desde la no existencia, dado que este Nombre extrae, desde el paño de la Unidad, las manifestaciones individuales.

Permite que la armonía que está en tu naturaleza se exprese en tu vida. Has recibido de Dios todas las capacidades y también el libre albedrío que te permite elegir entre la armonía y la desarmonía: no en el aislamiento de una cueva en la montaña, sino en medio de todas la criaturas. Todas ellas te reflejan como en un espejo, recordándote la necesidad, la compasión, el amor, la sinceridad, la belleza, el anhelo y la tristeza que nos conectan a todos y que todos necesitamos.

La raíz **b-r-'** de la cual deriva *Al-Bāri´* significa crear, liberarse, despejado, recuperarse, curarse, sanarse, liberar a alguien de responsabilidad, declarar la inocencia de alguien, ser inocente. Todas estas acepciones tienen el significado común de 'liberarse de algo'. En el plano espiritual este Nombre Divino nos da la fortaleza necesaria para liberarnos de la tiranía de nuestros bajos impulsos y acercarnos a nuestro verdadero ser. En el plano físico nos libera de la enfermedad.

Al-Bāri´ es el creador de armonía. La causa por la cual Allāh creó todo el universo es el amor. Allāh le dió a cada cosa sus proporciones. Él es el creador de todas las formas. Le da a cada una de Sus criaturas, su aspecto y su forma, de modo que cada apariencia es única, sin embargo todas provienen de la misma sustancia original.

Se utiliza este Nombre cuando una mujer a punto de dar a luz tiene dificultades y el alumbramiento se torna complicado. La madre y su entorno familiar recitan entonces *Al-Bāri´*.

Si la futura mamá experimenta dificultades durante su embarazo, especialmente durante el último mes, se beneficiaría si ayunara desde el amanecer hasta la puesta del sol, para cenar al atardecer y luego repetir 21 veces sobre un vaso de agua los Nombres Divinos *Al-Jāliq*, *Al-Bāri´* y *Al-Muṣawwir* antes de beber el agua.

Para limpiar y fortalecer las glándulas suprarrenales y el páncreas debiera repetirse *Al-Bāri´* 213 veces.

Aquellas personas que han estado enfermas un largo tiempo y que no tienen esperanzas de vida deberían repetir este Nombre Divino. ¡Quiera Allāh en Su infinita misericordia sanarlas!

Sura *Al-Ḥashr*, La Concentración (59:24)

هو الله الخالق البارئ المصور له الأسماء الحسنى يُسبحُ له ما في السموات والأرض وهو العزيز الحكيم

huwa llāh al-khāliq al-bāri´ al-muṣawwir lahū l-asmā´ al-ḥusnā yusabbihu lahu mā fī s-samawāti wa-l-arḍ wa huwa l-'azīzu l-ḥakīm

¡Él es Dios, el Creador, el Hacedor que modela todas las formas y apariencias!

¡Suyos [en exclusiva] son los atributos de perfección. Todo cuanto hay en los cielos y en la tierra proclama Su infinita gloria: pues sólo Él es todopoderoso, realmente sabio!

Al-Muṣawwir
13

El Que Otorga La Forma
336 – 1344 – 112 896

Este es el Nombre Divino que le otorga a cada cosa su forma y colorido final. *Al-Muṣawwir* tiene la característica de contener una intensa propiedad de focalización que conduce directamente al objetivo. Cada criatura tiene una forma especial y única que se manifiesta también en cada una de las especies. Nuestra vida está en constante formación, pues la realidad Divina va tomando forma a través nuestro, en un proceso que dura toda nuestra vida. Todos hemos sido creados desde y por la Divinidad, motivo por el cual nunca debemos menospreciar a ninguna persona.

De los tres Nombres Divinos relacionados con la creación y manifestación, a saber: *Al-Jāliq* (11), *Al-Bāri´* (12) y *Al-Muṣawwir*, es este último el que está más próximo al mundo de la manifestación material. Está en constante movimiento complementándose con otro Nombre Divino, *Aẓ-Ẓāhir,* y dirigiéndose al mundo, ya que necesita para tornarse completamente visible la participación de *Aẓ-Ẓāhir*.

Si una mujer desea engendrar un hijo y no puede concebir, puede ayunar durante 7 días, meditando con mucha fe, en la profunda creencia que Dios es el único creador. El creador de todo. Al romper el ayuno, después de la puesta del sol, debería beber un vaso de agua sobre el cual haya repetido 21 veces *lā Jāliq, lā Bāri´, lā Muṣawwir*. El niño llegará, Dios mediante, si ese es su destino.

La raíz **ṣ-w-r** significa formar, moldear, confeccionar, crear, ilustrar, hacer un retrato, describir, retratar, imaginar, concebir, pensar, formar, dar forma, imagen, figura, estatua, idea, anterior, moldeador, creador. Estos significados básicos nos muestran claramente que este Nombre Divino no expresa directamente la manifestación, sino que se refiere al eterno flujo que conduce hacia ella.

Al-Jāliq, *Al-Bāri´* y *Al-Muṣawwir* muestran el amor que fluye desde la Divina esencia hacia las manifestaciones, y también el camino de regreso a la Divina esencia, a través del amor de la criatura hacia ella.

Respira con el Nombre Divino *Al-Muṣawwir* y percibe como te envuelve y modela tus facultades creativas para que puedan florecer cuando llegue el momento indicado.

Muchos eruditos repiten los Nombres *Al-Jāliq*, *Al-Bāri´* y *Al-Muṣawwir* en forma conjunta. Cuando se recitan en forma separada, se puede percibir que *Al-Jāliq* es el que modela el destino, *Al-Bāri´* el que crea armonía, y *Al-Muṣawwir* el pintor que produce las formas y las imágenes.

El Nombre Divino *Al-Muṣawwir* ayuda a los artistas a expresar su potencial creativo y a devenir maestros en su oficio, guiándolos al éxito Dios mediante.

¡Allāh, colma nuestros corazones con el anhelo de recordarte, y mantiene nuestra lengua húmeda de tanto agradecerte!

Sura *Al-Mu´minūn*, Los Creyentes (23:12-14)

En verdad, hemos creado al hombre de la esencia de la arcilla, luego lo depositamos como una gota de esperma en la firme custodia [del útero], luego creamos de la gota de esperma una célula embrionaria, luego creamos de la célula embrionaria una masa embrionaria, luego creamos huesos dentro de la masa embrionaria; luego revestimos los huesos de carne –y luego hacemos surgir [todo] esto como una creación nueva: ¡bendito es Dios, el mejor de los creadores!

¡Transfórmanos en seres humanos cuidadosos y atentos con tu Creación y guía los corazones de regreso a Ti!

Al-Ghaffār
14

El Que Todo Lo Perdona, El Que Perdona,
El Que Perdona Una y Otra Vez
1281 – 5124 – 1 640 961

Al-Ghaffār es el perdón Divino que desciende desde los cielos hacia la humanidad, en un fluir constante de infinita misericordia y amor. *Al-Ghaffār* es el Uno que se encuentra allí para perdonar, cada vez que alguna acción o intención humana requiere perdón. Es el que, en Su infinita bondad, perdona una y otra vez.

Es el Uno que cubre con un manto tejido con hilos de misericordia y compasión los errores, malas acciones y malos pensamientos humanos, disolviendo las consecuencias negativas de ese actuar, asistiendo a los seres humanos para que puedan vivir en un clima de confianza y amor mutuo.

Todos los seres humanos cometemos errores. No se trata de estar libres de errores, lo cual es imposible. Lo deseable es no insistir en la comisión de los mismos errores. Verdaderamente reconocer los errores propios es una gran virtud y una señal de sabiduría. Los verdaderos amigos son los que nos muestran nuestros errores con bondad y compasión. No deberíamos tener vergüenza de admitir un error o de pedir perdón. Solo deberían avergonzarse los que perseveran en su error. La situación más grave es cuando defendemos nuestros errores como si fueran verdad. Defender nuestras acciones erróneas es como defender nuestros caprichos o malos humores. Si esto se hace inadvertidamente, es perdonable, pero si alguien lo realiza intencionalmente, sería sabio distanciarse de esa persona porque las debilidades de carácter son contagiosas.

Las personas que, después de reconocer un error, repiten 33 veces este Nombre reciben el perdón. *Al-Ghaffār* es la cualidad Divina que perdona todos los errores y oculta todas las debilidades bajo un velo de misericordia, tanto en este mundo como en el más allá. Aquellas personas que perdonan a sus semejantes y ocultan sus faltas, para que nadie las pueda ver, entran bajo la égida de la benevolencia Divina y sus faltas también son perdonadas. Cuando alguien puede mirar los sucesos y acciones con los ojos compasivos del corazón y repite *lā Ghaffār* 100 veces, sus faltas son perdonadas. Cada vez que la ira o el enojo surjan en tu corazón, repite *lā Ghaffār* y esas emociones pasarán. Benditos sean aquellos que muestran lo que es bello y ocultan la fealdad. Allāh siempre perdona nuestros errores cuando la súplica es sincera.

Solemos sentirnos incomprendidos o heridos cuando somos ignorados por los demás. Reaccionamos protegiéndonos, generando una coraza protectora o rindiéndonos, aceptando todo lo que venga, o volviéndonos ultra sensibles y reaccionando intensamente ante cada situación. Lamentablemente todas estas estrategias nos convierten en víctimas y ser una víctima es el obstáculo más grande que podemos tener en el camino iniciado para obtener la armonía y la paz interior. ¿Cuál es entonces la solución? No existe una solución, sino que podemos elegir abrir y expandir nuestro corazón. Abrir el corazón es conectar la mente con los sentimientos y permitir que brille la luz de la vida. Puedes aprender y comprender esto reconociendo que las cosas no siempre son como te gustaría que fueran. A veces sucede lo que no te gusta, pero que es bueno para ti, y a veces sucede lo que tu deseas, pero que no es bueno para ti.

Sura *Al-Baqara*, La Vaca (2:216)

[...] pero puede ser que os desagrade algo y sea bueno para vosotros, y puede ser que améis algo y sea malo para vosotros: Dios sabe y vosotros no.

El amor es la fuerza más poderosa y creativa existente en el universo. El perdón quema todo y disuelve todo, dejando únicamente el amor. El amor es tan potente como la misma muerte. Permite que tu corazón se cueza lentamente bajo el fuego del amor hasta que se vuelva tierno. Utiliza la fuerza de la ira y el enojo de manera positiva, puliendo el espejo de tu corazón, purificándolo de las heridas ocasionadas por la vida, hasta que se clarifique y brille nuevamente. Conviértete en un intrépido soldado caminando por el sendero del amor, y sobre todo nunca tengas miedo de ti mismo.

Trae a tu corazón el dolor causado por una herida, el hecho que te la provocó, o las huellas que dejó. Imagina entonces que quemas los rastros dejados por la herida para que esa parte tuya que se separó por el dolor pueda volver a verse integrada en la luz de la Unidad. Observar las cosas a la luz de la Unidad significa ser capaz de ver los aspectos positivos, aun en situaciones muy difíciles. Significa poder reconocer ese aspecto de la situación que te ayuda a comprenderte y conocerte mejor. Todo problema conlleva una solución. Aprende a leer las señales en el sentido más amplio del término. Leer no se limita a percibir a través de la vista, sino que todos los sentidos participan: tus orejas, tu nariz, lengua y además tu mente, tu corazón y tu alma son herramientas para leer. Todo tu ser es un instrumento para observar y evaluar las realidades internas y externas.

Los Nombres Divinos *Al-Ghaffār* y *Al-Ghafūr* (34) derivan de la misma raíz **gh-f-r** que significa perdonar, otorgar perdón, remitir, disculparse, cuidar, cubrir.

La principal diferencia entre *Al-Ghaffār* y *Al-Ghafūr* es que *Al-Ghaffār* es la cualidad que sostiene la puerta abierta, invitándonos siempre a regresar, aunque hayamos roto nuestra promesa 1000 veces. *Al-Ghafūr* penetra muy adentro y toca la parte más profunda de nuestro corazón, ese sitio donde hemos recibido las ofensas más agraviantes y donde se encuentran las huellas de nuestras acciones más nocivas. *Al-Ghafūr* llega hasta donde se encuentra la peor ofensa que nos hayan hecho, aquella que pensamos que nunca podría ser perdonada. Ambos Nombres tienen la cualidad básica de cubrir y sanar las heridas internas, ablandando, sanando lágrimas y grietas escondidas, cerrándolas con la infinita dulzura del bálsamo Divino, para que el agua de la vida pueda fluir nuevamente a través de todo nuestro ser.

Una de las oraciones más frecuentemente utilizadas por los sufíes es *¡´astaghfiru llāh!* Proviene de la misma raíz que *Al-Ghaffār* y *Al-Ghafūr* y puede ser utilizada y traducida de muchas maneras diferentes: ¡busco refugio en Ti! ¡Te pido perdón! ¡busco Tu protección! Cada vez que digo o afirmo algo y mi ego quiere inflarse de orgullo, me protejo diciendo *´astaghfiru llāh*. Cada vez que cometo una injusticia, *´astaghfiru llāh* me ayuda a dar humildemente un paso atrás. Si me enredo en superficialidades o descuidos, *´astaghfiru llāh* me lleva nuevamente a mi centro. *´Astaghfiru llāh* es la brisa que nos purifica diariamente del barro adquirido por nuestros errores y negligencias, grandes o pequeñas. También es el viento que nos libera de nuestro deseo de venganza o represalia, dándonos la posibilidad una y otra vez de volver a nuestro verdadero ser y actuar desde él. Así que repite diariamente *´astaghfiru llāh* 70 ó 100 veces y ¡quiera el viento Divino de libertad, pureza y bondad danzar en el interior de tu ser y a tu alrededor!

Usa tu respiración y la repetición de *Al-Ghaffār* para embeber tu corazón y suavizar esas partes que en ti se han endurecido. Te aliviará, disolverá las ofensas y sanará las heridas. Se formará una costra protectora debajo de la cual puede comenzar la sanación.

Los seres humanos que tienen en su corazón la cualidad de *Al-Ghaffār* son capaces de perdonar las faltas de otros. En realidad ni siquiera ven los errores como tales. Así que aprende a perdonar a quienes te hayan tratado mal, a los amigos, parientes o abuelos que no te comprendieron, o que no te pudieron ver como eras realmente. Se bondadoso con aquellos que necesitan recibir amor y cuida tu comportamiento y tus modales, déjalos que sean guiados por tu dignidad, tu generosidad, tu lealtad y tu sabiduría.

Cada vez que aparece la ira, repite *Al-Ghaffār;* te ayudará a calmarte y podrás recuperar el equilibrio interior.

Sura *Ṭā Hā*, Oh Hombre (20:82)

Pero, aún así, ciertamente, perdono todos los pecados de aquel que se arrepiente, llega a creer, hace buenas obras, y luego se mantiene en el camino recto.

Se tolerante con los errores de los demás y no los acuses; en su lugar, utiliza la comprensión, la claridad y la ayuda verdadera como instrumentos de transformación.

Sura *An-Nisāa'*, Las Mujeres (4:110)

Sin embargo, quien obre mal o sea injusto consigo mismo y luego pida perdón a Dios, hallará que Dios es indulgente, dispensador de gracia:

Tú que prestas atención a mis lágrimas,
Tú conoces mi remordimiento secreto.

Al-Qahhār
15

El Que Domina, El Que Vence, El Todopoderoso, El Invencible
351 – 1404 – 123 201

Este Nombre Divino significa también dominar. Es el Único que tiene dominio sobre todas las cosas. Incluso cuando alguna persona afirma que domina a otra, es solo Dios quien tiene completo control sobre nuestro cuerpo, nuestros movimientos y nuestra alma.

Los Nombres Divinos *Al-Qahhār* y *Al-Laṭīf* (30) son las dos caras de una misma moneda. El primero refleja la oscuridad interna y la que nos rodea, el segundo la luz clara y sutil. Así que refúgiate de Allāh *Al-Qahhār* en Allāh *Al-Laṭīf*. Los milagros del universo descansan en el Divino corazón donde no existe separación.

Repetir *Al-Qahhār* 66 veces nos permite ganar control sobre nuestras acciones e impulsos negativos, y obtener satisfacción espiritual y paz interior. También nos protege de la comisión de acciones negativas.

La raíz **q-h-r** de la cual deriva *Al-Qahhār* significa someter, subyugar, conquistar, vencer, dominar, forzar, forzoso, compulsivo, irresistible.

Un ejemplo nos ayudará a entender el poder y el amor conectados con *Al-Qahhār*: es como el calor del fuego que extrae el jugo de la carne. *Al-Qahhār* detona en nosotros un proceso de anhelo profundo y despierta una pasión ardiente. Más allá de lo que hagamos en la vida y sin que importe lo ocupados que estemos, el anhelo de volver a Dios siempre está ardiendo en lo profundo de nuestro corazón. Nada puede extinguir este anhelo profundo, permanece siempre allí. *Al-Qahhār* es el fuego del amor, ese fuego que siempre está ardiendo en nuestro interior. No importa cuan negativos sean los sucesos en el mundo. *Al-Qahhār* es la flama que nos conecta con nuestra propia luz.

La repetición de *Al-Qahhār* quema y consume la identificación con el ego herido, la vergüenza, humillaciones e insultos recibidos, hasta que solo queda la flama Divina. *Al-Qahhār* quema todos nuestros apegos externos hasta que la luz de nuestro verdadero ser comienza a brillar.

Cada uno de los Nombres Divinos encuentra un eco diferente, un sabor específico en el corazón, y la percepción de su influencia depende del estado de la persona que lo recita. Cuanto más profundamente pueda penetrar la cualidad en el corazón, cuanto más abierto se encuentre el corazón, más fuerte será la influencia, más dulce el sabor, la comprensión y el conocimiento del Nombre.

Al-Qahhār te lleva donde Él quiere, te guste o no te guste. Al repetir este Nombre aprendes a doblegar tu ira, a gobernar tus apetitos, a subyugar a tus enemigos internos y a olvidarte de todos tus asuntos salvo uno: estar cerca de Dios. *Al-Qahhār* quema todo lo que ya no necesitamos en nuestras vidas. Siente el fuego y la fuerza purificadora de *Al-Qahhār* y permite que te limpie y traiga claridad a tu corazón.

Cuando las personas que se sienten controladas por su ser inferior repiten *Al-Qahhār,* fervientemente y con el corazón abierto, reciben la fortaleza para controlarlo.

Un ser humano es simultáneamente el caminante y el camino.
Si un caminante quiere conocer el camino,
primeramente debe conocerse a sí mismo.

Al-Wahhāb
16

El Que Concede, El Que Distribuye Todas Las Gracias, El Que Obsequia
14 – 56 – 196

Al-Wahhāb es el Uno que da constantemente, derrochando gracias sin moderación. Es el que rodea a Sus criaturas con regalos y bendiciones sin esperar nada a cambio, pues Él no necesita retribución, al contrario, toda la existencia encuentra ayuda en Él. *Al-Wahhāb* es dar sin expectativas, sin esperar nada a cambio, un verdadero regalo gratuito.

Este es el Nombre Divino del eterno Dador, el que nos brinda todas la oportunidades tanto en el mundo visible como en el invisible, en este mundo y en el más allá.

Al-Wahhāb nos muestra que estamos desnudos, menesterosos y que todas las posesiones son un regalo. Reconocer que todos los seres humanos compartimos la misma necesidad de ser amados, de recibir compasión, comprensión y tolerancia nos conmueve y nos hace simultáneamente pobres y ricos. Fluctuamos entre estas dos cualidades –la pobreza y la riqueza– que es precisamente lo que necesitamos para poder despertar.

La repetición de este Nombre 7 veces después de la meditación matinal abre un espacio que permite que la riqueza fluya. Cuando una persona no tiene suficiente para vivir, o simplemente siente que necesita más, debería repetir este Nombre 100 veces a la medianoche, después de la meditación nocturna, durante 3 a 7 noches consecutivas. Aquellas personas que se ven confrontadas con enemigos que les acarrean dificultades, o aquellos que han caído prisioneros, deberían repetir este Nombre de la misma forma.

Comprende este Nombre, escucha, reconoce las necesidades y pedidos de tus semejantes, y permanece conectado con tu ser interno profundo cuando preguntas. Pídele únicamente a Dios, recuéstate solo en Él y recibirás a través de Su Creación, a través de la vida misma. Arrópate en la luz del agradecimiento para que puedas reconocer las bendiciones. La diferencia entre quienes son conscientes de las bendiciones recibidas y quienes permanecen ciegos a ellas es que los primeros tendrán paz en el corazón y la capacidad de ser nutridos por la vida misma, en todas las circunstancias.

Al-Wahhāb viene de la raíz **w-h-b** que significa dar, donar, otorgar, acordar, estar presente, dotar, presentar, donación, propina, regalo, talento, dador, donante, dotado, talentoso. Además significa aceptar un regalo con naturalidad, de la misma forma que la lluvia riega todo sin distinción.

El amor y los regalos que nos obsequia *Al-Wahhāb* se nutren de la abundancia Divina. Por eso es tan importante repetir este Nombre cuando nos preocupamos o tememos que no dispondremos de lo suficiente, ya sea a nivel espiritual, social o material. *Al-Wahhāb* modifica nuestra percepción y nuestra manera de pensar, y nos ayuda a percibir la abundancia.

Cuando repetimos este Nombre las puertas se abren, a menudo inesperadamente, puertas que ni siquiera sabíamos que existían. Allāh es el que todo lo sabe, consecuentemente conoce perfectamente como y cuando deberá darse el presente. Así que pídele a tu Señor cuando necesitas algo y eleva una súplica cuando necesitas ayuda. Pues si el obsequio viene de *Al-Wahhāb*, nadie podrá oponerse a él. Es más, si es tu destino recibir esta tarea o regalo, lo recibirás, incluso si todo el mundo se opone. Así que vuélvete hacia Él durante los tiempos felices y fáciles, para que Él se vuelva hacia ti en momentos de abatimiento o dificultad. Y recuerda que la paciencia y la perseverancia te llevan al corazón de todo.

La oración es siempre un acto de veneración y de amor al Creador que fluye a través de Sus criaturas. La plegaria esencialmente no es un pedido de apoyo al Creador, sino un acto de conexión, *ṣila,* e implica dar un paso para salir del ruido del mundo y de la dimensión del tiempo, para entrar al espacio abierto e infinito de la eternidad. La oración es regresar a nuestro verdadero hogar, ese lugar donde las limitaciones del ego ya no importan.

Los seres humanos que poseen la cualidad de *Al-Wahhāb* en su corazón han recibido de Allāh la facultad de dar sin expectativas, sin esperar nada a cambio, e independientemente que haya o no respuesta.

Sura *'Āl 'Imrān*, La Casa de 'Imrān (3:8)

¡Oh Sustentador nuestro! No hagas que nuestros corazones se desvíen de la verdad después de habernos guiado; y concédenos el regalo de Tu misericordia: en verdad Tu eres el [verdadero] Dador de Regalos.

Pues la tolerancia es enriquecimiento.

Ar-Razzāq
17

El Que Cuida de Todos Los Seres, El Proveedor, El Que Nutre
308 – 1232 – 94 864

Allāh a través de Su cualidad de *Ar-Razzāq* es el Uno que nos brinda el sustento diario y todo lo que necesitamos para la vida material y espiritual.

Es la cualidad Divina que vive en nuestro corazón y nos hace comprender que nuestra participación en el mundo es fundamental y que influimos en su conformación, siendo además Sus manos para contribuir a la justicia social. El agradecimiento surge en nuestro corazón cuando proveemos para los que menos tienen. ¡Quiera Dios darnos la protección necesaria para que nuestros corazones nunca endurezcan!

La repetición de este Nombre Divino te traerá ayuda y soporte. Si cuelgas este Nombre en tu lugar de trabajo, tendrás éxito en tus acciones. Si una persona que está estresada o abatida repite este Nombre 100 veces al mediodía en un día no laborable, recibirá el alivio Divino, Dios mediante.

Ar-Razzāq es el que nutre y sustenta a todas las criaturas. El cuerpo se nutre con alimento físico y el alma con conocimiento espiritual, *ma'rifa* معرفة. Algunas personas se enriquecen compartiendo sus posesiones materiales y cuidando a otros generosamente, otras personas se enriquecen porque conocen a *Ar-Razzāq*, el proveedor.

Suplícale a Allāh que te brinde conocimiento profundo, una lengua sabia y una mano generosa. Cuando Allāh ama a un ser humano, lo bendice haciendo que otros necesiten de él y derrama en su corazón el amor necesario para que pueda darles lo que necesitan.

> *Una vez le fue preguntado a un sufí: "¿con qué te sustentas?" Y el sufí respondió: "Desde el día en que conocí a mi Creador, deje de dudar de mi Proveedor".*

No ignores entonces el flujo de bendiciones que estás recibiendo y que te rodea.

La raíz **r-z-q** significa dar, separación de bienes materiales y espirituales, ser talentoso, nutrirse, tener éxito, vivir, buena acción, provisión para la vida, regalo y fundamento de la existencia.

El concepto de *rizq*, alimento, engloba todo lo que es bueno y útil para los seres humanos, ya sea de naturaleza física como el agua, los alimentos, la vestimenta y la casa, o de naturaleza espiritual como la fe, la paciencia y la compasión. Se refiere únicamente a cosas positivas y útiles, jamás a cosas físicas, moral o socialmente reprensibles, vergonzosas o dañinas.

Al-Ghazālī, uno de los más grandes maestros sufíes que vivió durante el siglo 13, hace énfasis en el aspecto nutritivo del término *rizq*, especialmente en los planos mental y espiritual que considera superiores y de mayor valor para la humanidad que el alimento material.

Al final de los tiempos Allāh dirá:

> *"Oh hijos de Adán, Yo os pedí alimento y no Me habéis alimentado." Y las almas responderán: "Oh Proveedor de todos los mundos ¿Cómo podemos nosotros alimentarte a Ti?" Y Dios responderá: "¿Acaso no habéis visto a Mis criaturas hambrientas? Cuando las alimentáis Me alimentáis a Mí, y al hacerlo Me conoceréis."*

Pon tu mano sobre tus pulmones y repite *Ar-Razzāq* 308 veces. Este ejercicio fortalecerá tus pulmones y los protegerá de enfermedades. Esta práctica también fortalece los músculos del corazón y el estómago.

La repetición de este Nombre trae claridad mental, mejora y fortalece la memoria, y otorga confianza y serenidad al corazón.

Respira repitiendo el Nombre *Iā Razzāq* mientras te centras en tu corazón. Permite que la sensación que aparezca te guíe para saber que sustento necesitas en este momento, ya sea en el plano físico, emocional, psicológico o espiritual. *¿Qué aspecto tuyo o que voz interior se sienten hambrientos? ¿Qué alimento puede brindarte tu ser profundo en este momento presente?*

Haz lo mejor que puedas para nutrirte a ti mismo y a los demás y dí: "*Iā Razzāq Iā Allāh*, Tú eres quien me nutre, Tú eres mi Proveedor."

Sura *Hūd*, Hud (11:6)

Y no existe criatura en la tierra cuyo sustento no dependa de Dios; y Él conoce su plazo de permanencia [en la tierra] y su lugar de reposo [después de su muerte]: todo [esto] está registrado en [Su] claro decreto.

Allāh brinda sustento a todos los seres, no cabe ninguna duda al respecto y sin embargo, es nuestra responsabilidad arar e irrigar la tierra y ocuparnos de nuestro sustento. Esta es nuestra parte de la tarea, nuestra parte de integrarnos en la totalidad, es parte de nuestra devoción, bajo la comprensión de las leyes Divinas de sanación y armonía.

¡Oh Tú que mantienes las puertas abiertas, dejando fluir todos Tus regalos,
brindános Tu compasion o el pan de cada día,
haznos ricos dándonos la capacidad de estar contentos!

Al-Fattāḥ
18

El Que Abre, El Que Revela, El Que Separa
489 – 1956 – 239 121

A través del camino de la paz, Allāh nos ofrece liberación. *Al-Fattāḥ* tiene tres significados: apertura, comienzo y éxito. En el momento de nuestra muerte, la verdad se abre ante nuestros ojos. Allāh es quien abre las puertas del éxito para que podamos atravesar todos los problemas y obstáculos. Allāh es quien abre nuestros corazones para que podamos ver la verdad y quien permite que el conocimiento y la sinceridad fluyan desde nuestra lengua. Él es quien levanta los velos y nos permite ver lo esencial en todas las cosas y nos da la fortaleza para ser sinceros. Si repites este Nombre Divino 60 veces, obtendrás claridad en tu mente y tu corazón, y se desbloqueará tu camino.

Este Nombre Divino abre aquellas situaciones que llegaron a un punto muerto y aliviana dificultades. Ábrete para recibir Su generosidad y toma conciencia del alivio que Él te trae. Percibe como te son reveladas las soluciones a través de Su bondad y compasión porque Él es quien revela y abre absolutamente todo lo que se ha endurecido, cerrado o estrechado.

Todos tenemos, en el transcurso de nuestras vidas, situaciones que se han endurecido o complicado. Ya sea en lo material, como por ejemplo, en el trabajo, los ingresos, los amigos o los familiares; o en el plano emocional, en el corazón, ya sea que se trate de aflicciones o preocupaciones; o en el plano mental, bajo la forma de dudas permanentes o preguntas circulares que nunca obtienen respuesta.

Si tu corazón realmente desea liberarse de ilusiones, egoísmos, ira y mal humor, apoya tu mano derecha sobre tu corazón y repite *Iā Fattāḥ* 70 veces después de tus oraciones, antes del amanecer.

Al-Fattāḥ tiene el poder de desbloquear y abrir todas las situaciones antes mencionadas. Si esto sucede, no hay fuerza en el mundo que pueda mantenerlas cerradas. Y si aún no se abren, no te preocupes porque simplemente significa que no es beneficioso para ti que se abran, aunque por el momento no puedas verlo de esta manera. Recuerda siempre que debajo de la medicina más amarga, siempre está la mano más compasiva de todas. Ten buenos pensamientos respecto de Dios, abre un espacio de confianza en tu corazón y entonces podrás ver las bendiciones.

Sura *Al-Fāṭir*, El Originador (35:2)

Cualquier gracia que Dios concede a los hombres, nadie puede retenerla; y lo que Él retiene, nadie puede luego liberarlo: porque sólo Él es todopoderoso, realmente sabio.

A algunas personas Allāh les abre las puertas del conocimiento para que puedan transmitirlo, a otras les abre las puertas de la riqueza para que puedan compartirla con los pobres y necesitados. A algunas les otorga salud y fuerza para que puedan ayudar a los débiles y a los enfermos. A otras les abre la posibilidad de tener hijos para que sus ojos y corazones se regocijen.

Así que de la mejor manera que puedas, abre un espacio de bondad, esperanza y compasión para tus semejantes y *Al-Fattāḥ* abrirá para ti mayores bendiciones que las que tú has brindado a Sus criaturas. Ten muchísimo cuidado de no lastimarlas, pues si lo haces cerrarán su corazón y la bondad deberá quedarse afuera.

La cualidad de *Al-Fattāḥ* se ve reflejada en el rostro de aquellas personas que han atravesado victoriosamente sus problemas y sus sufrimientos y están tan felices que transmiten alegría por doquier.

Al-Fattāḥ proviene de la raíz **f-t-ḥ** que significa abrir, encender, excavar, construir, introducir, comenzar, conquistar, capturar, revelar, abrir los portones, inspirar, otorgar, desplegar, corazón receptivo, florecer, emerger, comienzo, victoria, logros, abrir, llave, apertura, receptividad espiritual o mental. El término *Al-Fātiḥa*, La Apertura, el sura con que comienza el Sagrado Qur´ān, también deriva de esta raíz.

Al-Fattāḥ es la expresión que en árabe significa iluminación continua y constante. La luz de Dios se encuentra escondida, incluso en los sitios más oscuros. Aprende a trabajar con esta luz velada, con el anhelo más profundo de la humanidad. Cuando nos entregamos, la luz de nuestra propia entrega nos guiará al sitio donde somos necesitados y nos mostrará donde subsiste una apertura. *Al-Fattāḥ* es la llave que nos abrirá la puerta para encontrar a Dios en nuestro corazón. Con *Al-Fattāḥ* podemos ir cada vez más profundo a través de esa apertura. Todo florece, toda la naturaleza se despliega y se revela con *Al-Fattāḥ*.

Respeta el derecho que tienen los demás de elegir no saber, de ser prisioneros de sus ilusiones, de seguir el sendero de sus propios deseos. El libre albedrío significa también la libertad de errar y cometer errores. Nunca juzgues, respeta el derecho de cada ser humano de determinar su propio destino, de perderse una y otra vez. A veces te será dado el permiso de mostrar el camino, de extender la mano para ayudar a alguien. Instintivamente tu corazón se abrirá y permitirás que la persona te utilice. Pero ten cuidado y no te apegues a estas acciones para satisfacer a tu ego. Regresa todo al océano del amor, todo viene de Dios y retorna a Él. Permanece con el corazón abierto y conectado para que el amor pueda fluir libremente y tu ayuda no se torne invasiva.

Restringir la libertad de otro ser humano, negarle a alguien el derecho de elegir su propio camino es ponernos por encima de Dios que nos otorgó libre albedrío. Cuando el ego arrogante considera que sus logros son propios, perdemos la protección y la guía que nos fuera dada. Así atrapados en las garras del ego, aunque sea un ego espiritual, permanecemos en la burbuja de la ilusión y del aislamiento. Al seguir nuestras propias ideas, sin importar cuan bien intencionados estemos, ponemos un velo entre nosotros y la luz que nos guía y nos protege. Al identificarnos con el ego, confiamos únicamente en nosotros mismos y construimos agotadores muros de separación. Pero cuando rendimos el ego ante el verdadero servicio, entonces confiamos en Él, la Causa originaria de toda la existencia. Solo entonces podemos participar completamente en la vida, sin arriesgarnos a volvernos prisioneros de nuestras ilusiones y castillos de aire.

Respira hacia el interior de tu corazón mientras repites *Al-Fattāḥ* y abre tu ojo interior para examinar aquellas situaciones de tu vida que requieren más apertura.

Al-Fattāḥ es la cualidad de amor que ayudará a las personas impulsadas por la impaciencia y a aquellas que se derrumban y se sienten inadecuadas o inútiles cuando no pueden obtener aquello que profundamente deseaban o sentían que merecían.

Cuando experimentamos dolor y desilusión, el ego herido tiende a aislarse e identificarse con la idea de que no servimos para nada y que somos un ‘caso perdido’, mientras que el dolor profundo comienza a transformarse en autocompasión. Para evitar este dolor el ego genera mecanismos de protección que van variando de acuerdo con los diferentes tipos de personalidad. Identificándose con la experiencia dolorosa, con la carencia, el ego se expresa a través de la desesperanza o por el contrario, manifiesta una actitud pomposa, presuntuosa y exagerada, para dar solamente un par de ejemplos extremos. Invocar el Nombre Divino *Al-Fattāḥ* nos ayudará a abrir el corazón y a conectarnos nuevamente. Nos brindará la oportunidad de encontrar la salida de la prisión en que nos encerró la creencia que fuimos abandonados o que estamos destinados a ser personas carenciadas.

Nosotros podemos ser la fuente de toda pureza o de todas las impurezas. La malicia es una de nuestras cualidades, así como el temor también lo es y sin embargo, la bondad y la misericordia son asimismo cualidades que poseemos. Cuando el mundo exterior te trae alguna situación, observa qué sentimiento o pensamiento permites que aflore desde tu interior donde la pureza y la impureza coexisten. Sabe que la elección es tuya.

Después de repetir *Al-Fattāḥ*, se recomienda repetir el Nombre *Al-Wakīl* (52) que expande el espacio de la confianza.

Aquellas personas que tienen la cualidad de *Al-Fattāḥ* en sus corazones han logrado llegar a la Unidad con todas sus cualidades. Su sabiduría y experiencia los habilita para solucionar sus propios problemas materiales y espirituales, y también los de las otras personas. Reciben las llaves del conocimiento profundo y la capacidad de abrir, solucionar y sanar.

Jesús, que la paz sea con él, dijo en arameo *¡eth fatah! ¡ábrete!* cuando restituyó la audición de un hombre sordo.

Iā Fattāh, *Tú nos abres los corazones cerrados,*
Tú nos abres a la verdad en nuestras almas,
Tú nos abres las compuertas de la bondad,
Tú disuelves nuestros enredos y alivianas nuestras cargas,
Tú nos abres al conocimiento y a la visión interior,
y Tú abres nuestras capacidades y nuestro potencial,
¡abre para nosotros, Oh Allāh,
las puertas del conocimiento y el amor a Ti!

Al-'Alīm
19

El Omnisciente, El Poseedor Absoluto de Toda Sabiduría
150 – 600 – 22 500

Este Nombre simboliza la omnisciencia y la absoluta sabiduría Divinas, existentes desde tiempos inmemoriales.

Tanto *Al-'Alīm* como *Al-'Ālim* se refieren al conocimiento Divino, siendo el primero el superlativo del segundo, de la misma manera en que *Al-Qadīr* es el superlativo de *Al-Qādir* (69).

Al-'Alīm conoce los secretos que viven en el corazón, como así también lo que se expresa verbalmente. Conoce lo que sucede en el mundo visible y en el invisible. Si repites este Nombre Divino 100 veces después de la oración, tus ojos verán cosas que antes te pasaban desapercibidas. Es la apertura del tercer ojo también llamado ojo místico.

Si prácticas la repetición de este Nombre Divino 150 veces todos los días, tu comprensión y entendimiento de lo que te rodea se hará más profundo.

El conocimiento (*'ilm* علم) y el amor (*'ishq* عشق) son las alas que nos harán volar en el sendero de la transformación del ser.

No permitas que la belleza de los velos te embruje: actúa honesta y sinceramente, tanto en privado como en público, no actúes de modo diferente cuando estás solo que cuando estás acompañado. Levanta el velo que separa tu mundo interno del externo.

La totalidad de la existencia, está eternamente presente en el conocimiento de *Al-'Alīm*.

El conocimiento humano surge a partir de las cosas existentes y la existencia misma nace del infinito conocimiento de Allāh. ¿Qué significa la vida de un ser humano, comparada con el futuro infinito y el pasado infinito? Meramente un abrir y cerrar de ojos. ¿Qué podemos ver? ¡Feliz aquél que puede ver que en realidad no puede ver!

Un sufí llegó a una ciudad y una persona enojada que por allí pasaba le dijo:"¡Vete, pues aquí nadie te conoce!" El sufí respondió: "Es verdad, pero yo me conozco a mí mismo, ¡sería mucho peor que la verdad fuera a la inversa!"

Únicamente el ser humano que verdaderamente se conoce a sí mismo puede descartar los velos de la arrogancia, pues quien se conoce a sí mismo conoce a su Señor. Todas aquellas personas que comienzan a andar por el sendero del conocimiento están en el camino que conduce a Dios. En ese sentido el Sagrado Qur'ān dice:

[...] y allí donde os volváis hallaréis la faz de Dios (2:115)

A los seres humanos que poseen esta cualidad, les ha sido dado un conocimiento que no se basa en lo que se les ha enseñado ni en el estudio ni en el pensamiento, sino que surge completamente de la luz clara con la que hemos sido creados. *Al-'Alīm* conjuga la mente y el corazón, el conocimiento abstracto y el intuitivo. Nuestra conciencia se conecta y se entona con la conciencia del Único conocedor. Es un acto de máxima concentración sobre un único objetivo, un único punto, hasta que todo lo demás deja de existir y se obtiene la maestría perfecta sobre la propia conciencia, como si fuera la conciencia Divina.

Permite que *Al-'Alīm*, conjuntamente con tu respiración, penetre hasta tu plexo solar, el primer centro de la conciencia superior y después déjalo fluir desde allí a tu corazón y a tu mente.

Despierta a una nueva clase de conocimiento: un entendimiento que te llega a través de los sueños, inspiraciones, señales o visiones.

En la escalera de los éxitos, tanto mundanos como espirituales, ninguna persona está por encima de las otras. Sino que en realidad, cada uno de nosotros es un ser completo e importante y en realidad indispensable para la totalidad. Cada ser humano juega un papel significativo y decisivo en el transcurrir de este mundo. El conocimiento que posee cada uno de los seres humanos es precioso y su participación es esencial para nuestra vida. Ser concientes de esto es el primer paso. La totalidad nos es dada, no necesitamos buscarla, simplemente necesitamos aceptar este regalo bendito.

Existe un único pre-requisito para ello y es que renunciemos a los patrones de condicionamiento que nos atan a los modelos jerárquicos de desempeño y fracaso, alabanza y reprimenda, vergüenza y culpa. Reconoce que ya te has cansado de esta perspectiva, que estás cansado de las exigencias de éxito, extenuado por las batallas en contra del fracaso, derrota y explotación.

Dios nos necesita para que manifestemos en la vida el misterio que Él ha escondido en Su mundo. Los seres humanos somos los agentes, somos los espejos y en nuestros corazones llevamos los secretos de la Creación.

Al-'Alīm es la conciencia y el conocimiento del amor Divino. El amor siempre nos atrae nuevamente hacia la Unidad. En el amor solo existe la unidad: la rosa y la espina son una.

La dignidad humana se basa en el conocimiento y el entendimiento. Sin embargo, la mente necesita adquirir humildad para poder reconocer sus limitaciones y abrirse a entender que la fe es necesaria.

> *El primer sorbo de conocimiento que bebe un científico lo convierte en un ateo. Sin embargo, es siempre Dios quien lo está esperando en el fondo del vaso.*

Nuestro corazón está conectado con el corazón del mundo. Nosotros, los seres humanos, protegemos los misterios del universo en nuestro corazón. Una y otra vez, a través de los movimientos ascendentes y descendentes del aliento de los mundos, se nos abre el acceso a diferentes secretos, a diversas y renovadas formas de conocimiento.

Sura *Al-Baqara*, La Vaca (2:32)

> *Dijeron: "¡Gloria a Ti! No tenemos más conocimiento que el que Tú nos has impartido. Ciertamente, sólo Tú eres omnisciente, sabio."*

Todas y cada una de las personas reciben de acuerdo a su naturaleza y a la tarea que estén destinadas a realizar. Abre tu corazón y te serán dados el conocimiento, el poder y la energía requeridos para tu tarea, como así también el entusiasmo, el amor y la libertad.

La siguiente lista contiene algunos conceptos derivados de la misma raíz **'-l-m** y nos brindará una comprensión más profunda de los significados que abarca Al-'Alīm:

'alima	saber, recibir enseñanza, reconocer, notar, percibir, experimentar, distinguir
'alm	seres, criaturas
'ilm	conocimiento, comprensión, arte
'alam	señal, letrero, símbolo
'ālam	mundo, cosmos, universo, una señal que indica algo.
'ālima	erudita, cantante (fem.)
a'lam	el que sabe
allāh a'lam	Dios es Quien mas sabe
mu'allim	maestro, dueño
ma'lama	enciclopedia
ulamā´	manatial subterráneo escondido bajo una montaña
ma'lam	huellas en un sendero que se pueden seguir.

Sura *Fuṣṣilat*, Expuestos con Claridad (41:53)

En su momento les haremos comprender plenamente Nuestros mensajes [por medio de lo que perciben] en los horizontes más remotos [del universo] y en ellos mismos, para que quede patente ante ellos que esta [revelación] es realmente la verdad [...]

Las palabras árabes *'ālam* (mundo), *'alam* (señal) e *'ilm* (conocimiento) provienen de la misma raíz. Su vínculo etimológico nos ayuda a comprender que las cosas que percibimos en el mundo son señales, consecuentemente este vínculo constituye una fuente de conocimiento respecto de esas cosas, pero también de la existencia del Uno que creó el mundo: Allāh. Así para el sabio, el ser que todo lo abarca –el mundo– se convierte en un símbolo de Su existencia.

Profundizar nuestra visión y permitir que se extienda a los milagros del universo nos ayuda a alcanzar una comprensión más profunda de nuestro verdadero ser. A través de la experiencia llegamos a la comprensión, la percepción y el conocimiento. La percepción y el conocimiento tienen sus raíces en la Divinidad y son los medios para llegar a Él.

El sufismo entiende que los seres humanos son la imagen perfecta del universo. Todo lo que existe en el universo existe también en los humanos. Aprender a leer e interpretar la naturaleza, el universo y también a nosotros mismos, discernir las señales y los símbolos nos hace comprender que todo lo que nos rodea es el reflejo, en el mundo material, de una realidad de orden superior. Comprendemos a través de esta experiencia que todo lo que tiene vida es sagrado.

La esencia del sufismo es dar soporte al ser humano para que descubra la Divinidad que lleva en su corazón y guiarlo hacia aquello que es sagrado, transformando al mundo de las manifestaciones en un lugar pleno de la vívida experiencia de la Divinidad.

Percibe el mundo como totalmente contenido en ti,
pues el mundo es un ser humano y el ser humano es un mundo.
Shabistari

Al-Qābiḍ
20

El Que Contrae, El Que Evalúa, El Que Agarra y Contrae, El Que Retiene
903 – 3612 – 815 409

Al-Bāsiṭ
21

El Que Alivia, El Que Facilita, El Que Despliega,
El Que Distribuye Generosamente, El Que Ensancha, El Que Extiende
72 – 288 – 5184

Los Nombres Divinos *Al-Qābiḍ* y *Al-Bāsiṭ* están conectados como el abrir y cerrar del músculo del corazón, la noche y el día, la alegría y la tristeza.

Al-Qābiḍ deriva de la raíz **q-b-ḍ** y *Al-Bāsiṭ* de la raíz **b-s-ṭ**.

La raíz **q-b-ḍ** tiene las siguientes acepciones: tomar por la fuerza, agarrar, atrapar, sujetar con fuerza, aferrarse, recibir, recaudar, contraer, oprimir, desanimar, encoger, sujetar, tener, recibir, cerrarse mentalmente, retirarse, aprehender, sujetar, agarre, puño.

De la raíz **b-s-ṭ** provienen los siguientes significados: extender, nivelar, aplanar, agrandar, expandir, extender, desplegar, desenrollar, otorgar, ofrecer, presentar, entregarse, agradar, deleitar, abrir los brazos, dar una mano para ayudar, ser simple, tener buen corazón, franco, mostrar, explicar, ser sincero, hablar con franqueza, confesar con franqueza, ser amigable, comunicativo, sociable, estar completamente cómodo, ensanchar, ser alegre, estar encantado, estar contento o devenir contento, alegrar, magnitud, capacidad, alfombra, sobreponerse a la timidez, tierra, mundo, simplicidad, sencillez, simplificación, alegría, regocijo, jovialidad.

Al-Qābiḍ es el que frena, presiona, el que atrapa el corazón, el que conjura o hace aparecer dificultades o depresión, el que guía al aislamiento y a la desesperanza. Son los momentos de la vida donde fluyen nuestras lágrimas, es el tiempo de búsqueda, cuando nada tiene sabor ni sentido. Sin embargo, también son los tiempos que –más que en ningún otro momento– te pueden acercar a Allāh. En sentido figurado, es como cuando apretamos el tubo de dentífrico: solo se puede salir hacia arriba.

A pesar de toda esta desesperanza, muchos amantes anhelan este estado, pues entre todas las dificultades, el dolor y el aislamiento, solo Él permanece y a Él el corazón se vuelve. Es la dulzura en el medio del dolor: *¡En esos momentos en que todos me abandonan, únicamente Tú permaneces!*

En los tiempos de *qabḍ* قبض el alma se ve oprimida como si la aplanaran para pasar por el ojo de una aguja. Saca provecho de estos tiempos de *qabḍ* (gran dificultad): no te quejes ni te lamentes ni te desmorones. No entres en la desesperanza total, sino permite que esta fuerza golpee las capas profundas de tu corazón. Conviértete en un amante, incluso en tiempos de aflicción.

Al-Qābiḍ es el que contrae las almas en el momento de la muerte y las expande cuando entran en el cuerpo.

El tiempo de *qabḍ* es un período de ayuno y los impulsos luchan porque se ven restringidos en su libertad de movimiento y elección. Hasta cierto punto, el ayuno que se hace durante el mes de Ramadan implica entrar en el estado de *qabḍ* قبض en este mundo para llegar al *basṭ* بسط del más allá.

El *jalwa* خلوة, que literalmente significa soledad, es el retiro espiritual y también puede ser comparado con *qabḍ*. En muchas escuelas sufíes, el aislamiento o retiro se realiza en la naturaleza, o en un cuarto aislado bajo la supervisión de un maestro para que el estudiante pueda viajar desde el *qabḍ* hasta la misericordia Divina del *basṭ*. Para lograr este objetivo se hacen, durante el retiro, ejercicios para obtener la expansión espiritual *yalwa* جلوة. *Yalwa* significa claridad, levantamiento de los velos, ascenso del ser humano a Dios, y todas las prácticas que se realizan están destinadas a darle soporte a la persona que hace el retiro y a guiarla para que pueda reconocer y descubrir el esplendor Divino. El *dhikr* (práctica de remembranza grupal), el *fikr* (invocación silenciosa) y la danza sagrada de los derviches que giran son ejemplos de *jalwa*.

El *qabḍ* nos ayuda a ver nuestras propias virtudes y a girar hacia nuestro corazón. La madurez espiritual se manifiesta entonces en el *basṭ*, aunque a menudo reaparecen los velos en cuanto cesa la presión del *qabd*.

Al-Bāsiṭ nos trae un tiempo de benevolencia, alegría y éxito, son los momentos en que el corazón se expande, pleno de alegría, espíritu elevado y jovialidad. Son los períodos en que nos sentimos conectados con todo. Sin embargo, también son los momentos en que, intoxicados y plenos, nos olvidamos de la verdad existente detrás de todas las cosas. Son asimismo los tiempos en que surge la arrogancia.

Basaṭa Ilāhu بسط الله significa que Allāh ha abierto las puertas de Su benevolencia para un ser humano, sea que se trate de conocimiento, cortesía, belleza física, bienes materiales o hijos.

La palabra *bisāṭ*, بساط , alfombra, proviene asimismo de la misma raíz. Si bien los seres humanos no podemos comprender el significado de la cadena o de cada hebra que compone el colorido tapiz, tenemos la capacidad de sentirnos conectados con todo y de elevarnos por los aires, para transformarnos en una alfombra voladora, *bisāṭ ar-rīḥ*, que literalmente significa alfombra del viento o alfombra del alma, e inhalar la libertad de la Unidad.

Disfruta de la belleza que existe en esta tierra y se agradecido.

Basṭ بسط , la expansión, muchas veces despierta en nosotros una conciencia sagrada y abarcativa que todo lo incluye, en la que nos sentimos expandidos, gigantes y magníficos. Un estado en el que sentimos que contenemos todo lo que existe y nos regocijamos en el amor Divino que todo lo abraza.

Cuando repites *Al-Bāsiṭ* desde lo más profundo de tu corazón, tu corazón revive, tus penas y preocupaciones se disuelven y todos los que te ven te llevan a su corazón.

Sura *Al-Baqara*, La Vaca (2:245)

[...]Pues Dios da la estrechez y el desahogo; y a Él seréis devueltos.

Las personas que poseen la cualidad de *Al-Qābiḍ* tienen la capacidad de autoprotegerse de malas influencias y de ayudar a otros en el mismo sentido. *Al-Qābiḍ* se utiliza principalmente cuando las personas son explotadas u hostigadas. Si repites este Nombre Divino 903 veces, recibirás protección. Cambiarán las circunstancias o se alejará la persona que te molestaba.

Algunas personas reciben más favores, ya sea en materia de confort, benevolencia, belleza, encanto, conocimiento o hijos. Esta diferencia, esta desigualdad que Dios dispuso entre los seres humanos, entre los paises y entre otros seres vivientes tiene el objetivo de abrir las generosas puertas que nos llevan a compartir, a tener tolerancia, a intercambiar y a comunicarnos. Conlleva la posibilidad de crecer y ser instrumentos para traer equilibrio en la tierra. Sin embargo, si no lo hacemos porque permanecemos atrapados detrás de las rejas de nuestro propio egoísmo, la consecuente desarmonía es el resultado de nuestro libre albedrío.

Los seres humanos que tienen la cualidad *Al-Bāsiṭ* en su corazón saben cómo llevar alegría a los corazones de sus semejantes. Saben dar con generosidad y ser generosos consigo mismos en su mundo interior. Si adquieres la costumbre de repetir este Nombre Divino, sentirás paz en tu corazón y podrás percibir como todo viene de Allāh y todo regresa a Él. Comprenderás que no nos corresponde a nosotros juzgar y que nuestras virtudes crecen a partir de nuestras debilidades. La repetición de este Nombre Divino reduce el estrés e incrementa los ingresos y el respeto hacia los demás seres humanos y desde ellos hacia ti.

La repetición de *Al-Bāsiṭ* disipa la tristeza y las dudas del corazón, reemplazándolas por alegría y confianza. *Al-Bāsiṭ* también es útil en los casos de presión arterial alta, debiéndose repetir en este caso 1481 veces.

Al-Qābiḍ y *Al-Bāsiṭ* se repiten generalmente juntos, pero si puedes contener el significado profundo de *Al-Qābiḍ* sin caer presa de ansiedad o preocupación, puedes recitarlo en forma independiente. Si así lo haces, recuerda que este Nombre significa contraer y contener todo lo que es nocivo o peligroso para ti. Entonces comprenderás la justicia y la misericordia de *Al-Qābiḍ*, así como la bondad y los obsequios de *Al-Bāsiṭ*.

Cuando repetimos *Al-Qābiḍ* y *Al-Bāsiṭ* en forma conjunta, nuestro corazón comienza a percibir que Dios, Allāh, es el autor tanto de la contracción como de la expansión. Lentamente nuestro corazón comienza a conectarse con la serenidad en todos los estados y situaciones, y alcanza un estado de calma que continúa creciendo sobre terreno cada vez más firme: la fe en la bondad, misericordia y sabiduría de Allāh.

No podemos elegir si nos va a tocar aquel que apretuja o aquel que aliviana y sin embargo, lo que elegimos hacer durante esos estados cae bajo la órbita de nuestra responsabilidad. Cuando podemos tener coraje y confianza en ambos, cuando la ecuanimidad y la serenidad se esparcen en nosotros en los dos casos, nuestro pecho y nuestro corazón comienzan a expandirse al entrar en éxtasis y experimentamos entonces la immensidad Divina de *Al-Wāsi'*.

Sura *Ash-Shūrā*, La Consulta (42:27)

Pues, si Dios concediera [en este mundo] abundancia de sustento [a todos] Sus siervos, se conducirían con gran insolencia en la tierra: antes bien, hace descender [Su gracia] en la medida justa según Le place: pues, ciertamente, Él es plenamente consciente de [las necesidades de] Sus siervos, y los ve a todos.

Al-Jāfiḍ (Al-Khāfiḍ)
22

El Que Rebaja, El Que Humilla, El Que Restringe
1481 – 5924 – 2 193 361

Ar-Rāfi'
23

El Que Levanta, El Que Eleva, El Que Distingue
351 – 1404 – 123 201

Cuando alguna cosa es baja o está abajo, tenemos que bajar la cabeza hacia el pecho para poder verla. Este movimiento expresa humildad y la actitud de ir hacia nuestro interior.

Al-Jāfiḍ proviene de la raíz **j-f-ḍ** y *Ar-Rāfi'* de la raíz **r-f-'**. Al examinar los diferentes significados derivados de estas raíces, veremos como ambos Nombres se complementan.

j-f-ḍ: rebajar, disminuir, reducir, menguar, ser despreocupado, resolver, bajar la voz, reducción, restricción, vida cómoda, bajo, suave.

r-f-': levantar, elevar, levantar algo con esfuerzo, alzar, levantar la cabeza, elevar la autoestima, levantar y levantar más alto aún, elevar, promover, volar, despegar, colocar, atar o adjuntar, erigir, remover, alzar algo, finalizar, remediar, liberar, aliviar, rango elevado, delgado, fino, delicado, sutil.

La cualidad de elevación surge desde el interior, despejando el rostro, ampliándolo, suavizándolo y, en consecuencia, expandiendo el campo visual.

La primera cualidad se basa en la ignorancia. Reconocer la ignorancia propia lleva a la humildad y luego a la elevación interior. La segunda cualidad se basa en el conocimiento cubierto por la capa protectora de la humildad. Nuestras acciones materiales y espirituales nos elevan o nos rebajan. No existen líneas rectas en la vida. El río del amor fluye entre dos orillas, elevación y humillación. Y esto se aplica a todas las polaridades complementarias: masculino y femenino, pobreza y riqueza, alegría y tristeza. En cada polo se encuentra el efecto del otro.

El Nombre Divino *Ar-Rāfi'* está actuando cada vez que una persona carenciada se libera de la pobreza, un enfermo se recupera, una persona ignorante resulta enriquecida por el conocimiento, y asimismo cuando aquellos que han perdido el rumbo vuelven a sentirse guiados.

Todos estos cambios te acercan a la verdad, a tu propia verdad. Cuando recitamos *Al-Jāfiḍ* y *Ar-Rāfi'* en forma conjunta y saboreamos la verdad que pulsa en estos dos Nombres, se nos revela la realidad y el ego aislado puede lentamente soltar, despejándose así el camino hacia la paz y la libertad interior, más allá de las cambiantes circunstancias externas.

Allāh eleva la verdad y rebaja la falsedad. La elevación se encuentra en la simplicidad y la humillación en la arrogancia.

En algunos momentos de la vida, Dios incrementa nuestras posesiones y oportunidades para que podamos mostrarnos merecedores de ellas. El amor hacia nuestros semejantes y la compasión por lo que sucede en el mundo son expresiones de esta riqueza.

Los que poseen la cualidad de *Al-Jāfiḍ* en su corazón tienen la capacidad de protegerse y proteger a los demás, evitando que se degraden, diciendo mentiras, cometiendo injusticias con sus semejantes, expresando críticas a espaldas de la persona involucrada o actuando con hipocresía. Estas personas están protegidas contra el egoísmo y la dureza de corazón, como asi también entregadas a la justicia social. Si repites este Nombre Divino 889 veces, estarás protegido de tus enemigos. La humillación les llegará a aquellos que están controlados por su ego, que tienden a hacer trampa y mentir, que discuten permanentemente, y que tienden trampas a sus semejantes.

Al-Jāfiḍ es también el que hace descender todo lo que estaba arriba, el que humilla a los orgullosos y arrogantes, el que derroca a los déspotas, el que deprime a los opresores y les causa aflicción.

Repite este Nombre Divino e invita a aquellos aspectos interiores que se sienten descuidados o con poco lugar, y con el ojo de tu corazón examina las circunstancias externas que les dieron nacimiento. Bríndales a todas tus partes un espacio y permíteles que se expresen, dándole a cada una su lugar y oportunidad. ¡Y tómate el tiempo de escucharlas!

Ar-Rāfi' nos conduce hacia un estado de conciencia más elevado. Eleva a los débiles y a los oprimidos. La repetición de este Nombre 100 veces nos guía hacia una posición más elevada o a acrecentar nuestro poder. Estos favores se nos brindan para que ayudemos a otros.

Allāh eleva a aquellas personas de lengua suave, a las que prefieren dar en lugar de tomar, a las que no permiten que el orgullo y la arrogancia endurezcan su corazón, a las que cubren los errores ajenos en lugar de avergonzar, a las que prefieren construir en lugar de destruir, a las que son fuertes, amigables y bondadosas.

Céntrate en tu corazón y repite este Nombre Divino mientras respiras suavemente al interior de tu vientre. Observa qué parte en ti se siente elevada y honrada. Repite *lā Rāfi'* y conéctate con la Unidad. ¡Qué la elevación en ti te de alas y te fortalezca en el sendero del amor!

¡No preguntes simplemente, cuestiona también tus preguntas!

Al-Mu‘izz
24

El Que Otorga Honor, El Que Honra, El Que Otorga El Mando
117 – 351 – 13 689

Al-Mudhil
25

El Que Humilla
770 – 2310 – 592 900

Cuando comprendemos que únicamente Allāh, el absoluto, es el que nos lleva a la honra o a la humillación, podemos entender el significado de *Al-Mu'izz*, el que honra, y de *Al-Mudhil*, el que humilla.

Al-Mu'izz y *Al-Mudhil* son estados de ánimo entre los cuales, a veces, oscilamos varias veces durante el día, ya sea en la forma de confianza en nosotros mismos o de desvalorización; sin embargo, su realidad absoluta se encuentra en el Uno.

El honor y la humillación, la alabanza y la reprimenda son situaciones recurrentes en nuestras vidas. Se reflejan a través de nuestros vínculos: ¿cómo me ven los demás? ¿cómo me tratan?

Al-Mudhil proviene de la raíz **dh-l-y** que significa ser inferior, modesto, humilde, despreciable, rebajar, denigrar, degradar, humillar, menospreciar, vencer, romper, conquistar, ser humilde, deshonrar, avergonzar, humillación, sumisión. Así podemos entender los temas tocados por este Nombre.

Al-Mudhil nos lleva a nuestros sitios más recónditos, esas partes donde el ego se siente sin ningún valor y se identifica con esta autodegradación. Nos guía hacia esos abismos de nuestro ser donde solo podemos caer de rodillas y bajar la cabeza humildemente. A esos lugares donde nos sentimos inservibles, débiles y rechazados por la humanidad. *Al-Mudhil* desgarra y abre las limitaciones ocasionadas por el charco que creemos ser y permite que el agua del charco sea tocado por el agua del Océano. Empapados en el amor del océano, nos liberamos de nuestras creencias humanas limitantes, respecto de lo que es elevado y lo que es bajo, lo que es humillante y lo que honra. Surge entonces en nosotros una mayor estabilidad y comenzamos a comprender que en su sentido más profundo, todas las circunstancias externas, sean percibidas como encumbradas o humillantes, son únicamente las diferentes maneras en que Allāh nos sostiene.

Al-Mu'izz y *Al-Mudhil* no son opuestos, sino que son complementarios.

Al-Mu'izz nos conecta y activa la fortaleza que surge en nuestro interior cuando descubrimos nuestro verdadero ser, nuestra alma eterna e inmortal. Al repetir estos dos Nombres en forma conjunta, se desgarran no solo los velos oscuros del desprecio por uno mismo, sino también los velos oscuros de la forma en que somos vistos por los demás y por el mundo. El recitado de estos dos Nombres en forma conjunta une el desequilibrio humano con el equilibrio Divino innato. Ambos descansan en el eterno océano del amor Divino.

La sanación comienza cuando reconciliamos estas dos cualidades: *Al-Mu'izz* y *Al-Mudhil*.

Al-Mu'izz es el que concede honor. Aquellos que desean esta cualidad deberían caminar por el sendero de este Nombre hasta llegar a la fuente, pues esta cualidad proviene de Dios y nos conduce a Él.

Como *Al-'Azīz*, *Al-Mu'izz* proviene de la raíz **'-z-z** que tiene simultáneamente las cualidades de fortaleza y suavidad.

El honor Divino es un obsequio celestial que trae alegría y sabiduría al corazón, y es completamente diferente del ego presuntuoso. La fuente del honor proviene de saber que todo viene de Dios. El honor llega a través del servicio. Algunas personas sirven a la humanidad a través de la pintura, otras compartiendo su dinero con los que menos tienen, otras a través de sus oraciones y algunas otras cuidando su jardín.

Honor significa servir con bondad en el corazón, conociendo el lugar que a uno le corresponde y ocupándolo. El honor está basado en el conocimiento de que todos somos diferentes cántaros, colmados con la misma agua y que al final del camino, la vasija se quebrará para que el agua pueda fluir al océano ilimitado.

El honor también implica, por una parte, no perder de vista que el otro lleva en su interior la luz de la eternidad y, por otra parte, ser respetuoso y cortés con esa chispa Divina, incluso en el medio de la más intensa discusión. Conocerse a sí mismo conduce a Allāh. El honor que a veces nos atribuimos a nosotros mismos o que otros nos atribuyen frecuentemente conduce a distorsiones y a la arrogancia, lo cual puede originar los gérmenes de la humillación o encender las llamas de la avaricia.

El Nombre Divino *Al-Mu'izz* puede y debe ser repetido cuando tomamos conciencia de nuestro ego y de la necesidad de controlarlo, invocando la ayuda de Dios, ya sea para pedir fortaleza interior o para atravesar circunstancias externas.

Si estás tiranizado por una persona que abusa de su posición de poder, puedes repetir el Nombre Divino *Al-Mudhil* 40 veces un día viernes a la noche. Al terminar la repetición, haz la ablución ritual y la oración para luego elevar tu plegaria pidiendo que cese la tiranía.

No separes lo pequeño de lo grande, lo fácil de lo difícil, o lo valioso de lo carente en ti. Es aprendiendo a conocer una cualidad a través de su opuesto que devendrás un ser completo. La sabiduría muchas veces proviene de algún aspecto nuestro que no valoramos o aceptamos. A veces, esta voz nos muestra que estamos haciendo algo que en realidad no queremos hacer, pero lo hacemos para ser aceptados, amados o integrados. Esto puede debilitarnos internamente y llevarnos a un sentimiento de fractura interior. En esta situación experimentamos parcialmente la cualidad de *Al-Mudhil*.

Sura *Aṣ-Ṣāffāt*, Los Alineados en Filas (37:180-182)

¡Infinita es la Gloria de tu Sustentador, Señor del Honor y del Poder, [excelso] por encima de cuanto los hombres conciban para definirle!
¡Y la paz sea sobre todos Sus mensajeros!
¡Y la alabanza es debida por entero a Dios, el Sustentador de todos los mundos!

¿Acaso no necesita el árbol hundir profundamente sus raíces en la tierra, antes de poder crecer y majestuosamente alcanzar el cielo? En forma similar debemos nosotros reconocer y desarrollar las profundidades de nuestro ser interior para poder elevarnos a las alturas de nuestro verdadero ser.

Estamos siempre rodeados por aquello que impulsa nuestra evolución.

As-Samī‘
26

El Que Escucha, El Que Tiene Escucha Absoluta, El Oyente
180 – 720 – 32 400

As-Samī‘ es la escucha Divina. Allāh oye todos los sonidos, absolutamente, sin limitación alguna, sean silenciosos o ruidosos, separados o agrupados. Allāh escucha, sin cesar, cada una de las plegarias, sonidos y movimientos de la Creación.

Concédete un tiempo para escuchar las voces que te rodean, provenientes de la unidad Divina. En cada voz, en cada rumor, en cada silencio vibra un sonido, una gota de Unidad. En ese sonido se encuentra la orquesta interminable, el océano donde palpitan todos los Nombres y cualidades Divinas; a Él todas Sus cualidades regresan.

Si haces 100 repeticiones de este Nombre, un día jueves entre el final de la tarde y el ocaso, con el corazón abierto y sin hablar con nadie durante ese tiempo, tus anhelos serán escuchados. Así que llama a Dios tanto en tiempos de facilidad como también en tiempos de dificultad.

Sura *Ash-Shūrā*, La Consulta (42:11)

[...] nada hay que se asemeje a Él, y sólo Él todo lo oye, todo lo ve.

As-Samī‘, el que escucha, y *Al-Baṣīr*, el que todo lo ve, aparecen 11 veces juntos en el Sagrado Qur'ān y cada vez, la escucha precede a la vista. Es escuchando que los mundos invisibles se abren, es a través de la escucha que nos conectamos con el mas allá invisible, es a través de la escucha que se despliega el anhelo del alma de regresar a su Divino hogar. La escucha nos abre el camino hacia el alma y el mundo invisible más que ningún otro sentido. *Al-Baṣīr* y *As-Samī‘* nos ayudan a alcanzar nuestra sabiduría interior y nuestro equilibrio exterior, es por ello que a menudo se repiten juntos.

Las súplicas de aquellas personas que repiten este Nombre a menudo después de sus oraciones serán escuchadas y sus semejantes también escucharán sus palabras y los seguirán.

Cuando hacemos la oración ritual decimos:

سمع الله لمن حمده
sami'a llāhu liman ḥamidāhu
Allāh escucha las alabanzas de aquellos que Lo alaban

Esto significa que Allāh acepta las alabanzas, pues quien escucha acepta.

As-Samī' proviene de la raíz **s-m-'** de la cual derivan los significados siguientes: escuchar, aprender, decirle algo a alguien, prestar atención, escuchar a alguien, aprender de comentarios ajenos, prestar oído, escuchar alguna parte de una conversación ajena, recitar, escuchar atentamente, obedecer, reputación, oyente, quien escucha.

Los caminos espirituales deberían guiarnos a ser conscientes de todas las criaturas que han transitado antes que nosotros en la caravana de la vida, aquellas que están ahora con nosotros y aquellas que nos sucederán. Debieran guiarnos a incluir todo el universo en nuestra conciencia, en nuestra percepción ¡Da la bienvenida a toda la vida para que puedas liberarte de tu limitada forma de entender el mundo! Escucha...

A través de *As-Samī'*, Allāh nos brinda la capacidad de escuchar las señales y los símbolos que nos rodean. Cada sonido, cada ritmo adquiere una cualidad sagrada y sanadora.

Cuando comprendemos la esencia de las cosas en nuestro corazón, adquirimos la capacidad de escuchar sin los oídos, de ver sin la vista y de hablar sin la lengua. Esto es especialmente cierto con relación a la escucha cuando nuestro corazón comprende los sonidos y deviene nuestro oído.

Las personas que pueden escuchar y abrir su corazón a sus semejantes están dotadas de una gran madurez, pues nada conmueve tanto a una persona como sentirse verdaderamente escuchada.

En el plano simbólico, la escucha está conectada con la garganta y esta a su vez está ligada con la veracidad.

La garganta es el puente que une la mente con el corazón. Es donde las aguas del mar se parten, el sitio donde nos abrimos a la verdad Divina y hacemos un espacio para unirnos con Dios. De la misma manera en que Moisés, que la paz sea sobre él, guió a su gente hacia la liberación, ábrete al camino que te conducirá a tu verdadero ser.

Si tienes dolor o algún problema auditivo, pon una mano sobre tu oreja y repite *As-Samīʿ* 180 veces. Recibirás sanación, Dios mediante.

Céntrate en tu corazón y repite *Iā Samīʿ*. Incorpora todos los sonidos sin concentrarte en ninguno en particular. Viaja hacia tu interior escuchando cada vez más profundamente. ¿Cuál es la fuente de tu escucha?

El Profeta Muhammad, que la paz y las bendiciones sean sobre él, dijo:

Busco refugio en Ti de un corazón que no conoce la humildad,
de una súplica que no merece ser escuchada, de un ego insaciable
y de adquirir conocimiento inútil. Protégenos de estas cuatro cosas.

Al-Baṣīr
27

El Que Todo Lo Ve, El Que Tiene Visión Completa
302 – 1208 – 91 204

Esta cualidad Divina se refiere a la capacidad de ver. *Al-Baṣīr* es la aptitud de ver todas las cosas en su totalidad, sin perder de vista ni el más ínfimo detalle. *Al-Baṣīr* es ver el mundo visible y el invisible, lo manifiesto y lo no manifiesto.

Dios es el que todo lo ve. Puede incluso ver una hormiga negra, caminando sobre una piedra negra, en una noche oscura. Observa tus pensamientos y permite que la confianza sea el abrigo que te envuelve. Si repites este Nombre 100 veces en el intervalo entre dos meditaciones o después de la oración, tu ojo interno –el ojo de tu corazón– se abrirá y no serás pasado por alto por la gente. *Al-Baṣīr* es el que ve lo interno y lo externo. Así que percibe la presencia Divina en todo lo que existe y percibe todo en Allāh.

Al-Baṣīr nos asiste en nuestro desarrollo espiritual, ayudándonos a ver la luz, y nos abre las puertas para recibir inspiración, por ejemplo, desplegando nuestra clarividencia. La visión interna completa la externa. Ver a través del ojo del corazón significa percibir desde nuestro interior sin la ayuda de los sentidos físicos. Esta visión interior todo lo abre, incluso el corazón humano.

En un creciente número de culturas, las formas de expresión se focalizan casi exclusivamente en el sentido de la vista, en detrimento de los demás sentidos. Por doquier vemos fotos, afiches, publicidad visual que nos bombardea, a veces abrumándonos.

Si bien en muchas tradiciones se aconseja no prestar atención a toda esta estimulación, en el sendero sufí se nos dice: *no cierres los ojos, permite que Allāh los use. ¿Lo que ves refleja acaso tu vida y lo que está en tu interior? ¿Puedes ver a 'los demás' como si fueran una parte tuya? ¿Puedes contener lo que ves con la bondad y compasión que existe en tu corazón? ¿Cuánta compasión brilla en tu corazón?*

Permite que la bondad y la tolerancia que te gustaría recibir de Allāh a través de Sus criaturas se irradie también desde ti.

Todas las virtudes humanas se vinculan con la sabiduría y la conciencia.

El profeta Muhammad, que la paz y las bendiciones de Allāh sean sobre él, ha dicho:

Actúa y sirve a Allāh como si Lo pudieras ver,
pues aunque no Lo puedas ver, sabe que Él te ve a ti.

Conéctate con tu respiración y céntrate en tu corazón. Repite *lā Baṣīr*, dirigiendo esta fuerza hacia tus ojos y permitiendo que se irradie al exterior. Relaja tu frente, tus mandíbulas y tus ojos, dejando que se conviertan en la ventana a través de la cual Dios mira.

No nubles tus ojos con las sombras de la confusión y las preocupaciones. Llénalos de luz. Permite que tu mirada serena calme a los demás. ¡Qué la paz colme tu corazón!

Como el Nombre Divino *Al-Baṣīr*, la palabra *baṣīra* بصيرة se origina en la raíz **b-ṣ-r** que significa ver con el ojo del corazón. Esta visión interior no se limita a las formas externas, sino que puede atravesar la dualidad para ver la Unidad, vislumbrando la luz subyacente, puede ver el interior de cada ser humano. Los sufíes denominan a esta percepción *'ayn al-qalb*, el ojo del corazón, que en realidad es el tercer ojo, ese lugar de conocimiento contenido en el corazón donde se unifican el origen y los objetivos de la multiplicidad exterior que se percibe, y donde la intuición y la razón convergen.

Los sufíes cantan así:

Abre el ojo de tu corazón para que puedas ver el espíritu
y entonces verás aquello que no puede ser visto.

¡Quiera Dios concedernos esta visión!

De la raíz **b-ṣ-r** derivan los siguientes significados: mirar, darse cuenta, entender, comprender, captar, iluminar, informar, contemplar, percibir, advertir, observar, reconocer, considerar, reflexionar, adquirir o tener una mirada sagaz, visión, vista, tomar conciencia, percepción, poseer conocimiento o comprensión, penetración, poder mental de percepción, visión mental, iluminación, información, considerar, ojo.

Utiliza tus ojos para reconocer las señales que te rodean y entrena tu vista continuamente para que siempre puedas reconocer en ti a la Divinidad que se refleja en el exterior.

Si tienes problemas, dolor o debilidad en la vista, cubre tus ojos con una mano y repite *Al-Baṣīr* 302 veces. Te sanarás, Dios mediante.

> *A Jesús, la paz sea sobre él, le fue preguntado: "¿Puede alguno de nosotros ser como tú?" Y Jesús respondió: "Aquellos que solo dicen lo que Dios les da permiso para decir, aquellos que cuando están en silencio están callados únicamente porque están recordando a Dios en su interior, aquellos que cuando ven cosas, saben que lo que ven no es Dios pero que proviene de Dios, aquellos que aprenden y extraen experiencia y sabiduría de lo que ven, esos son como yo."*

Los ojos suaves reflejan un corazón suave.
¿Qué significa tener ojos suaves?
Ojos suaves son aquellos que están permanentemente
bañados por el agua de la misericordia.

Al-Ḥakam
28

El Juez
68 – 204 – 4624

Los Nombres Divinos *Al-Ḥakam*, el juez, y *Al-Ḥakīm* (46), el sabio, derivan de la misma raíz **ḥ-k-m** que significa juzgar, dictar sentencia, expresar una opinión, regir, sentenciar, imponer, infligir, otorgar, tomar, tener facultades o poderes judiciales, gobernar, dar una orden, chequear, determinar, elegir, otorgar firmeza, fortalecer, acción bien realizada, tener maestría, salirse con la suya, manejar, tener el control, tener la posesión, sólido, firme, consolidado, arraigado, juicio, opinión, decisión, sentencia, sabiduría, autoridad, poder.

Verdaderamente no se puede dictar sentencia sin conocimiento o sin sabiduría. La sabiduría es conocimiento que sana al aplicarse, pues solo el conocimiento que sana puede llamarse sabio. Por otra parte, una sentencia solo podrá ser aceptada si es justa. El Nombre Divino *Al-Ḥakam* nos permite percibir la intención profunda existente detrás de la sabiduría.

Cada uno de nuestros pensamientos y acciones tiene consecuencias en este mundo y en el más allá. Si tienes suerte, podrás reconocer el fruto de tus acciones –o quizás de algunas– en esta vida, en este sueño. ¿Acaso la vida no es un sueño del cual despertamos al morir?

Algunas personas reciben en sus sueños algunos indicios sobre lo que les depara el futuro para que puedan expandir su espíritu y su percepción, o quizás para poder tener en cuenta e integrar aquello que no habían visto. Los Nombres Divinos son como innumerables luces en nuestro camino que nos conducen a esta actitud espiritual que se va expandiendo.

Sura *Yūsuf*, José (12:67)

[...] la decisión [de lo que haya de ocurrir] está sólo en manos de Dios. En Él he puesto mi confianza: pues, todos los que confían [en Su existencia] deben poner su confianza sólo en Él.

Al-Ḥakam es el portador de la verdad y la justicia. Es el juez, el tribunal y la sentencia. Todos los movimientos del universo se sostienen en una Causa única. Al repetir este Nombre Divino, el corazón recibe plena confianza de que hay un orden y que todo tiene un sentido que conduce a un orden mayor que todo lo abarca. Que existe una fuerza justa que no puede ser comprendida por la razón, pero que se puede sentir y conocer desde las profundidades del corazón. Es así que los seres humanos podemos entender que lo que nos sucede no nos llega para avergonzarnos por nuestros errores y que el fruto de esos errores no es un castigo.

Entender que esta fuerza justa existe brinda calidez al corazón y le permite brillar disipando el frío de las preocupaciones y el miedo. Pero ¿dónde está la justicia cuando hay pobres y ricos? ¿Dónde está la justicia cuando los niños son traumatizados y torturados, y los ancianos abandonados a merced de la más amarga soledad?

Estamos aquí, nacidos con la semilla, el anhelo y la fortaleza para actuar y juzgar equitativamente cuando las circunstancias lo requieren. La repetición del Nombre Divino *Al-Ḥakam* nos ayuda a conectarnos con esta energía eterna de justicia y a hacerla visible en el mundo. Es nuestra responsabilidad abrirnos para recibirla y asumir nuestras responsabilidades en la tierra, para que podamos contribuir para dejar un mundo más hermoso. La indiferencia, la codicia y el miedo son nuestros mayores obstáculos en el camino hacia un mundo más humano.

Los niños muchas veces tienen que soportar las cargas de los padres, las madres que envejecen deben muchas veces sobrellevar las debilidades de las generaciones más jóvenes. En algunos de nosotros solo se desarrolla la bondad cuando somos pobres, otros solo pueden retener su humanidad siendo ricos.

Las cosas que nos suceden no nos llegan para que nos sintamos culpables o para que nos acusemos por nuestros errores. Absolutamente todo es el resultado de un profundo y amoroso cuidado. En consecuencia, cuando estés expuesto a las tormentas que a veces trae la vida, cuando te sientes 'muerto de hambre', recuerda siempre que todo sucede para que puedas abrir tu corazón y expandir tu conciencia, brindándote así la oportunidad de atravesar el miedo y convertirte finalmente en un ser libre.

Así que ama y sigue amando, una y otra vez. Pues incluso en los tiempos en que te olvidas de amar, tu corazón no hace otra cosa más que seguir amando, susurrándote noche y día: *¡quiero amar! ¡quiero amar!* Nuestros diferentes *yo*, los sentimientos y opiniones dispares existentes en nuestro interior, se aquietan cuando regresan a casa, a nuestro corazón Divino, a nuestro verdadero ser al cual se dirigieron todos los Profetas en sus palabras, demandas y acciones.

Los seres humanos que poseen estas cualidades tienen claridad de conciencia, un conocimiento profundo, un corazón bondadoso y una mente aguda que atraviesa la ilusión como un sable. Sus acciones nunca son egoístas o influenciadas por enojos, agresión o venganza. Saben que el juicio Divino es diferente de lo que los seres humanos entienden como justicia. Sin embargo, este misterio solo puede ser comprendido por aquellas personas que con candor aceptan el decreto de Allāh sin importar si éste es placentero o difícil.

El Nombre Divino *Al-Ḥakam* comprende el perfecto y completo conocimiento del pasado, el presente y el futuro. Ningúna sentencia se basa en la ignorancia. Este Nombre expresa una voluntad completa y perfecta, ya que no puede haber sentencia sin que haya una voluntad; conlleva la cualidad de materialización, pues todo dictamen debe contar intrínsecamente con el poder necesario para ser implementado; implica además el atributo de justicia porque toda resolución debe ser justa para ser aceptada. Es por ello que los jueces corruptos, avaros y estafadores contribuyen en enorme medida a destruir los valores de una sociedad.

Sura *Al-Qaṣaṣ*, La Historia (28:14)

*Y cuando [Moisés] alcanzó la madurez plena y estuvo formado [mentalmente], le concedimos la habilidad de juzgar [entre el bien y el mal] (*ḥukm*) y también conocimiento [innato] (*ʻilm*): pues así recompensamos a los que hacen el bien.*

Este tipo de conocimiento que se expresa en sabiduría y discernimiento es una bendición Divina, un regalo de Dios: la manifestación de la conciencia espiritual unida al pensamiento racional. Ambas cualidades están presentes en el concepto de juicio, es decir, la habilidad de distinguir entre el bien y el mal.

Al-Ḥakam brinda discernimiento y enseña equilibrio. Nos ayuda a ser conscientes de nosotros mismos para evaluar con dignidad y de forma equilibrada, impidiéndonos ser avaros cuando podemos ser generosos, malvados cuando tenemos la posibilidad de ser misericordiosos y hostiles cuando podemos ser respetuosos.

Si repites *lā Ḥakam* por la noche hasta que te quedes dormido con el Nombre en tus labios, tu corazón se colmará de secretos y misterios Divinos, Dios mediante.

Nosotros, los seres humanos, somos merecedores de las alabanzas más elevadas y de las críticas más agudas.

Al-‘Adl
29

El Justo
104 – 312 – 10 816

Sura *Ar-Raḥmān*, El Dispensador de Gracia (55:1-9)

Bismillāh ar-raḥmān ar-raḥīm
En el Nombre de Dios, el Más Misericordioso, el Dispensador de Gracia
El Más Misericordioso ha impartido este Qur'ān [al hombre].
Ha creado al hombre: le ha impartido el pensamiento y el lenguaje.
[Por mandato Suyo] el sol y la luna siguen sus cursos señalados; [ante Él] se postran las estrellas y los árboles.
Ha elevado los cielos, y ha establecido una medida [para todas las cosas], para que vosotros [también, Oh hombres,] no excedáis nunca la medida [de lo correcto]: ¡sopesad, pues, [vuestras acciones] con equidad, y no os quedéis cortos en la medida!

El Nombre Divino *Al-‘Adl* tiene el rostro del amor profundo que nos brinda equilibrio y armonía. La justicia unifica los opuestos, mostrándonos que en realidad son complementarios. *Al-‘Adl* brinda equilibrio tanto en el mundo externo o material como en el interno o personal. Para los seres humanos, *Al-‘Adl* unifica la misericordia y el conocimiento.

Este Nombre proviene de la raíz **‘-d-l** que significa actuar con justicia, equitativamente, con imparcialidad, brindar justicia indiscriminadamente, no discriminar entre ellos, ser igual, contrarrestar, sobrepasar, igualar, ubicar en el mismo nivel, desviarse, inhibirse, abstenerse, retirarse, dejar de hacer, abandonar, renunciar, darse por vencido, dejar caer, enderezar, poner en orden, equilibrar, rectificar, arreglar, solucionar algo pendiente, ajustar, cambiar, modificar, mejorar, estar equilibrado, rectitud, franqueza, imparcialidad, ecuanimidad, honestidad, honradez, legal, judicial, integridad, adaptarse, enmendar.

En el plano material, las palabras derivadas de esta raíz denotan un aspecto de autocontrol. Si tú deseas ser una persona justa, deberás aprender a centrarte, a permanecer centrada, así como a desarrollar la capacidad de evaluar y equilibrar. La raíz **'-d-l** tiene tantos significados relacionados con el equilibrio que por ello *Al-'Adl* se agrega a menudo para equilibrar los Nombres Divinos que se presentan como pares de opuestos. En este caso, cuando se incorpora como tercero entre dos Nombres, *Al-'Adl* es como la aguja o soporte central de la balanza, y la fuerza que tiene la capacidad de reconciliar por su cualidad de justicia y razonabilidad.

Hacer justicia es un deseo natural del ser humano que perdemos muchas veces en el trajín de la vida cotidiana. Sin embargo, en lo profundo de nuestro ser permanecemos abiertos y preparados para retomar la justicia, la equidad y la honestidad.

Como somos conscientes de nuestra propia imperfección y tenemos la capacidad de reconocerla, somos responsables de nuestro actuar. Simultáneamente en nuestro interior brilla la innata perfección Divina. Cuando decimos: *mi voluntad y la Tuya serán una*, estamos diciendo que fundiremos nuestro desequilibrio periférico con nuestro equilibrio Divino innato hasta experimentar esa unión. Los sufíes dicen:

El corazón es el lugar donde se manifiesta la atracción Divina
y el asiento de la justicia.

Los seres humanos hemos sido elegidos por Dios y a nosotros nos corresponde actuar para que la Creación cumpla con su destino. Para que podamos realizar este propósito se nos ha brindado toda la Creación.

Sura *Al-Baqara*, La Vaca (2:30)

Y he ahí que tu Sustentador dijo a los ángeles: "Voy a poner en la tierra a alguien que ha de heredarla." [...]

Dado que los seres humanos somos los guardianes de la Creación, no somos ni completamente ángeles ni completamente demonios. En realidad nuestra superioridad surge de la unión de estos dos polos. Nuestros aspectos buenos y malos nos hacen perfectos, nos otorgan superioridad y belleza. El mundo no es Dios, sin embargo, nada existe salvo Dios, *lā 'ilāha 'illā llāh*. Desde la perspectiva de lo absoluto todo está en desequilibrio. Los sufrimientos de este mundo son testigos de los misterios de esta distancia, de esta separación. Existen porque el mundo no es Dios. Solo la misericordia absoluta y el amor absoluto son Allāh.

El mundo se desarrolla de conformidad con un gran plan y sigue el orden cósmico. Una y otra vez, los seres humanos experimentamos la justicia eterna, inherente a ese orden, para que podamos comprender como la causa está conectada con los efectos en nuestras acciones.

Sura *An-Naḥl*, La Abeja (16:90)

Ciertamente, Dios ordena la justicia (al-'adl)*, hacer el bien,* (al-iḥsān) *y la generosidad para con el prójimo; [..]*

El Profeta Muhammad, que la paz y las bendiciones sean sobre él, dijo:

> *Verdaderamente las acciones [no se miden], salvo por las intenciones, y cada ser humano recibirá de acuerdo con lo que su intención concibió.*

Las intenciones verdaderamente honestas son aquellas que buscan manifestar lo ordenado por las leyes Divinas desde un corazón sincero.

Como nuestra capacidad para adquirir conocimiento es de naturaleza Divina, es con ella que podemos percibir a Dios. Cuanto más nos aproximamos a nuestro verdadero ser, mas podemos entender el significado de las 'coincidencias', el significado y sentido de la Creación y la humanidad. Quien conoce a Dios, *al-'ārif*, despierta de un sueño; como ya lo dijera el Profeta Muhammad, paz y bendiciones sobre él:

Mis ojos duermen, pero mi corazón no duerme.

El alma justa, *an-nafs al-muṭma'inna*, es el alma que descansa en sí misma, en la Divinidad, en un estado de paz y alegría.

Sura *An-Nisāa'*, Las mujeres (4:58)

[...] y que cuando juzguéis entre la gente lo hagáis con equidad. [...]

En el plano externo, saber que solamente Allāh es perfectamente justo nos estimula para traer justicia a la tierra, para expresarla en nuestras acciones, palabras e intenciones, para luchar por la justicia social y en contra de la opresión. En el plano interno, nos integramos al océano de la justicia Divina, dejando todo en las manos de Dios.

Allāh ha conectado a los seres humanos entre sí a través de los lazos familiares, de nuestras responsabilidades hacia los pobres y los huérfanos, de nuestros derechos y obligaciones mutuos hacia amigos y vecinos, de nuestra obligación moral y espiritual de tratar a todos los seres vivientes con amor y compasión. De esta manera permanecemos conscientes que todos tenemos un único propósito y seguimos nuestro camino.

La repetición del Nombre Divino *Al-'Adl* ayuda a todas aquellas personas que, aun siendo justas en sus dichos y acciones, no son reconocidas como tales por sus semejantes. Así que escribe este Nombre en un pedazo de pan y cómelo un viernes al atardecer; se verá la verdad, *inshallah*, إن شاء الله, Dios mediante.

Aquellas personas que repitan este Nombre a menudo y que lo llevan en su espíritu recibirán inspiración para entender lo que es justo y estarán además protegidas de las injusticias.

Cada uno de nosotros es juzgado de acuerdo a su destino y de acuerdo con lo que hemos hecho con él porque a cada destino corresponde una cualidad, única e íntimamente individual.

Aprende a ser justo contigo mismo y no te conviertas en esclavo de sentimientos de culpa ni te debilites ni te confundas. Pues ser justo es un gran honor que nos nutre desde nuestro interior.

El Profeta Muhammad, que la paz y las bendiciones sean sobre él, dijo:

> *Ninguno de ustedes es un verdadero creyente hasta que desea para su hermano lo que desea para sí mismo.*

Así que practica la gratitud (*shukr,* شكر) porque removerá de tu corazón el peso de la insatisfacción; ejercítate en la fe en Dios (*tawakkul,* توكل) porque le dará dirección a tu alma ayudándote a equilibrar los momentos difíciles de gran esfuerzo y autocontrol, como así también los períodos de gracia y comodidad; adiéstrate para estar satisfecho y contento (*riḍā',* رضاء) porque traerá paz a tu alma.

Pero nunca te olvides, en el transcurso de tu camino,
que la medicina que es buena para una persona
puede ser veneno para otra.

Al-Laṭīf
30

El Sutil, El Inalcanzable, El Tierno, El Delicado Que Todo Lo Penetra
129 – 516 – 16 641

Significa el sutil, tan fino que no puede ser distinguido por el ojo físico, tan sutil que registra todas las vibraciones y los misterios más tiernos. Es tan suave que transporta los obsequios más benditos. *Al-Laṭīf* significa delicadeza hacia todas las criaturas. Brinda alivio, cuidado y bendiciones incondicionales. Su bondadosa ternura opera en el trasfondo. Así que sé dulce con todas las criaturas y cuando las llamas, hazlo con suavidad y ternura en tu corazón.

Hacer 100 repeticiones de este Nombre ayudará a encontrar dulzura y satisfacción interior a todos aquellos que han caído en la pobreza y se encuentran en estado de necesidad, Dios mediante. Generalmente se relaciona esta cualidad con la femineidad. Sin embargo, ser una mujer significa ser fuerte, más fuerte que un hombre. Pues es la mujer que eleva al hombre hasta el nivel de su corazón: su alma precede al alma del hombre. La visión femenina tiene innumerables matices y sutilezas, y sus acciones generalmente operan en un segundo plano. Ella contiene al mundo mientras que el hombre lo penetra.

Al-Laṭīf proviene de la raíz **l-ṭ-f** así como la palabra *laṭīfa* (en plural *laṭā'if*) que se refiere a los centros magnéticos del cuerpo. Esta raíz contiene los siguientes significados: ser bondadoso y amigable, delgado, fino, delicado, refinado, agradecido, amable, afable amigable, suavizar, gentil, mitigar, calmar, facilitar, confortar, moderar, atemperar, reducir, bajar el tono, tratar con bondad o benevolencia, ser educado y cortés, ser indulgente, humor, halagar, acariciar, tener templanza, ser moderado, afectuoso, gentilmente, cuidadosamente, con cautela, actuar en secreto, veladamente, cortesía, finura, delicadeza, amorosamente, encanto, benevolencia, moral elevada, refinamiento intelectual, brillante, remedio calmante. Aquellas personas que poseen la cualidad de *laṭīf* suelen tener posiciones de poder, pero siempre tratan a sus semejantes con delicadeza y cortesía.

Al-Laṭīf posee una cualidad de amor que suaviza y nos ayuda a soltar asperezas, conectándonos con nuestros aspectos delicados y sutiles; no lo hace a partir de la debilidad, sino para acercarnos a nuestro verdadero ser.

Así que confía en ti mismo, pues aquellos que confían en sí mismos confían en Allāh.

Al-Laṭīf es un Nombre potente cuya recitación nos brinda sus respuestas con rapidez. La sutil omnipresencia de la existencia vibra en este Nombre. *Al-Laṭīf*, únicamente Él es inconmensurable.

Al-Laṭīf se recita cuando una persona está gravemente enferma o ha caído prisionera, igualmente toda vez que se experimenten grandes dificultades, como por ejemplo, cuando alguien es torturado o tiene dolor ya sea en el cuerpo o en el alma. Cuando se recita para personas con cáncer, se recita en ciclos de 129 repeticiones.

Al-Laṭīf tiene un efecto curativo al que se recurre en la vida diaria para disminuir el *shock* de las colisiones, por ejemplo, en el caso de un choque automovilístico o cuando cae un niño. También se recita cuando el alma de una persona tiene una fuerte conmoción, ya sea debido a una mala noticia o a un dolor severo, cuando estas condiciones son casi insoportables. Este Nombre derrama sobre nuestro ser un amor místico, protector, sanador y de gran soporte; *Al-Laṭīf* brinda finura, alivio y reduce las consecuencias.

La fuerza sutilmente amorosa de *Al-Laṭīf* surge del corazón y conquista la mente, otorgándole una cualidad más contemplativa y delicada, lo que, a su vez, influye sobre nuestra acciones.

Al-Laṭīf acompaña al que recita para penetrar en las sutiles esferas del conocimiento; razón por la cual se lo vincula muchas veces con *Al-Jabīr* (31), el poseedor de conocimiento, el que sabe. *Al-Laṭīf* aparece mencionado siete veces en el Sagrado Qur'ān, cinco de ellas asociado con *Al-Jabīr*.

Sura *Al-'An'ām*, El Ganado (6:103)

> *Ninguna visión humana puede abarcarle, mientras que Él abarca toda visión humana: pues Él es inescrutable* [al-laṭīf]*, consciente de todo* [al-jabīr]*.*

Al combinar estos dos Nombres, los recitadores se encuentran acompañados y llevados hacia el conocimiento místico oculto.

Al-Laṭīf ejerce una influencia intensa sobre el corazón donde remueve rápidamente las preocupaciones. Las personas que lo repiten continuamente reciben una forma de dulzura que se exterioriza en todos sus asuntos. Aquellos que recuerdan e invocan a Dios por este Nombre no debieran compartir todo lo que surge en su corazón y tendrían que cultivar la escucha en lugar de hablar. Es raro que un maestro le indique a su alumno hacer la remembranza con *Al-Laṭīf* por la gran riqueza de secretos que contiene.

Todas las cosas en la vida merecen únicamente amor. Nosotros los seres humanos somos vida Divina. ¿Qué otra cosa puede significar ser sabio, sino elegir el camino que nos conduce a pulir el espejo de nuestro corazón, hasta que quede totalmente limpio y podamos reconocer en él nuestro propio rostro Divino? ¡Oh Allāh, sin Ti no soy nada! El flujo del eterno presente está guardado en la vasija de tu propio ser. El misterio permanece como una fuerza activa en el universo, así que lánzate incondicionalmente a la luz de la vida y ten confianza.

Al-Laṭīf depura nuestro corazón de los velos del ego, *nafs*, que cubren nuestro corazón, a punto tal que la luz Divina pueda brillar en nosotros.

El ojo interno de las personas que poseen esta cualidad está abierto y pueden contemplar la belleza sutil de las cosas. Son personas dulces en sus palabras y acciones. Sus esfuerzos son como la suave lluvia: dondequiera que cae florece la belleza. *Al-Laṭīf* es el ojo del corazón.

Decir que Allāh es *Al-Laṭīf* significa que Él, en la totalidad de Su absoluta manifestación, se ha velado a Sí mismo respecto de todas las criaturas y ha envuelto a todo el universo en Su emanación luminosa; pues todo lo que está en los cielos y en la tierra se baña en Su luz y está permeado por ella.

A la distancia tú únicamente ves Mi luz.
¡Acércate y descubre que somos uno!
Rumi

La totalidad del universo es hermosa, pues surge a través de Dios y Dios ama la belleza.

Al-Jabīr (Al-Khabīr)
31

El Consciente, El Perceptivo, El Que Sabe
812 – 3248 – 65 9344

Esta cualidad Divina significa conocer y ver todas las cosas y todos los estados. Si deseamos liberarnos de un rasgo de carácter negativo o debilitante, la repetición constante de este Nombre, tan a menudo como sea posible, nos ayudará a lograrlo.

Al-Jabīr simboliza el conocimiento Divino que incluye hasta los más ínfimos detalles de todas las cosas. Se cuidadoso con tus pensamientos, palabras y actos.

Este Nombre proviene de la raíz **j-b-r** que significa probar, evaluar, experimentar, saber por experiencia, saber mucho, estar en total conocimiento de algo, aconsejar, informar, decir, escribir, contactar, negociar, darse información mutua, explorar, buscar, preguntar, conocimiento, experiencia, inteligencia, mensaje, sentido, naturaleza interna o ser, espíritu, alma, prueba, exploración.

Si examinamos los diversos significados que surgen de esta raíz, podemos comprender con mayor profundidad como funciona el ámbito de influencia de *Al-Jabīr*. Aquellas personas que deseen adquirir conocimiento sobre sí mismas, la vida y Dios, deben estar preparadas para salir en busca de las profundidades de la existencia y estar dispuestas a descubrir y experimentar hasta poder comprender su esencia interior. El conocimiento no puede adquirirse desde la playa. Quien anhele obtener el verdadero conocimiento deberá zambullirse hasta las profundidades del mar y llegar hasta sus límites más lejanos, hasta vislumbrar el loto, ese árbol del Paraíso, que por su remota ubicación simboliza ese largo viaje. ¡Quiera Dios que las durezas de nuestra tierra devengan suaves y fáciles de soltar, y que los límites que separan nuestro subconsciente y nuestra conciencia superior se abran en nuestro camino hacia la Unidad! ¡Qué el terreno a atravesar se afloje y se suavice, permitiéndonos atravesar las formas y velos exteriores para poder penetrar en los mundos invisibles y cosechar los frutos del conocimiento interior! ¡Qué el néctar del conocimiento nos nutra y lleve todo nuestro ser a la unidad! Con el *dhikr* del corazón, bastón del conocimiento del misterio de la Creación, llamarás a la tierra de tu existencia.

La mayor parte de los conceptos que forman parte del significado de este Nombre Divino se utilizan en forma cotidiana en la lengua árabe, como sustantivos, adjetivos y verbos. Consecuentemente el lenguaje cotidiano es el medio a través del cual la Divinidad se manifiesta una y otra vez.

Una de las características de este Nombre es que su repetición nos puede dar claridad sobre algún tema en particular. Si repites *Al-Jabīr* al acostarte y hasta quedarte dormido, es muy posible que obtengas claridad respecto a una situación determinada, Dios mediante, ya sea a través de sueños o en el transcurso de tu vida diaria.

La recitación de cada uno de los Nombres brinda nuevas percepciones a los recitadores, de acuerdo con la intensidad del recitado. .

La mente es la luz del corazón y esa luz se enciende con el aceite de un árbol sagrado. A su vez el árbol está enraizado en el corazón y sus ramas se elevan hasta el cielo.

Las personas que tienen la cualidad de *Al-Jabīr* poseen una comprensión profunda que abarca no solo las consecuencias de las cosas, sino también su naturaleza. Las personas que se preocupan por las consecuencias de sus acciones pueden repetir este Nombre y verán los frutos de sus acciones en sus sueños, Dios mediante.

Iā Allāh, Iā Ḥakīm, Iā 'Adl, Iā Laṭīf, Iā Jabīr
¡Oh Allāh, Oh Tú el sabio, Oh Tú el justo, Oh Tú el insondable, Oh Tú el omnisciente!

Al-Ḥalīm
32

El Suave, El Tolerante
88 – 352 – 7744

Este Nombre significa tolerancia, paciencia, cordialidad, bondad y sabiduría. *Al-Ḥalīm* es el amor suave y bondadoso que nos nutre física y emocionalmente. Es el amor que se manifiesta por doquier, es la naturaleza misma del amor que se encuentra en todo lo que nos rodea. *Al-Ḥalīm* nos brinda la dulzura que alivia todo enojo, toda impaciencia. De la misma manera en que lo hace la naturaleza que nos rodea, tiene un efecto mágico que abre nuestro ser y nos pacifica, llenando nuestro corazón de paz y quietud y transportándonos a un estado que en el idioma árabe se denomina *sakīna*, esa paz que surge en el corazón cuando tenemos conciencia de la Divina presencia.

Sura *Al-Fatḥ*, La Victoria (48:4)

Él es quien hizo descender paz interior en los corazones de los creyentes, para que se vieran reforzados en su fe –pues de Dios son todas las fuerzas del cielo y de la tierra, y Dios es omnisciente realmente sabio;

Al-Ḥalīm proviene de la raíz **ḥ-l-m** que significa soñar que somos, transformarse en, haciendo, reflejar, mediar, soñar, madurez sexual, gentileza, contención, indulgencia, paciencia, percepción, comprensión, razón, apacible, pezón, almas simples.

Hilm es un estado de alegría y aplomo que no puede ser perturbado por ningún enojo interior ni amenaza exterior.

Al-Ḥalīm nos permite soñar con Dios y nos nutre con visiones e imágenes misericordiosas. Es el abrazo amoroso y universal que todo lo contiene, de la misma manera en que el útero contiene al bebe. *Al-Ḥalīm* nos brinda paz en esos momentos en que nos sobrecogen el enojo y la rabia, liberándonos de las garras del ego que clama venganza, sentimiento que, muy a menudo, surge de sentirnos incomprendidos, abandonados o menospreciados. El amor que vibra en *Al-Ḥalīm* puede perdonar porque permite que surjan la empatía, la comprensión y la clemencia. *Al-Ḥalīm* te transporta más allá del dolor, el orgullo, la aflicción y las desilusiones, a ese sitio en tu corazón donde el Amado suave y paciente te está esperando.

Si deseas recibir más tolerancia y afecto en una relación, escribe este Nombre en una manzana y luego cómela. *Al-Ḥalīm* significa asimismo ser paciente con una persona que te irritó sin ignorarla.

El Nombre Divino *Al-Ḥalīm* cubre con un velo las debilidades humanas y demora las sanciones y las consecuencias de las acciones. Mantén este Nombre en tu corazón cuando tratas con personas que, según tu percepción, actúan correctamente y también cuando lo haces con aquellos que, en tu percepción, actúan incorrectamente. Sé paciente y tolerante con todas las personas y trátalas con respeto.

Los seres humanos que tienen una pesada carga psicológica y se han dejado embargar por las preocupaciones y el rigor pueden liberarse de este hechizo, repitiendo este Nombre Divino. Mira hacia la tierra que todo lo soporta: belleza y fealdad, pesadez y liviandad y sin embargo, las más bellas flores y fragancias brotan de su interior. Así es la cualidad Divina *Al-Ḥalīm*.

Al-Ḥalīm nos ayuda a despertar las virtudes que habitan en nuestro ser, protegiéndonos de la angustia que aparece en tiempos difíciles. Abre las barreras y tu espacio interior para que surja el razonamiento suave, la sabiduría del corazón, la percepción y la paciencia.

Aquellas personas que poseen esta cualidad tienen la capacidad de ser suaves y perdonar. Aún cuando tienen la posibilidad de castigar o de vengarse, eligen perdonar. Tratan con afabilidad inclusive a las personas que son descorteses. En consecuencia siempre triunfan porque pueden sostener en su corazón la luz de la esperanza, el amor y la confianza.

Cuando sientas ira y esa furia quiera expresarse en el exterior o lanzarse sobre otro ser humano, repite *Iā Ḥalīm* 88 veces y esa cólera se colocará en perspectiva.

Si escribes *Iā Ḥalīm* en un papel y luego lo disuelves en agua utilizando el líquido para rociar campos o jardines, mantendrás a raya a las pestes y la tierra te regalará mayor cantidad de plantas y frutos, Dios mediante.

Este mundo es una flauta de junco, a través de la cual Dios toca Su melodía.

Al-‘Aẓīm
33

El Magnífico
1020 – 4080 – 1 040 400

Este Nombre Divino es superior a todo. Él es el Uno que por siempre será. Es el protector, el guardián, el que brinda fortaleza y honor de la forma y en el momento en que Él lo dispone.

Al-‘Aẓīm es Él cuyo esplendor no tiene comienzo y cuya majestuosidad no tiene fin. Cultiva entonces en tu corazón la satisfacción con lo que Él te ha dado. ¡Extiende tus alas!

La raíz de este Nombre es **‘-ẓ-m** que significa ser o devenir alguien con grandeza, grande, gran tamaño, excelencia, magnífico, imponente, poderoso, ser enorme, vasto, descomunal, tremendo, inmenso, espléndido, agrandar, estar orgulloso, vanagloriarse, ser duro, inquietante, hueso, huesudo, arrogante, majestuosidad, glorioso, elevado, soberbio, calamidad, de ascendencia noble.

La repetición del Nombre *Al-‘Aẓīm* nos trae la profunda sensación interna de ser bendecidos, una profunda satisfacción interior, una briza de la sublime omnipresencia Divina. Esta sensación penetra profundamente en nuestros huesos, en nuestros cimientos. Aquellas personas que pueden sentir como *Al-‘Aẓīm* penetra hasta sus huesos son capaces de grandes logros. *Al-‘Aẓīm* nos regala un sentimiento interno de grandeza y nos permite reconocer la majestuosidad Divina.

Paradójicamente *Al-‘Aẓīm* nos protege asimismo de nuestra propia arrogancia: actúa como un antídoto contra el falso orgullo que potencialmente podría conducirnos a la violencia interior y exterior. *Al-‘Aẓīm* construye en nuestro ser cimientos estables, un anclaje que nos permite estar conectados con Dios en nuestro interior, mientras que en el exterior estamos inmersos en las actividades diarias que nos trae la vida.

Cuando repetimos este Nombre, una parte de nuestro ser entra en resonancia con él y, al hacerlo, surge en nuestro interior una humildad que nos nutre, mientras que en el mundo exterior comenzamos a recibir el reconocimiento y el respeto de quienes nos rodean.

A aquellas personas que reciben enseñanzas y comparten lo que saben y simultáneamente se comportan de acuerdo con lo aprendido, se los llama 'Abd-ul-'Aẓīm, عبد العظيم, servidores del Magnífico.

Uno de los mayores obstáculos a atravesar en la vida es el lamento: *si tan solo hubiera... si al menos....* Esta visión de la vida puede debilitarnos y tornar nuestros próximos pasos inciertos porque la autocompasión se nutre de esta forma de ver las cosas. Así que escucha atentamente a tu interior y escucharás surgir una frase: *¡olvida el pasado y avanza!* En el ámbito interno debemos liberarnos de los reproches por las acciones del pasado, pero simultáneamente en el ámbito externo debemos recordar lo que pasó para reencauzar nuestras acciones.

Cuando repites *Iā 'Aẓīm*, concentra la respiración en tu corazón y permite que el Nombre expanda toda la zona desde tu plexo solar hasta el tercer ojo. *Iā 'Aẓīm* nutrirá tus centros energéticos, permitiéndote así desplegar todo tu potencial y tus capacidades en la vida.

Tanto *Al-'Aẓīm* como *Al-Ḥalīm* (32) son utilizados para el fortalecimiento óseo.

Al-'Aẓīm es uno de los Nombres Divinos de majestuosidad. Esta majestuosidad surge del hecho que Dios no tiene ni principio ni final, de que todas Sus criaturas Lo alaban, consciente o inconscientemente, y del hecho que de Él proviene toda fuerza, no existiendo ni vida ni muerte sin Él. Su majestuosidad también se expresa a través de Su bondad sin límites y Su inagotable misericordia hacia todas las criaturas, que es mucho mayor que nuestra misericordia hacia nosotros mismos.

Cada vez que quieras hacer algo, comienza por poner esta acción en tu corazón mientras te preguntas si es sincera y honrada. Haz esto siempre y si has pedido consejo a otras personas, pon este consejo en tu corazón antes de seguirlo. Pues el corazón es el órgano Divino.

Sé más bondadoso con cada hora que pasa,
pues cada hora te acerca a tu partida.

Al-Ghafūr
34

El Que Perdona Todo
1286 – 5144 – 1 653 796

En este Nombre pulsa la compasión Divina. *Al-Ghafūr* significa perdonar todas las debilidades y errores. Cada vez que debamos enfrentar situaciones de prueba o pena, recordemos percibirlas como parte de nuestro camino y nunca como castigos.

Al-Ghafūr y *Al-Ghaffār* (14) provienen ambos de la raíz **gh-f-r**.

La diferencia principal entre *Al-Ghaffār* y *Al-Ghafūr* radica en que *Al-Ghafūr* penetra en lo más profundo de nuestro corazón, donde yace la ofensa más grande que hayamos cometido, nuestro error más importante o la situación más dolorosa que hayamos atravesado. *Al-Ghafūr* toca este sitio escondido en lo más recóndito de nuestro corazón. Este perdón Divino llega hasta esas faltas que consideramos inexcusables o imposibles de perdonar. *Al-Ghafūr* es el que perdona una situación específica.

Al-Ghafūr disuelve los velos de la vergüenza y nos imbuye de un profundo amor que nos reconforta, uniendo nuestra imperfección con nuestra perfección y curando así nuestro corazón.

Aquellas personas que tienen temperatura o que padecen dolores de cabeza debieran repetir este Nombre constantemente. Si lo hacen, Dios mediante, la fiebre y el dolor cesarán.

Si tienes pesadez en el corazón porque te sientes culpable de algo, repite *Iā Ghafūr* 100 veces después de una meditación u oración. ¡Qué tus errores sean perdonados, Dios mediante! *Al-Ghafūr* es el que cubre con un manto misericordioso nuestros errores y debilidades.

Tratar a alguien de manera injusta o ser tratado inapropiadamente acarrea en ambos casos un estado de oscuridad y cubre nuestro corazón con la pesadumbre de la separación.

Cuanto más profundamente hemos sido heridos o cuanto más hemos lastimado a otros, más difícil es liberarse del círculo vicioso del sufrimiento. El dolor acompaña cada pensamiento y nos impide ampliar nuestra visión y ascender hacia un estado más luminoso.

Al-Ghafūr borra esas sombras y nos rescata de ellas, ayudándonos a transmutarlas con la luz. Las consecuencias no pueden borrarse, pero nuestra perspectiva cambia porque nuestra conciencia ya no está bajo el embrujo de esta sombra. La intuición, Divino regalo, puede inducir una transformación y nuestro espíritu puede nuevamente devenir creativo.

Alimenta en tu corazón la capacidad de perdonar, pues así como perdones, así serás perdonado. En cada etapa de la vida surgirán problemas o dificultades que deberemos enfrentar y atravesar. Estas situaciones se repiten una y otra vez hasta que la solución madura en nuestro interior y recibimos un atisbo de lo que será nuestra próxima etapa. Así que permite que eche raíces en tu ser el pensamiento que detrás de la mano más dura que te trae el presente está la mano más suave de la eternidad y que detrás de la medicina más amarga está la mano dulce que te cura.

La capacidad de perdonar abre en nuestro ser el portal que nos conducirá hacia la Unidad. Todas las enfermedades del corazón vienen de un sentimiento de separación. Sanar significa disolver la ilusión de separación. La naturaleza del perdón y del amor es un movimiento que une; en cambio, la naturaleza del pecado es un movimiento que conduce a la separación.

La cualidad pecaminosa existe cuando hacemos algo que nos lleva a extraviarnos y a separarnos de la verdad, causándonos sufrimiento, inflando el ego y alejando nuestra alma de la luz Divina. El sufismo entiende que no estar presente o estar semidormido es la base de todos los pecados.

Un sanador es una persona que acompaña a otro ser humano y le brinda soporte en el camino para que pueda abandonar las ilusiones de separación.

En su esencia todos los seres son perfectos y tanto el universo como tu camino sobre la tierra están allí para ayudarte a andar por tu sendero, ese sendero único que conduce a tu realización e integración, a la comprensión que eres un ser completo. Nada de lo que te sucede en la vida es un castigo, a no ser que lo interpretes y experimentes como tal en tu corazón. Pero la sensación de castigo conduce a la formación de un velo, un velo más de ilusión. Así que conviértete en el hijo o la hija del momento presente y estate listo para que muera a cada instante la ilusión de separación, para poder así renacer a la conciencia de conexión con toda la existencia, a la Unidad de toda la Creación.

La cualidad del perdón es como una capa cálida, suave y envolvente que protege tu corazón del endurecimiento y la separación.

Poseer la cualidad de *Al-Ghafūr* significa abrir el ojo del corazón para poder vislumbrar la interconexión de todos los eventos, más allá del momento presente. Es levantar nuevamente mi cabeza porque he hecho espacio en mi interior para el perdón y porque me puedo reconectar nuevamente, paso a paso, hasta que llegue el momento en que pueda sentir la dignidad y la fuerza para amar.

Pedir perdón, 'agachar la cabeza' frente a otro ser humano es el gesto de madurez más conmovedor.

¡Sostiéneme, Oh Allāh, pues estoy listo para arrojarme
a las profundidades de mi ser con Al-Ghafūr!

Al-Ghafūr significa inclinarte ante tus debilidades y, mediante este perdón interior, transformarte en un espejo para reflejar el perdón exterior.

El corazón es una vasija plena de conocimiento, una fuente que reacciona con gran sensibilidad ante todos los hechos del cuerpo físico.
No permitas que tu corazón se endurezca por ser descuidado o indiferente.

Ash-Shakūr
35

El Agradecido, El Receptivo, El Comprensivo
526 – 2104 – 276 676

Allāh es el que recibe y reconoce todas nuestras buenas obras y Sus recompensas son siempre superiores a lo que nos pudiéramos imaginar. Únicamente podremos ser agradecidos con Dios si lo somos con nuestros semejantes porque nuestro agradecimiento al Amado se plasma de acuerdo con nuestro comportamiento con Su Creación. *Ash-Shakūr* es el que reconoce y retribuye generosamente nuestras escasas buenas acciones, incluso si nadie más nos agradece por ellas.

Ash-Shakūr proviene de la raíz **sh-k-r** que significa agradecer, ser agradecido, agradecido, alabar, agradecimiento, gratitud, reconocimiento, alabanza, elogio, azúcar, meritorio.

Debido a su código sonoro, *Ash-Shakūr* pertenece al grupo de Nombres cuyos efectos penetran más profundamente. *Ash-Shakūr* puede abrir el portal que nos conecta con nuestro verdadero ser, donde el amor agradecido nos permite volver a danzar al son de la alegría de vivir, y donde nuestros ojos límpidos se olvidan de los defectos, se alejan de la creencia de escasez y perciben la abundancia.

Ash-Shakūr nos enriquece, no porque recibamos más, sino porque valoramos y apreciamos de manera diferente aquello que tenemos, a medida que se disuelven los velos que nos hacen 'dar por sentado' lo que hemos recibido. *Ash-Shakūr* nos conecta y nos transforma en seres generosos. *Ash-Shakūr* también trae humildad a nuestro corazón cuando éste se vuelve demasiado arrogante, complaciente y carente de sensibilidad. Esta humildad nos conecta con la Creación y con el que todo lo da. *Ash-Shakūr* es el antídoto que contrarresta nuestros sentimientos de separación, soledad y pobreza.

El profeta David, que la paz sea sobre él, dijo:

> *Oh Dios mío, ¿cómo puedo yo agradecerte si incluso mi capacidad de agradecer es una bendición más que Tú me has dado? Y la respuesta Divina surgió en su corazón: "Una vez que tienes esta comprensión, ya Me has agradecido."*

Si repites este Nombre 41 veces sobre un recipiente con agua y luego la tomas y te lavas la cara con ella, tu pecho se liberará de la opresión, tu corazón se limpiará de toda pesadez, tu cuerpo se aliviará del cansancio y tu visión devendrá más aguda. Tu corazón se sentirá más liviano y podrás pararte con firmeza nuevamente.

Así que recuerda este Nombre toda vez que necesites fortalecer tanto tu cuerpo físico como tu cuerpo sutil y requieras sostén y apoyo para atravesar las situaciones de esfuerzo que te trae la vida.

Disfruta de la abundancia que te ha regalado Allāh, pues aquellos que no disfrutan ni muestran su abundancia en realidad carecen de ella. Si quieres mostrarle tu agradecimiento a Allāh, demuéstraselo a Sus criaturas. Cuando sientas este Nombre en tu corazón, síguelo hasta su fuente, hasta esa luz Divina que te ha sido dada y que habita en tu interior.

> *¡Oh Allāh, ayúdame para que pueda tenerte siempre en mi corazón, para que pueda estar contigo con cada aliento, agradecerte a cada instante y servirte en todo momento!*

Ash-Shakūr es un Nombre que trae transformación porque el agradecimiento transforma las cosas y las situaciones. Ser agradecido también significa estar consciente de todas las cualidades que están en tu corazón y darles cabida en tu existencia honrándolas, como lo haces con tus invitados. Escúchalas, escucha sus voces, su sabiduría e invítalas a tomar parte en el banquete de la vida porque a través del reconocimiento y el agradecimiento, absolutamente todo se transforma y los seres humanos se acercan a su perfección.

El agradecimiento se manifiesta en pequeñas y grandes cosas. Así por ejemplo, si comienzas a alimentarte y te olvidas de bendecir la comida o de decir la fórmula *bismillāh ar-raḥmān ar-raḥīm* بسم الله الرحمن الرحيم, no necesitas sentirte mal, en su lugar puedes reparar la situación diciendo *bismillāh awwaluhu wa ākhiruhu* بسم الله أوله وآخره.

La conexión con la Unidad conlleva siempre la cualidad de infinita misericordia, así que abandona el cielo y el infierno que tú mismo has creado y vive profundamente enraizado en el momento presente. Pues es en el presente –¡ahora!– y únicamente en el presente que podemos reconocer a Dios.

El agradecimiento de la madre tierra se manifiesta cuando nos regala plantas en abundancia; él de los animales cuando nos brindan más de lo que les hemos dado; él de las plantas cuando nos obsequian generosamente a pesar de la escasez de agua o de la aridez del suelo, y el agradecimiento de los seres humanos se manifiesta a través de sus lenguas y acciones.

En el Sagrado Qur'ān generalmente encontramos las siguientes combinaciones de los Nombres Divinos: *Ṣabbār* (como *Aṣ-Ṣabūr*, 99, proveniente de la raíz **ṣ-b-r**) y *Shakūr*, por un lado, y *Ghafūr* (34) y *Shakūr*, por el otro.

Cuando recitamos conjuntamente los Nombres *lā Ghafūr*, *lā Shakūr*, esta combinación toca nuestro corazón profundamente y suaviza cualquier dureza que tengamos en él, ya sea en relación a situaciones o a una persona o grupo de personas.

Los Nombres *lā Ṣabūr* y *lā Shakūr* expanden el espíritu activa y constantemente, su poder de penetración le permite a la mente descubrir en sí misma espacios por donde soplan vientos expansivos de grandeza, paciencia sublime y profundo agradecimiento.

Muestra tu agradecimiento utilizando tus talentos espirituales y mentales. De esta manera te protegerás de los peligros de la envidia, el egoísmo, el letargo y la indiferencia. Verdaderamente la espiritualidad es equivalente a la gratitud. La gratitud une el mundo material con el mundo sutil, la tierra y los cielos, y convierte al mundo en un lugar pleno de maravillas.

El libre albedrío es intentar agradecerle a Dios por Sus favores.
Rumi

Al-'Alīy
36

El Sublime, El Elevado
110 – 330 – 12 100

Esta cualidad Divina significa el sobresaliente, el magnífico, el sublime, el más elevado. En los momentos en que tu fe declina, puedes recitar esta cualidad en ciclos de 33 veces, te fortalecerá tu fe, y encontrarás tu camino nuevamente. Asimismo puedes escribir este Nombre en un papel y llevarlo contigo para que siempre recuerdes repetirlo en momentos de flaqueza. Sé suave, atento y tolerante en tu camino.

De la raíz **'-l-w** derivan los Nombres Divinos *Al-'Alīy* y *Al-Muta'ālī* (78), como así también los siguientes nombres, verbos y adjetivos: estar elevado, elevado, erigirse, apilar, levantarse, ascender, levantar, sobrepasar, distinguirse, superar, vencer, abrumar, girar hacia arriba, extender sobre, cubrir, venir, suceder, enfatizar, elevarse, ser ascendido, devenir ruidoso, grandeza, esplendor, majestad, sublime, excelso, celestial, Divino.

Al-'Alīy nos convoca diciéndonos, *¡Ven, elévate hacia Mí! ¡Remonta vuelo y no vivas por debajo de tus capacidades!*

Al-'Alīy nos muestra que Dios es el excelso y que no podemos, de ninguna manera, llegar a imaginar Su magnitud. *Al-'Alīy* nos muestra la trascendencia Divina. Al repetir este Nombre, se abre ante nosotros una visión de los planos más elevados, vemos como se nos abre y eleva hacia los mundos sublimes que se encuentran en nuestro interior y a nuestro alrededor.

Si llevas este Nombre contigo y lo repites constantemente, te ayudará a enriquecerte si eres pobre, a encontrar paz si estas inquieto, a ascender si has caído, y a encontrar tu hogar si te sientes solo.

Aquellas personas que conocen la sublime verdad y cuyos pensamientos, palabras y acciones demuestran humildad ante la Unidad serán sublimes entre las criaturas. Los seres humanos más elevados son aquellos que saben que pertenecen al grupo de los más bajos porque están dispuestos a crecer, a servir, a comprender y a saber.

Si puedes transformar tu *nafs* نفس y transcender el egocentrismo y el aislamiento en que te tiene tu *yo*, verás que eres el más elevado en todo, pues el universo fue creado para los seres humanos y no a la inversa.

A veces la dulzura de un dátil, un trozo de chocolate, una palabra afectuosa, o una caricia en la mejilla es lo único que se necesita para transformar nuestra negatividad permitiendo que aflore lo mejor de nosotros. La fe profunda se manifiesta a través de la cordialidad y las buenas maneras. Los seres humanos podemos alcanzar profundidades inimaginables cuando nuestra lengua está conectada con nuestro corazón.

En el cuerpo humano hay un órgano que cuando sana, todo el cuerpo sana y que cuando enferma, trae enfermedad a todo el organismo. ¿Acaso no es éste el corazón?

Aquellas personas que poseen esta cualidad tienen también la bendición de ser modestos y generosos; esta gracia se manifiesta cuando brindan soporte y ayuda a todos los seres que los rodean, llegando en consecuencia a ser conocidos como los más elevados.

El camino se abre con claridad y rapidez ante todos aquellos que repiten este Nombre Divino; entregándose muy profundamente, pueden alcanzar en una hora lo que generalmente lleva un mes o más. Quien repita este Nombre en profunda sumisión a Dios (*dhikr*) es como un ave: el tiempo y el espacio se abren ante él como si fuera el ave fénix envuelto en las llamas del Amor. Nada permanece, salvo el Amor.

Si deseas llevar y brindar belleza al mundo, elige siempre el camino medio entre la prenda exquisitamente delicada que acaricia tu piel y una que se siente muy áspera. Siempre presta atención, en tu vida, al camino del medio.

Cuando repitas este Nombre, envuélvete en el poder y potencial Divino que contiene. Siente como todas tus cualidades interiores están presentes en su forma más elevada, evitando, al mismo tiempo, cualquier identificación con el ego. Repite especialmente *Al-'Alīy* en momentos difíciles o peligrosos.

Aquellas personas que no alcanzan sus expectativas y que suelen desilusionarse, o que permanentemente tienen la sensación de que las están explotando o engañando encontrarán que la recitación de *Al-'Alīy* las beneficiará. La sensación o perspectiva recurrente de desilusión o traición proviene del ego que se ha vuelto tan poderoso que se ha sentado en el trono que pertenece únicamente a Dios y allí, desde las alturas, él comenta y juzga todo, la mayor parte del tiempo condescendientemente.

Al-'Alīy puede encauzar al ego. Es el amor elevado y sublime que coloca a Dios en el trono del corazón y libera al ego de la agonía en que lo sumergen los celos y la arrogancia. *Al-'Alīy* también puede beneficiar a una persona cuando tiene tan baja su autoestima que ésta linda con la auto-humillación. *Al-'Alīy* nos brinda una nueva orientación al abrazarnos en el amor celestial y protector que nos eleva.

¡Oh Allāh, abre en mí el portal de la fidelidad!

Al-Kabīr
37

El Más Grande
232 – 928 – 53 824

Este Nombre significa grandeza, orgullo y dignidad. Dios es el creador y sostén de todos los seres en todos los mundos, en todos los cielos y en la tierra, y en todos los lugares que están entre el cielo y la tierra.

Al-Kabīr es la expansión ilimitada en el tiempo y el espacio, la infinita y omnipotente presencia en toda la existencia. Nada está excluido de *Al-Kabīr*, ya que comprende la presencia y la ausencia, conteniendo a ambas en el infinito océano del gran Amor. No relaciones nada nefasto, imperfecto o malo con Allāh.

Los Nombres Divinos *Al-Mutakkabir* (10) y *Al-Kabīr* provienen de la misma raíz **k-b-r** que significa superar en edad, ser o devenir grande o importante, grande, crecer, aumentar, devenir más grande, ganar en importancia o significación, devenir importante, desdeñar, engrosar, magnificar, realzar, expandir, oponer, resistir, contradecir, alabar, mostrar respeto, ser orgulloso o arrogante, enorme, magnitud, prestigio, importancia, nobleza, eminente, ofensa grave, deferencia, respeto, estima.

La grandeza infinitamente abarcativa de *Al-Kabīr* incluye los opuestos, por lo cual se recurre a él para disolver la arrogancia, la competitividad, el engreimiento y la excesiva tozudez del ego, especialmente cuando estas cualidades derivan de un sentimiento de insuficiencia o de sentir que se carece de todo valor.

Al-Kabīr nos ayuda a liberarnos de la identificación del ego con ese sentimiento básico. El amor de *Al-Kabīr* es tan poderoso que desintegra las divisiones y supera la separación. Si deseamos descubrir la grandeza y la infinitud de la Divinidad, debemos soltar nuestros propios límites para poder así experimentarla dentro y fuera de ellos.

Si repites este Nombre 100 veces todos los días, experimentarás mayor respeto y dignidad. Si has perdido tu trabajo y tienes deudas que no puedes saldar, ayuna durante 7 días desde el amanecer hasta el atardecer sin que nada toque tus labios. Cuando al atardecer rompes el ayuno, repite 1000 veces:

يا كبير أنت الذي لا تهدي العقول لوصف عظمتك

yā kabīru 'anti lladhī la tahdī l-'uqūla li waṣfi ´aẓamatuka

Oh, Tú el más grande, Tú eres Aquel cuya grandeza no puede ser captada a través de la mente.

Si Allāh lo ha dispuesto para ti, encontrarás un trabajo y podrás saldar tus deudas. Si repites *Iā Kabīr* 232 veces con tus manos sobre un alimento antes de dárselo a una pareja que está atravesando una crisis, los ayudarás a ambos a solucionar sus problemas.

Generalmente los Nombres *Iā 'Alīy* (36) y *Iā Kabīr* se recitan conjuntamente. Esta combinación tiene un poderoso efecto tanto sobre los sentidos como sobre la mente.

La tarea de la mente consiste en formar pensamientos y comparar. Aprende a no comparar, pues la comparación es un velo que no te permite reconocer la unicidad de una criatura, un ser humano, una situación o un problema. Comparar y enjuiciar cubren el ojo del corazón con un velo. Repite *Iā Kabīr* y permite que tu transformación comience. La idea es transformar –no desarrollar– las cualidades que te han sido dadas, ya que coexisten en ti en una combinación única y personal. La totalidad de tu potencial ya está presente en ti.

La transformación ocurre con y para nosotros, sin embargo requiere de nuestro trabajo. Transformarse significa volverse hacia el alma y liberarnos de las garras del ego que está en el centro de nuestro ser; significa conectar nuestros sentidos y percepciones con nuestro ser profundo y experimentar la grandeza que en nosotros existe. Es el noble sendero que nos conduce hacia nuestra verdadera dignidad que nos protege de todo lo que en nosotros es bajo.

El secreto de este Nombre radica asimismo en que nos permite reconocer que nuestras acciones, incluso las más insignificantes, están conectadas con las más elevadas y que siempre son parte integral de algo más grande. El Nombre Divino *Kabīr* se repite a menudo en la formula *allāhu 'akbar* الله أكبر , con el fin que el recitador pueda percibir que la Unidad es el único poder existente, siendo aún más grandiosa que el mundo creado, estando al mismo tiempo contenida en todo lo creado. ¡El mundo no es

Allāh y sin embargo, nada existe salvo Allāh!

El corazón es una vasija plena de conocimiento, una fuente que reacciona con suma sensibilidad a las acciones del cuerpo. Cada acción que no es buena o que es negativa provoca irritaciones en el corazón; esas irritaciones conducen a la formación de velos que comienzan a cubrir más y más densamente nuestra propia humanidad. En consecuencia, cada acción negativa conlleva en sí misma su propio castigo. Cada crimen que cometemos es, en primer término un crimen contra nuestro propio corazón y afecta a todo nuestro ser.

Así que cuida la forma en que nutres tu corazón, pues el descuido lo deja hambriento y le roba su conciencia espiritual. Entras entonces en el reino de la vida inconsciente, perdiendo además la conexión con la vida después de la muerte. *Iā Kabīr* te protege de ese descuido y te ayuda a refinar tu corazón, trayéndote paz y conectándote con lo que es grande y eterno en ti.

Tres cosas permiten que la grandeza se desarrolle en nosotros:
ser agradecidos cuando recibimos, perdonar cuando alguien nos hiere y absolver cuando sentimos enojo,
así que permite que la dulzura lave ese enojo, antes de expresarlo.
Abu Sa'īd

Al-Ḥafīẓ
38

El Que Preserva
998 – 3992 – 996 004

Esta cualidad de Allāh significa preservar, proteger, salvaguardar. Allāh les ha dado a los ángeles la tarea de protegernos del mal. Aquellas personas que hacen 16 repeticiones de este Nombre en forma diaria estarán protegidas de acontecimientos desastrosos, Dios mediante.

En el Sagrado Qur'ān el versículo del Trono (2:225) *'āyāt al-kursī* es el verso de protección más poderoso y *Al-Ḥafīẓ* es Quien protege a toda la Creación, desde el átomo diminuto hasta lo mas inmenso. Nada escapa a Su cuidado. Él no cambia y nada puede ejercer influencia sobre Él. Así que recuerda a Allāh tanto en los momentos de facilidad como durante los tiempos difíciles y Él te brindará Su custodia.

Al-Ḥafīẓ es *el* Nombre Divino de protección. Esta protección omnipresente expresa el hecho que todo está abrazado por el amparo Divino.

Al-Ḥafīẓ deriva de la raíz **ḥ-f-ẓ** que significa preservar, proteger, custodiar, defender, tener en cuenta, cumplimentar, ser consciente, ser atento, sostener el ritmo, mantener, sustentar, sostener, tener en custodia, cuidar, guardar, ahorrar, almacenar, tener memoria, saber de memoria, aprender de memoria, quedarse, discontinuar, estar atento, prestar atención, seguir, guardar un secreto, pedir custodia o protección, confiar, mantenimiento, vigilar, custodia, bolsa, maletín, defensa, cautela, precaución, protección, justificación, controlante, cumplidor.

Al-Ḥafīẓ nos será de gran ayuda cuando tenemos la sensación de que estamos desprotegidos o nunca tuvimos suficiente protección. Este sentimiento permite que se desarrollen, en nuestro interior, la inseguridad y el miedo. De acuerdo a nuestra personalidad, esto se manifestará en forma de acciones agresivas y cargadas de enojo, o como servilismo y autonegación. *Al-Ḥafīẓ* nos llevará a recuperar el alineamiento interior que conduce a la autenticidad con nosotros mismos. Podremos atravesar la indignación por no haber recibido la protección que necesitábamos. Finalmente podremos liberarnos del sentimiento de soledad y de tener que 'hacernos cargo' de todo, liberados del hechizo que nos hace creer que tenemos que hacer todo nosotros mismos:

¡El universo es un lugar seguro y yo tengo mi espacio protegido en él!

Al-Ḥafīẓ nos hace recuperar una modalidad de coraje sano y honesto. El miedo y el pánico existenciales se disuelven porque *Al-Ḥafīẓ* llega hasta el fundamento mismo de nuestro ser y nos conecta con la Protección eterna, a través del amor.

Repite este Nombre para protegerte del egocentrismo del *yo*, y de los pensamientos y acciones negativas. También puedes utilizarlo para ayudar y proteger a otras personas. La protección que otorga este Nombre actúa en los planos interno y externo, hasta que comprendes que verdaderamente no hay separación entre lo interior y lo exterior, hasta que puedas zambullirte completamente en la cualidad de *Al-Ḥafīẓ*.

Las personas que tienen esta cualidad en el corazón irradian protección a todos aquellos que se les aproximan. Protección que comprende la asistencia contra la influencia de sentimientos y pensamientos negativos del corazón y la mente, y liberación del hábito de juzgar a los demás. Se trata de una protección que te guía hacia la verdad que llevas en tu interior.

Si no existiera el Nombre *Al-Ḥafīẓ*, llos poderosos oprimirían a los débiles y las fuerzas de la dualidad entrarían en colisión. Al repetir este Nombre Divino, proteges tus sentidos y tu corazón de las turbulencias del enojo y la ira, del poder de tus bajos impulsos, de las ilusiones del *nafs* نفس y de tu propia arrogancia.

La repetición de *Iā Ḥafīẓ* ayuda a todos aquellos que tienen mala memoria, o les cuesta retener lo que han aprendido o lo que saben. Estimula la capacidad de absorber y fortalece la memoria. Ten *Al-Ḥafīẓ* en tu corazón para que nunca olvides que la protección Divina es omnipresente, pues Allāh actúa a través de los seres humanos y por intermedio de Sus criaturas. ¡Qué este Nombre te ayude a recordar esto y te brinde la fortaleza requerida para que te puedas defender y proteger, en cualquier situación en que tu defensa y protección sean necesarias!

Aquellas personas que durante sus travesías repitan *Al-Ḥafīẓ* desde la intimidad de su corazón recibirán protección en su viaje y regresarán a sus hogares sanos y salvos, Dios mediante. Este Nombre produce rápidos efectos y disuelve el miedo del corazón y de la mente.

Repetimos asimismo *Al-Ḥafīẓ* cuando vemos y reconocemos la belleza de un ser humano, su talento especial o sus posesiones, y deseamos protegerlo de la envidia y la codicia.

Concéntrate en tu respiración, dirígela a tu corazón y regálale una brisa de *Al-Ḥafīẓ* a cada aspecto o sentimiento que surja en él. Cada una de tus debilidades puede transformarse en una virtud si la reconoces. Los seres humanos somos el caldero, el lugar de fusión; verdaderamente somos el punto donde lo infinitamente grande y lo infinitamente pequeño pueden encontrarse. Percibe como un círculo de protección aparece a tu alrededor y te atraviesa. El verdadero significado de la virtud no es la ausencia de deseos ilícitos, sino la victoria interna sobre esos apetitos.

Nosotros somos el milagro de ser humanos
y el milagro de ser Divinos.

Al-Muqīt
39

El Que Preserva, El Protector, El Que Nutre
550 – 2200 – 302 500

Allāh es el amoroso protector y preservador. Si deseas ayudar a alguien que tiene mal humor, repite este Nombre 33 veces sobre un vaso de agua y dáselo de beber a esa persona. El mal talante desaparecerá. *Al-Muqīt* es el que tiene poder sobre todas las cosas, el que moldea el destino y brinda asistencia en todas las situaciones de índole espiritual. Así que esfuérzate para que la bondad guíe todas tus acciones, pues Él es el que preserva.

Al-Muqīt proviene de la raíz **q-w-t** que significa alimentar, nutrir, subsistir, sustentar, respaldar, proveer para dar soporte, ser alimentado, vivir, comer, nutriente, alimento, nutrición, comida.

El Nombre Divino *Al-Muqīt* le brinda a cada criatura su fortaleza, a cada cuerpo su alimento, y a cada corazón su conocimiento, visión e intuición. *Al-Muqīt* es el sustento del corazón. Brinda el conocimiento profundo y reconfortante que recibiremos sustento cuando lo pedimos, cuando lo necesitamos. *Al-Muqīt* es el amor nutritivo que abre y relaja la glándula pineal, permitiendo que se abra en nosotros la conexión con la fuente de sustento eterno. Aquellos que repiten este Nombre generoso reciben de Allāh la fortaleza necesaria para alimentar al hambriento, vestir al desnudo y tomar la mano del solitario.

Al-Muqīt también brinda soporte para liberar a quienes están prisioneros de su apatía.

Aquellas personas que tienen el Nombre Divino *Al-Muqīt* en su corazón poseen gran percepción y empatía, lo que les permite ver las necesidades de los demás; les es dada asimismo la fortaleza para satisfacer tales necesidades de la manera correcta y en el momento adecuado.

Las personas que deseen emprender un viaje difícil o peligroso deberían repetir *Iā Muqīt* 7 veces sobre una botella de agua y escribir este Nombre 7 veces sobre la misma botella. Mientras beben de ella durante el viaje, encontrarán fuerzas para atravesar las dificultades y peligros que las acechan. Si tú crees en ti mismo, crees en Él.

La diferencia que existe entre *Al-Muqīt* y *Ar-Razzāq* (17) es que *Al-Muqīt* genera el 'pan de cada día' y se relaciona con todo lo que necesita el cuerpo, tanto a nivel espiritual como físico. A través del acto de comer alimentamos el cuerpo; el corazón, en cambio, se alimenta con conocimiento. *Ar-Razzāq* engloba un concepto más amplio, pues incluye todo lo que necesitamos para existir, desde un trabajo hasta el amor y la compasión.

La repetición intensiva del Nombre Divino *Al-Muqīt* nos permite sobreponernos al hambre, de tal modo de no tener más punzadas en el estómago.

Deja que tu amor por este mundo sea un camino hacia Dios.

Al-Ḥasīb
40

El Que Calcula Con Precisión, El Que Demanda Rendición de Cuentas
80 – 320 – 6400

Todas las acciones de un ser humano quedan registradas; aun cuando el hecho virtuoso sea minúsculo como un átomo o el hecho injusto sea pequeño como un grano de mostaza. Nada se pierde, nada se pasa por alto.

Al-Ḥasīb proviene de la raíz **ḥ-s-b** que tiene las siguientes acepciones: computar, evaluar, calcular, contar, cobrar, acreditar, tener en cuenta o en consideración a alguien o a algo, considerar, pensar, creer, suponer, asumir, contemplar, tener origen noble, ser altamente estimado, emparejar, llamar, hacer responsable a alguien, tener cuidado, pensando, opinión, visión, medir, extender, rendir explicaciones, equivale a, valorar, respetado, reflexión, disfrutar de la protección o cobijo de alguien, Día del Juicio, rendir cuentas, aritmética, utilizar las letras del alfabeto de acuerdo con su valor numérico.

Al-Ḥasīb es el aspecto del amor Divino que nos permite ver lo que verdaderamente necesitamos para evolucionar, para transformarnos. Medir con honestidad nuestras palabras, acciones y hasta nuestros pensamientos, nos da la posibilidad de un nuevo comienzo. Allāh exige que rindamos cuentas, que estemos vigilantes y alertas, pidiéndonos asimismo que tengamos tacto, pues prestar atención y tener sensibilidad nos brinda respeto por nosotros mismos y por todo lo que nos rodea, otorgándonos en consecuencia nobleza. La conciencia plena se desarrolla cuando me doy el tiempo, quietud y paz, para contemplar y reflexionar.

ash-shukru nahāran wa-dh-dhikru laylan
Vive tus días envuelto en gratitud
y tus noches en la contemplación y el aprendizaje interior.

El día se forma a partir de la noche. La luminosidad, lo visible, tus acciones, lo que te pasa y como te comportas con todo lo que te rodea se evalúa a partir de la oscuridad de la noche, ese período interior de introversión.

Sin embargo, reflexionar y contemplar no significa que al finalizar el día debas sentarte y preguntarte: *¿Qué cosas he hecho mal en el día de hoy, cómo puedo mejorar mis errores?* Pues si te tratas de esta manera te agotarás y te enojarás, e incluso es posible que llegues a despreciarte. Tu ego se inflará y se sentará en el sillón del juez para distribuir insultos y humillaciones.

Al-Ḥasīb nos abre la conexión con la riqueza del alma, con nuestra chispa Divina, ese tesoro omnisciente que siempre ha estado en nuestro corazón y que nos conecta con la causa primigenia de toda la existencia.

Así es como comienza el camino: cuando veo que no he actuado correctamente, vuelvo a Allāh diciendo:

'astaghfiru llāh (Te pido perdón y tomo refugio en Ti)
¡Oh Amor unificador de que me he alejado debido a mi descuido, acógeme, sáname y purifícame!

Cuando observo que he hecho algo bueno, bebo de la gran Fuente diciendo:

al-ḥamdu li-llāh (alabado seas Tú)
¡Alabado seas Tú, pues sé que todo viene de la Única fuente de amor!

En aquellos casos en que no me resulta claro si lo que hice fue bueno o malo, digo: *subḥāna llāh* (las alabanzas y los honores son para Ti). Esta fórmula me ayudará a soltar todo en el océano de las alabanzas y a entregarme totalmente a Ti para poder encontrar las costas de la claridad.

Sura *An-Nisāa'*, Las Mujeres (4:85)

Quien acuda en apoyo de una buena causa tendrá parte en sus bendiciones; y quien acuda en apoyo de una causa injusta tendrá que responder de ello: pues, ciertamente, Dios vela por todo.

Si tienes miedo que te roben, temes los celos de otras personas que te hieran o traten injustamente, comienza a repetir 70 veces este Nombre en un día jueves. Repítelo 70 veces durante el día y 70 veces durante la noche. Prosigue durante 7 días. A la cuenta de 71, dí *Allāhu l-ḥasīb*, الله الحسيب , Allāh es el que requiere rendición de cuentas. Esto te liberará de tus miedos, Dios mediante.

Si escribes este Nombre en una botella y le das de beber el contenido a un bebe que tiene calambres estomacales, el niño dejará de llorar. Gira tu rostro hacia Allāh y deposita en Él tu fe.

Al-Ḥasīb requiere de nosotros que hagamos introspección y en este sentido está vinculado con los Nombres Divinos *Al-Muḥṣī* (57), el que sabe, y *Ar-Raqīb* (43), el vigilante. *Al-Muḥṣī* pulveriza los límites de nuestro ego, mostrándonos cuan limitado es el conocimiento humano, comparado con la omnisciencia de Allāh. Una vez que hemos visto nuestras limitaciones, *Al-Muḥṣī* nos ayuda a zambullirnos en el océano omnisciente para que no nos quedemos pegados a la ansiedad del ego. A su vez, *Ar-Raqīb* nos da la fortaleza necesaria para la propia observación amorosa y la quietud requerida para la verdadera concentración e introspección.

Sobre la tierra no existe nada que sea superfluo, tampoco hay carencia. El exceso y la carencia existen únicamente cuando el exceso no puede completar la carencia. El exceso de uno muestra la carencia en el otro. No remuevas nada, no agregues nada, simplemente conduce el 'exceso' hacia la 'carencia'; conduce todo a su verdadero sitio. La carencia es una señal del exceso y el exceso es un indicio de carencia. En el nombre de la Unidad, conduce uno hacia el otro y todo estará bien. En la vida todo tiene un sentido, sin embargo el orden de las cosas está en nuestras manos.

Una vez, un estudiante se dirigió hacia su amado maestro y le dijo: "Maestro, tengo esta bolsa de nueces, ¿podría Ud. distribuirla entre los estudiantes?"

El maestro tomó la bolsa y dijo: "¿Debo distribuirla de acuerdo con las leyes de Allāh o conforme a las leyes humanas?"

"De conformidad con las leyes de Allāh", respondió el estudiante.

De modo que el maestro sacó un puñado de nueces del interior de la bolsa. A algunos estudiantes les dio dos nueces, a otros cinco y finalmente a otros les dio diez. El estudiante miró al maestro con estupor.

El maestro sonrió y dijo: "¿Debo entonces repartirlas de acuerdo con las leyes humanas?"

El estudiante asintió.

El maestro recogió las nueces y volvió a repartirlas; esta vez cada estudiante recibió la misma cantidad de nueces.

Las personas que tienen la cualidad de *Al-Ḥasīb* en su corazón se esmeran para que su vida, sus posesiones, su conocimiento y sus talentos sean bien usados y disfrutados al máximo. Se aseguran que sus dotes sean realmente vividas y practicadas. Esto significa cuidar nuestro organismo, habitarlo, estar conscientes de nuestro cuerpo y de todas las cosas que lo forman. Significa asimismo disfrutar de vivir en este planeta y participar de Su ser.

Si repites *Al-Ḥasīb* y llevas este Nombre en tu corazón, desarrollarás tu conciencia interior y la verás reflejada asimismo en el exterior. Te ayudará a vivir de acuerdo con lo más noble, refinado y correcto de ti mismo.

No es casual que el Nombre Divino *Al-Ḥasīb* ocupe el lugar número 40. Cuarenta es un número especial que ha sido considerado así por muchas culturas tradicionales. Significa preparación y transformación.

Según un dicho árabe, *quienquiera que viva con un grupo de personas durante 40 días deviene parte de ellas*, deviene como ellas, adopta sus puntos de vista y sus hábitos.

Simbólicamente, los seres humanos están separados de Dios por 40 niveles. Este es el motivo por el cual el *jalwa* (retiro) de 40 días es un ejercicio importante en el cual el buscador se acerca a Dios a través de la meditación. La obra de Al-Ghazālī, "Renacimiento de las Ciencias Religiosas", también está dividida en 40 capítulos que tienen la intención de preparar al creyente a través de instrucciones sobre su encuentro con Dios, la muerte y el amor místico.

Una vez un beduino se acercó al Profeta Muhammad, que la paz y las bendiciones de Allāh sean sobre él, y preguntó: "¿Ante quien será que rendiremos cuentas durante el Día del Juicio Final?"

El Profeta respondió: "Ante Allāh, sublime sea Él."

El beduino volvió a preguntar: "¿Ante Él mismo?"

"Sí" respondió el Profeta.

Entonces el beduino soltó una carcajada y el Profeta, que la paz y las bendiciones de Allāh sean sobre él, preguntó: "¿Por qué te ríes?"

El beduino respondió: "Cuando el generoso pide rendición de cuentas, Él es compasivo y cuando Él juzga, Él es compasivo."

Al-Yalīl (Al-Jalīl)
41

El Glorioso, El Majestuoso, El Magnífico, El Honorable
73 – 292 – 5329

Este Nombre expresa la majestuosidad y la magnificencia de la Divinidad. *Al-Yalīl* es la fuerza Divina absoluta y penetrante que se manifiesta en todas las personas y en todas las cosas sin excepción. Sabe que la majestad y la perfección pertenecen únicamente al Creador, así que permite que tu corazón sea suave con la Creación.

Los Nombres Divinos *Al-Yalīl* y *Al-Yalāl* (que se encuentra en *Dhū-l-Yalāli wa-l-Ikrām* [85]) provienen de la raíz **y-l-l** que tiene las siguientes acepciones: ser grande, elevado, exaltado, ilustre, sublime, estar más allá de algo, estar muy por encima de algo, honrar, dignificar, exaltar, cubrir, frontera, reverenciar, ennoblecer, sobresaliente, voluminoso, mayoría, importante, trascendental, pesado, regar toda la tierra con lluvia, envolver, empaquetar, vestir, esplendor, gloria.

La manifestación de Allāh en las cosas, *tayallī*, es tan radiante y brillante que simultáneamente cubre y revela. Lo más obvio está cubierto en lo visible. *Al-Yalīl* es la fragancia de la rosa que te permite descubrir el jardín de rosales. Los signos de la Divinidad han sido grabados en nuestro corazón a través de los Nombres Divinos desde el comienzo de los tiempos, y todo lo que existe a nuestro alrededor vibra en la frecuencia de un Nombre Divino. Todo en la existencia convoca, alaba y entona la canción Divina, así que inclina tu oído hacia tu corazón y sigue los rastros que conducen a los secretos.

El código sonoro de este Nombre apunta a su fuerza omnipotente y completamente penetrante, y los varios significados de su raíz apuntan a su acción colectiva. *Al-Yalīl* es la fuerza amorosa que le recuerda a la gota de agua la existencia del océano, produciendo así la integración.

Dios no se manifiesta a través de Su ser que permanece trascendente, sino que se manifiesta a través de Sus Nombres y atributos. Si la esencia es 'el agua', los Nombres Divinos son los océanos, mares, ríos, arroyos y cataratas, sin embargo la esencia 'agua' permanece como algo diferente. La esencia es una, los Nombres Divinos forman una multiplicidad de conceptos. Dios está más allá de las cualidades de todas las criaturas y sin embargo, la Creación no es otra cosa que Dios, ya que es la manifestación de Sus Nombres.

En Su esencia Allāh es y permanece por siempre oculto e invisible. En este sentido Él permanece absolutamente trascendente: *Yo era un tesoro escondido*. La segunda parte: *y tuve el deseo, nacido del amor, de ser conocido, así que di nacimiento al mundo* nos muestra Su inmanencia. El mundo deviene el lugar donde los más hermosos Nombres, *´asmā´u llāh al-ḥusnā*, se manifiestan porque en Dios Sus manifestaciones y Él son uno.

Al-Yalīl muestra la manifestación de la fuerza Divina cuando aparece y comienza a expandirse. La repetición de este Nombre Divino remueve los miedos, las preocupaciones y las debilidades del corazón, despertando en quien lo recita un sentimiento de cercanía a la Divinidad.

Un verdadero amigo nunca te va a descubrir, pero nosotros los seres humanos una y otra vez tenemos urgencia en expresarnos, y a veces, nos escuchamos diciendo cosas que hubiera sido mejor no decir. La recitación de *Al-Yalīl* nos ayuda cuando nuestra lengua es más rápida que nuestros pensamientos.

Cuando repites este Nombre, los ángeles te rodean, sus plegarias resuenan para ti y te envuelven en luz. *Al-Yalīl* llena el corazón de un profundo júbilo y sentimiento de libertad, como así también de una conmovedora reverencia por la Divinidad. Cuando te vuelves excesivamente despreocupado, *Al-Yalīl* te regala mayor reverencia y cuando tienes miedo en demasía, te irradia fe y confianza.

Repite este Nombre de majestuosidad después de cada oración:

اللهم أنت السلام ومنك السلام وإليك يعود السلام
تبارکت ربنا وتعاليت يا ذا الجلال والاكرام

allāhumma anta s-salām wa minka s-salām wa ilayka ya'udu s-salām
tabārakta rabbanā wa-ta 'ālayta iā dhā l-yalāli wa-l-ikrām
Oh Allāh, Tú eres la paz y a Ti la paz regresa.
¡Bendito seas Tú, Oh majestuoso, Oh glorioso!

Los atributos Divinos como *Al-Aẓim* (33), *Al-Qawīy* (53), *Al-Ghanīy* (88) se reúnen bajo *Al-Yalīl*, es decir, bajo la cualidad de majestuosidad.

Las cualidades Divinas como *Ar-Raḥmān* (1), *Al-Laṭīf* (30) y *Al-Karīm* (42) se reúnen bajo *Al-Yamīl*, es decir, bajo la cualidad de belleza.

Entre la belleza y la majestuosidad, la confianza y el miedo, el corazón camina hacia su hogar.

Después de recitar los 99 Nombres Divinos decimos, unificando a todos:

jalla jalāluhu wa taqaddasat asmā'uhu
Que Su majestuosidad sea anunciada y Sus Nombres santificados.

Las palabras *yalla yalāluhu* (Su majestuosidad sea anunciada) se repiten 202 veces en los casos de cáncer. Este recitado aumenta intensamente el electromagnetismo corporal y fortalece el sistema inmune.

El Nombre Divino *Al-Yalīl* también se usa en caso de problemas en el cuero cabelludo, como la pérdida del pelo o la caspa.

Aquellas personas que tienen esta cualidad en su corazón son justas en su actuar y honestas en sus promesas.

En la vida hay etapas y situaciones en las que no podemos hacer absolutamente nada desde nuestro accionar o contribución. En esos tiempos es esencial desarrollar las cualidades internas de fortaleza, confianza, fe y entrega. *Al-Yalīl* te enseña a desarrollar estas cualidades para que puedan crecer en tu interior e irradiarse al exterior cuando sean necesarias.

¡Oh Magnífico, lā Yalīl,
abraza mi anhelo con el poder de Tu presencia!

Al-Karīm
42

El Generoso, El Magnánimo, El de Mente Noble, El Caritativo
270 – 1080 – 72 900

Este Nombre contiene la cualidad más generosa de Allāh; una generosidad que llega a todo sin excepción. Contiene todos los dones requeridos para la preservación de la vida. Abarca además la misericordia y la bondad que existen en el vínculo entre Allāh y Su Creación. *Al-Karīm* es el flujo constante de los regalos de Allāh a Su Creación.

Al-Karīm y *Al-Ikrām* (que encontramos en el Nombre Divino *Dhū-l Yalāli wa-l-Ikrām* [85]) provienen ambos de la raíz **k-r-m** que significa nobleza, mente elevada, nobleza de corazón, magnánimo, generoso, liberal, dadivoso, precioso, honrar, reverenciar, venerar, tratar con deferencia, otorgar honores, mirar con generosidad, encuentro cortés, hospitalidad, mostrar el costado generoso, ser amigable, bondadoso, presentar, conceder con gentileza, uvas, jardín, orquídea, naturaleza noble, vino, cordialidad, estar parado, marca de honor, milagro que Dios otorga a través de un santo o que permite que le suceda, benefactor, gentil, piedra preciosa, objeto de valor, acción noble.

Los obsequios de *Al-Karīm* son tanto de naturaleza espiritual como material. Repetir *Iā Razzāq* (17)*, Iā Karīm* brinda bendiciones materiales; la repetición de *Iā Ghanīy* (88)*, Iā Karīm* las espirituales. Cuando decimos *¡karrama llāhu wajhahū!* (¡Allāh lo ha honrado!) al hablar de una persona, estamos diciendo que Allāh ha inspirado su corazón y las señales de honor y conocimiento pueden verse sobre su frente.

Si repites este Nombre 270 veces, valorarás y respetarás más a las otras personas e inversamente, tú también serás más respetado y valorado, pues la misericordia y bondad de Allāh hacia ti exceden la bondad y misericordia que tienes hacia ti mismo. Así que vuélvete hacia Él con todos tus sentidos y conviértete en un espejo de Su generosidad y Su magnanimidad.

Aquellas personas que repiten y llevan *Al-Karīm* en su corazón encontrarán sustento sin esfuerzo y la abundancia les llegará tanto en el plano interno como en el externo, por la gracia de Dios.

Sura *Al-Infiṭār*, El Hendimiento (82:6-8)

¡Oh hombre! ¿Qué es lo que engañosamente te aparta de tu generoso Sustentador, que te ha creado con arreglo a tu función, y conformó armoniosamente tu naturaleza, constituyéndote en la forma que Él quiso [que tuvieras]?

La acción de dar es en los seres humanos el equivalente del crecimiento en las plantas o del movimiento para los animales. Cualquier animal puede llorar y gemir de dolor, pero únicamente los seres humanos pueden sonreír. No sonrías únicamente cuando estás de buen humor. Sonríe creativamente, pues los ángeles habitan en las sonrisas. Existe un abismo entre los animales y lo que los trasciende, el puente es la sonrisa. Una sonrisa nacida desde las profundidades del alma es un misterio. Sonreír es ser generoso.

La sonrisa, el lenguaje y la creación son características humanas. Utilízalas para expresar tu generosidad. Pedir y solicitar son señales de carencia, sin embargo sin carencia no habría oportunidad de dar. Pedir es una señal de audacia frente a la generosidad Divina, pero Él mira hacia el otro lado y acepta el pedido. ¡Muestra tu magnanimidad!

La generosidad y la bondad de Dios son ilimitadas; cada refinamiento que te ha sido dado proviene de la generosidad: la paciencia es generosidad, la inspiración es generosidad, la razón es generosidad, la generosidad en sí misma es generosidad. Desarrolla en ti los rasgos de carácter nobles, *makārim ul-akhlāq*. La generosidad es una cualidad que la humanidad necesita con urgencia.

Él nos ha dado el mundo entero y la libertad de tratarlo como deseamos. El Profeta, que la paz y las bendiciones sean sobre él, dijo:

Allāh, noble es Él, lleva el nombre Al-Karīm, *el generoso, el magnánimo. Él ama los rasgos de carácter nobles y generosos, y aborrece los bajos.*

El corazón es donde encontramos el comienzo, el final y la alegría. De todas las criaturas, los seres humanos son los más crueles y sin embargo, el hombre y la mujer son la cuna del gozo eterno y la armonía. La energía que no se utiliza y no se transforma puede ser devastadora, venenosa y perjudicial. Muestra tu generosidad y tu grandeza, transitando el camino de tu propia transformación, alimentando en tu corazón el fuego del amor y aprendiendo a transformar todo tu ser a través de ese fuego. Aprende a arder en la confianza. Lo nocivo es aquello que dejó de ser bueno. Puede ser transformado en aquello que aún no es bueno. Muestra y vive tu magnanimidad contigo mismo y, desde ti, con todas las criaturas del planeta. Los seres humanos somos el punto de combustión, el centro de toda la Creación.

Ser agradecido con la ayuda y soporte que nos brindan nuestros semejantes y expresar nuestra gratitud es muy importante, porque muchas veces nos volvemos arrogantes y olvidamos, especialmente cuando hemos recibido mucho. Recuerda el soporte y los obsequios que te ha dado tu prójimo, y olvídate de lo que has dado tú, porque al ego le encanta recordar sus buenas acciones y diluir las acciones de los demás.

La arrogancia y la ingratitud alejan a las personas de ti, pero Allāh es y siempre será generoso. *Al-Karīm* nos ayuda a superar la arrogancia del ego.

Las personas que tienen la cualidad de *Al-Karīm* en su corazón aprenden a reconocer las cualidades y expectativas que tienen en su interior. Dan cuando se les pide, están presentes cuando alguien las visita, y mantienen su palabra cuando hacen una promesa. Se ocupan de los asuntos de los débiles y de los pobres, sabiendo que aquellos que ayudan a los necesitados serán ayudados cuando necesiten. Las personas en cuyo corazón ha germinado y florecido la semilla de *Al-Karīm* dan sin esperar nada a cambio y sin prestar atención a la reacción del que recibe. Los racimos del conocimiento han madurado en sus corazones cálidos y generosos, y ellos obsequian el vino del Paraíso:

Sura *Al-'Isrāa'*, El Viaje Nocturno (17:70)

Pues, en verdad, hemos honrado a los hijos de Adán, [...]

Allāh ha distinguido y elevado al ser humano por encima de todas las demás criaturas al otorgarle el pensamiento lógico.

La magnanimidad encuentra su soporte inherente en la dignidad, una dignidad que entiende que todo viene de Él y hacia Él todo regresa. Consecuentemente la magnanimidad es el amor por la belleza en su acepción más amplia, y Allāh es belleza.

Las personas que tienen la sensación de haber cometido muchas acciones negativas en sus vidas deberían repetir este Nombre Divino. ¡Qué sus faltas sean perdonadas y sus debilidades veladas! Pues Allāh es el más generoso.

Existen en los seres humanos tres impulsos que son los más difíciles de transformar. Están en el vientre, los genitales y la lengua. Pueden ser transformados practicando el *adab* que significa cortesía, un sentimiento de honor, decencia, educación, considerable lectura, paciencia, compasión y bondad. Inversamente estos impulsos pueden ser fortalecidos a través de la indecencia y la arrogancia.

Adab أدب es el navío del Amor y conocimiento dirigido por los vientos de la cortesía. La cualidad de *adab* se encuentra en el corazón y cuando éste está libre, también lo está el resto del cuerpo porque sus partes siguen la inspiración del corazón. Así que utiliza el Nombre Divino *Iā Karīm* en el *dhikr* para que tu lengua pueda transformarse en intérprete de tu corazón.

Muestra tu generosidad en tus pensamientos, pues la energía sigue a los pensamientos y un pensamiento se encadena con el siguiente. Aquí no se trata de culpa o inocencia. Cada mujer y cada hombre tiene un camino sobre esta tierra y cada uno de nosotros está realizando su parte. No estamos aquí para juzgar ni para ser juzgados; podemos evaluar y sopesar, pero sobre todo, estamos aquí para darnos la mano los unos a los otros. El corazón necesita que se le brinde atención amorosa. El corazón vive del amor y el amor es la atención que se ejercita.

Una palabra cortés es como plantar un árbol.
¡Qué tu vida sea un bosque que te brinda a ti y a los demás
sombra y protección!

Ar-Raqīb
43

El Que Está Atento, El Vigilante, El Observador Meticuloso, El Protector
312 – 1248 – 97 344

Esta cualidad Divina comprende la vigilancia Divina que otorga seguridad y protección a la Creación. *Ar-Raqīb* cuida los estados, palabras y acciones de los seres humanos. Todo es visible, así que observate, tanto si te mueves como si no, si estás pasivo o activo.

Ar-Raqīb proviene de la raíz **r-q-b** que significa observar, vigilar, mirar con atención, supervisar, controlar, esperar, aguardar, proteger, tomar en consideración, atención, hacer caso, respetar, temer, estar en guardia, cuidarse, tener cuidado, prestar atención a algo, esperar, anticipar, observación, control, vigilancia, cuello, tozudo, anticipación, expectativa, guardián, cuidador, observador, espía, inspector, supervisión, acción de controlar.

La técnica de respiración y contemplación llamada *murāqaba* y utilizada por los sufíes proviene de esta misma raíz.

Ar-Raqīb observa de la misma manera en que una mamá observa a su criatura, sin juicio y sin embargo, percibiendo todo y luego corrigiendo con dulzura. La introspección no debiera llevarnos a la humillación o al abuso ni a la autocompasión, la megalomanía o a una opinión narcisística de uno mismo. Todas éstas son caras que adopta el ego para evitar que podamos desarrollarnos profundamente, para distraernos de la conexión con nuestro verdadero ser. *¡Yo decido por donde vas a ir! Yo soy el que te gobierna, yo soy el que piensa y juzga todos tus estados y tus acciones*, dice el ego. La forma en que nos vemos a nosotros mismos influye sobre la forma en que vemos a Dios y viceversa. La reflexión sobre uno mismo siempre implica un estado de recogimiento en el alma única y original: en la Unidad.

Aquellas personas que repiten 7 veces *Ar-Raqīb* sobre sí mismos, sus familias o sus posesiones se colocan una vez más, en forma consciente, bajo la protección de Allāh. Repite este Nombre tantas veces como te sea posible cuando estás solo o con otras personas, durante un mes o más y el ojo de tu corazón comenzará a ver cosas que están veladas a los demás. La repetición de este Nombre también te brindará la capacidad de comprender el lenguaje de los animales, plantas y cosas inanimadas si Allāh ha dispuesto eso para ti.

Aquellas personas que tienen la cualidad de *Ar-Raqīb* están más conscientes de la unidad con la Divinidad que de sí mismos. Esta conciencia se expresa en sus pensamientos, palabras y acciones, y permite el crecimiento de un anhelo hacia la apertura de un espacio de belleza y luz. Así que crea un espacio donde pueda entrar la belleza; recuerda que la energía sigue al pensamiento y que un pensamiento atraerá pensamientos similares.

Si has perdido alguna cosa, la repetición de este Nombre te ayudará a encontrarla. Las personas que temen haber sido objeto de algún trabajo de magia o de un maleficio debieran repetir este Nombre Divino 312 veces por día, durante una semana y esto disipará la influencia del hechizo, Dios mediante.

Este Nombre de majestuosidad incrementa la vigilancia que ejerces sobre ti mismo, la conciencia y la modestia en el corazón. Este Nombre Divino se expresa de la mejor manera a través de las palabras del Profeta Muhammad, que la paz y las bendiciones de Allāh sean sobre él, quien dijo:

> *Honra a Allāh en ti mismo y en todo lo que existe, como si pudieras verlo, pues aunque tú no puedas verlo, Él verdaderamente te puede ver a ti.*

Él puede observar tu verdad y el sendero que has tomado para llegar a ser una persona completa.

> *Había una vez un maestro que amaba a uno de sus estudiantes más que al resto. Los demás comenzaron a tenerle envidia. El maestro, que deseaba demostrarles el motivo por el cual amaba más a ese estudiante en particular, tuvo una idea. Llamó a todos sus discípulos y les dijo: "Cada uno de ustedes deberá atrapar un pájaro y darle muerte en algún lugar donde nadie lo pueda ver." Cada uno de los estudiantes hizo lo que les fuera pedido, menos uno que regresó con el ave plena de vitalidad. El maestro le preguntó: "¿Por qué no has matado al ave como te ordené?" Y el estudiante respondió: "Cada vez que trataba de matar al ave y buscaba un lugar donde nadie me viera, una voz surgía en mi corazón: 'Allāh puede verte'. Al escuchar estas palabras, los demás estudiantes comprendieron el motivo por el cual este estudiante era el más amado.*

Ayuna durante un día y repite este Nombre 4440 veces. Te ayudará a mantenerte vigilante, protegido y cauto en todo lo que haces y en todo lo que te abstienes de hacer, en todos tus estados y en todos los aspectos de tu conducta. Este Nombre te ayuda a desarrollar la observación sobre ti mismo y consecuentemente, a evolucionar.

Nutre tu ser con el Nombre Divino *Ar-Raqīb*; ¡qué te conceda un corazón suave y despierto y un ojo agudo!

> El Profeta Muhammad, que la paz y las bendiciones de Allāh sean con él, dijo:
>
> *Practica la caridad cada nuevo día, cada amanecer: mediar en una pelea es caridad, ayudar a una persona a llevar su carga es caridad, una palabra suave es caridad, cada paso que das para realizar la oración es caridad y cada peligro que remueves del camino es caridad.*

Al-Muyīb (Al-Mujīb)
44

El Que Escucha, El Que Responde, El Que Reciproca, El Receptivo
55 – 220 – 3025

Esta cualidad Divina se corresponde con el que responde a las súplicas y las concreta, pues cuando te vuelves a Él, es porque crees en Él y esperas ser escuchado. Así que repite este Nombre Divino 55 veces con el corazón abierto y tus plegarias serán escuchadas.

Al-Muyīb proviene de la raíz **y-w-b** que significa viajar, deambular, recorrer, perforar, penetrar, contestar, responder, obedecer, escuchar, cumplir, otorgar, concordar, reverberar, cortar con alguien, desaparecer, disipar (preocupaciones), desvanecer (la oscuridad), escuchar o contestar (una oración), responder un pedido, reaccionar positivamente, prestar atención, encontrarse con, perforación, penetración, apertura, respuesta, contestación, viajar a través del mundo, conformidad, armonía.

El gran maestro Al-Ghazālī define el Nombre *Al-Muyīb* como *el que Se apresura para escuchar los pedidos de Sus criaturas antes de efectuados.*

Al-Muyīb significa no solo pedir, sino sobre todo se refiere a la capacidad de estar atento y de escuchar, pues una plegaria a Allāh significa invitar a la luz Divina para que alumbre la oscuridad y las confusas esferas de nuestro ego, de modo que Su luz pueda rodearnos y podamos saber realmente lo que estamos pidiendo. De esta manera comenzamos asimismo a vislumbrar las respuestas que siempre están allí. Son nuestras peticiones y nuestras plegarias las que nos transforman en aquello que debemos ser, lo que nos abre a la Divinidad. La escucha y la respuesta deben estar en sintonía. Cuando avanzamos a través del espacio existente entre el *yo* aislado y la Divinidad –cosa que solamente podemos lograr cuando abrimos el corazón– el pedido y la respuesta se encuentran. Desconocer cuando, donde y como la respuesta llega nos protege de nuestra propia y limitada imaginación. Pero saber que la respuesta vendrá nos convierte en amantes.

Al-Muyīb recibe las peticiones y las preguntas, así que vuélvete hacia Él, pues Él escucha cada una de las plegarias, conoce cada necesidad existente en este ilimitado universo y las de toda la Creación, y cuida de todos con Su amor completamente abarcativo y con orden, pues conoce las causas y los efectos de cada acción, por más insignificante que ésta sea.

Cuando desees que las cualidades de un Nombre Divino permanezcan resonando en tu ser, puedes repetir *Al-Muyīb* después de este Nombre.

Aquellas personas que tienen esta cualidad y la repiten en su corazón reciben regalos de Allāh en su existencia material, su conducta, sus acciones y su conocimiento. Si sientes estrechez en tu corazón, la repetición de este Nombre te ayudará a expandir tu pecho y podrás permanecer confiado.

Cuando haces 137 repeticiones de este Nombre, las primeras 7 te liberan de la estrechez en tu pecho, las siguientes 30 te ayudarán a experimentar la fortaleza que se encuentra en todos los Nombres, y las últimas 100 te envolverán en la cualidad del Nombre y te llevarán a manifestar su fuerza y energía.

Es un gran paso hacia delante, reconocer nuestra ignorancia frente a la Divinidad. Saber que no sabemos es el comienzo del verdadero conocimiento.

Aquellos que en su corazón tienen la cualidad de *Al-Muyīb* escuchan y obedecen la voz de la verdad, la voz de su ser profundo y de la misma manera en que ellos aceptan esta voz, Allāh acepta sus voces. La repetición de este Nombre también protege de la calumnia y los chismes.

Ten certeza en tu corazón que tus súplicas son escuchadas y que serán respondidas en el momento justo y de la mejor forma para ti. Ten confianza, fe, paciencia y perseverancia, pues nada puede suceder antes de que sea el momento adecuado para ti.

Sabe que cuando repites el Nombre *Al-Muyīb*, también tú debieras escuchar y responder a las necesidades y deseos de los seres de esta tierra, pues Allāh ama a quienes aman a Sus criaturas. Ama a quienes perdonan y a quienes aman a sus semejantes. Ama a aquellos que tratan a Sus criaturas tierna y amorosamente.

Al-Muyīb es uno de los Nombres Divinos que produce resultados rápidamente.

Sura *Al-Baqara*, La Vaca (2:186)

Y si Mis siervos te preguntan acerca de Mí –ciertamente, Yo estoy cerca; respondo a la invocación de quien Me invoca, cuando Me invoca: que Me escuchen y crean en Mí, para que puedan seguir el camino recto.

Oh Allāh, mi ego, mi nafs *ha oprimido y maltratado mi alma,*
ocultándole la luz y los secretos,
ayuda a mi alma para que pueda conquistar los impulsos
egocéntricos y egoístas de mi nafs.

Oh Allāh, perdóname por mi negligencia y falta de atención
y bríndame la luz que proviene de Tu Nombre Al-Muyīb
para que pueda permanecer agradecido y en constante remembranza de Ti,
viviendo según Tu voluntad ¡oh Tú que tienes capacidad absoluta!

¡Una buena palabra es como un árbol maravilloso!

Al-Wāsi‘
45

El Que Todo Lo Abraza, El Infinito, El Que Se Extiende Por Completo
137 – 548 – 18 769

Su plenitud abraza a todos los seres y a todas las cosas. Este Nombre Divino manifiesta la grandeza, el poder, la generosidad, y nos muestra Su prodigalidad infinita y Su presencia que todo lo abarca.

La raíz **w-s-‘** de la cual deriva *Al-Wāsi‘* tiene los siguientes significados (nombres, verbos, adjetivos): ser amplio, grande, espacioso, vasto, extenso, tener una situación afortunada, sostener o ser el poseedor de algo, albergar, tener capacidad, tener espacio, contener, comprender, incluir, ser suficientemente grande, ser posible, ser aceptado, ser generoso, enriquecer, estar profundamente comprometido, extenderse a lo ancho y a lo largo, anchura, tener más que suficiente, abundante, de gran capacidad, paciente, indulgente, grande, tolerante, generoso (de corazón).

Al-Wāsi‘ es el que puede sostener todo, el que hace espacio para todo. Amplía lo que es angosto o limitado, ya sea a nivel personal, financiero o profesional; a través de Su generosidad, abre el espacio para iniciar nuevos caminos y obtener nuevas oportunidades.

Aquellas personas que padecen por la carga de sus responsabilidades y las dificultades laborales encontrarán fuerzas y alivio si continúan repitiendo este Nombre. Los que padecen de celos y ánimo de venganza también se beneficiarán con esta repetición. Aquellos que sufren de depresión pueden recibir alivio si repiten el Nombre 137 veces. Este Nombre Divino también refleja la bondad y la misericordia que todo lo abraza. Recuerda esto y sabe que estás protegido, que tú y todos los seres reciben el cuidado de Dios. Abre tu corazón, ten fe y bríndale a tu corazón el honor de conocer la sabiduría omnipresente.

Permitir que la Divina cualidad de *Al-Wāsi‘* crezca en nuestro interior significa desarrollar la capacidad de contener y abrazar todo lo que llega a nuestras vidas, cualquiera que sea su forma. Sea lo que sea que nos suceda, a través de todas las dificultades y problemas, los seres humanos siempre tenemos una elección: expandirnos o quebrarnos. Siempre nos encontramos entre el estado de necesidad y nuestras capacidades. Así que reconoce la necesidad, de manera que tus capacidades puedan crecer en ti y que puedas ver que la situación que te llegó se encuentra allí para enseñarte a expandir tu ser interior, y así desarrollar y dar nacimiento a nuevas capacidades en ti.

Expandirnos, crecer, usar cada día de nuestra vida para ampliar nuestro corazón temeroso y nuestra mente aguda, esa es una tarea hermosa y vital. *¡Qué belleza tengo en mi interior!* Los ojos se llenan con el agua de la misericordia y nuestro aliento llena todo nuestro pecho. Esto es experimentar el verdadero conocimiento, es la dicha.

La cualidad Divina *Al-Wāsi'* se menciona muchas veces en el Sagrado Qur'ān, asociada con la cualidad *Al-'Alīm* (19), el omnisciente. Aprende a permanecer cada día un poco más de tiempo en el estado de dicha expansiva y plenitud, y a dejarte guiar hacia el espacio del conocimiento enriquecedor.

Sura *Al-Baqara,* La Vaca (2:115)

*De Dios son el este y el oeste: y allí donde os volváis hallaréis la faz de Dios. Ciertamente, Dios es infinito, (*wāsi'*), omnisciente (*'alīm*).*

Si tú repites estos dos Nombres *Iā Wāsi'*, *Iā 'Alīm*, tu corazón y tu habilidad para saber se expandirán porque el amor necesita también del conocimiento, del verdadero conocimiento. Repite *Iā Wāsi'* sin expectativas, pues las expectativas nos impiden vivir en el presente, y el único momento en que podemos aprender es en el presente, en el eterno 'ahora'.

La cualidad Divina *Al-Wāsi'*, el que todo lo abraza, te otorga la fuerza que necesitas para atravesar tus dudas y poder transformarlas en una fuente de fortaleza; ya que la duda es una forma de energía que está clamando ser transformada. Hacerlo es un honor que debiera ayudarte en el sendero de la expansión Divina, el camino del Amor incondicional. *Al-Wāsi'* nos ayuda a renunciar a los hábitos negativos y limitantes.

Pasa un día entero llevando contigo este Nombre escrito en un papel, repítelo en tu corazón y otórgale expresión a través de tu conducta, y verás como la generosidad Divina crece en tu interior y como un manantial de sabiduría comienza a burbujear en tu intimidad, en tu lengua y en tus acciones.

La combinación de los Nombres *Iā Wāsi'*, *Iā Raḥīm* (2) nos ayuda a soltarnos y a entregarnos si tenemos miedo de perder la identidad en nuestras relaciones, si tememos la intimidad. *Iā Wāsi'* nos ayuda a encontrar el equilibrio entre el extremo de poner límites en demasía u olvidarnos de nosotros mismos porque nos identificamos excesivamente con el otro. *Iā Wāsi'* también nos ayuda a lograr el equilibrio entre la flexibilidad que la vida nos pide con sus constantes cambios y nuestra creencia en la continuidad que nos permite participar de la vida de una manera constructiva.

Allāh recibe los Nombres de *wāsi'u r-raḥma*, rico en misericordia y *wāsi'u l-'adl*, pleno de justicia. Que la repetición de *Iā Wāsi'* atraiga hacia nosotros la brisa Divina de la misericordia, armonizando nuestros corazones y manteniéndolos en la rectitud.

Las personas que se sienten abrumadas por el peso de sus responsabilidades laborales o personales recibirán soporte al recitar este Nombre Divino. *Iā Wāsi'* es un Nombre que promueve la curación, especialmente en tiempos de dificultad o de depresión, porque las enfermedades del alma siempre resultan de un sentimiento de separación. La depresión es ese estado en que las personas que nos rodean o las circunstancias que atravesamos ya no nos conmueven o no nos nutren; cuando no podemos sentirlas o conectarnos con ellas y sentimos como si hubiéramos perdido nuestro lugar en la tierra. *Iā Wāsi'* abre nuevamente y con gentileza las puertas de la conexión, la expansión y la alegría. Así que repite *Iā Wāsi'* con labios suaves y permite que acaricie tu pecho con Su riqueza, perdónate a ti mismo y a los demás y ¡regresa!

El Nombre Divino *Al-Wāsi'* conlleva infinita bondad y la cualidad del perdón. Nos bendice con la capacidad de abrir nuestros brazos, incluso en momentos de constricción e incluso para abrazar a aquellos que nos han traído estas dificultades y esa constricción. En el plano físico, este Nombre nos ayuda cuando nos sobrecoge un sentimiento de estrechez que puede manifestarse como rigidez en la espalda, tensión en el útero o respiración corta.

Oh Allāh, expande y multiplica mis cualidades nobles
y mi conocimiento de Ti, expande mi luz y mis capacidades
para que pueda reconocer Tus manifestaciones.

Al-Ḥakīm
46

El Absolutamente Sabio
78 – 312 – 6084

Las personas sabias son aquellas que manejan sus asuntos de la manera apropiada. Sus palabras y acciones están plenas de armonía, no se dejan influenciar por las corrientes de la moda o las tendencias de actualidad, y están libres de sus propios impulsos y humores. Este Nombre manifiesta el conocimiento de las acciones verdaderas y auténticas.

Como *Al-Ḥakam* (28), el juez, el Nombre Divino *Al-Ḥakīm* proviene de la raíz **ḥ-k-m** que significa sabiduría, erudito, filósofo, doctor, inteligencia aguda.

Al-Ḥakīm es la fuente de toda sabiduría. Sabiduría significa que el espíritu está en unidad, significa unión, amor por Allāh y amor por toda la humanidad. Implica tener la capacidad para responder a todos los roles que nos pide la vida: amistad, ser hijo o hija, madre, padre, vecino, maestro, servidor. Ser sabio significa llevar amor y unidad en nuestro corazón y en nuestro espíritu, hablar con todos los seres humanos en su propio lenguaje, ser capaz de cumplir con todas nuestras tareas y funciones, mientras que simultáneamente permanecemos conectados con la verdad interior.

Sura *Al-Baqara*, La Vaca (2:269)

[...] y a quien le es dada la sabiduría, ciertamente le ha sido dada una gran riqueza. [...]

En el Sagrado Qur´ān, *Al-Ḥakīm* aparece 48 veces con *Al-'Azīz* (8) y 39 veces con *Al-'Alīm* (19). La combinación de *Al-'Alīm* y *Al-Ḥakīm* denota un conocimiento intelectual reflexivo y amplia sabiduría. *Al-'Azīz* y *Al-Ḥakīm* combinan poder y capacidad con sabiduría. Es el ejercicio de la sabiduría, la capacidad de obtener sabiduría en la práctica. Es la sabiduría que se expresa en la vida diaria, en nuestra acción cotidiana, en nuestra conducta.

La sabiduría es un acto bello, pleno de sensibilidad. Es la verdad que nos trae paz, confort y armonía. La sabiduría consiste en cultivar la sensibilidad en nuestros pensamientos, palabras y acciones de forma dual, es decir, percepción y expresión. Sabiduría significa liberar nuestras conciencias de las garras de la negatividad y el mal humor.

Como criaturas humanas, nacemos con libre albedrio en un universo que sigue Sus leyes. Nuestro libre albedrío desea cumplir todos nuestros deseos, seguir todos nuestros humores. Sin embargo, las constelaciones de la vida, las influencias y las circunstancias se enfrentan a nuestra voluntad una y otra vez. La tarea que se le ha impartido al alma humana durante su transcurso en la tierra es la de elevarnos sobre estas influencias que se nos oponen, caminar a través de ellas, liberarnos de cada ilusión, de cada desilusión echándolas a un costado, una después de la otra. Entonces cada situación justa y cada situación injusta fluirá finalmente hacia la Unidad y se completarán.

El sufismo le otorga gran importancia a la sonrisa porque ella ensancha y suaviza el corazón. La sonrisa manifiesta la conexión con el alma, es una elección de nuestra voluntad y una acción del espíritu elegir mirar la parte luminosa de la vida. Implica la decisión de andar por el sendero del amor. Es el camino del corazón que sabe que Allāh está detrás de todas las manifestaciones en Su perfección y justicia. Sonreír significa focalizar nuestra atención en nuestro corazón y en el corazón de los demás, porque cuando somos amigables y sutiles siempre terminamos cautivando los corazones.

Esto no significa que no debamos ser claros y agudos en ciertas circunstancias, solo significa que deberíamos actuar de acuerdo con lo que evaluamos como lo mejor posible. Significa que siempre tomamos una decisión interna favorable a la luz. Comprender la naturaleza humana y conectarnos con ella con sensibilidad significa ascender y elevarnos a nosotros mismos y a otros hacia las esferas más elevadas de nuestro ser. Implica sobreponerse al mal humor, a la depresión, la desesperanza, la tristeza, y descubrir la buena fortuna y privilegios que tenemos en nuestro interior y alrededor nuestro.

Este camino nos lleva desde el *yo* herido, desde la limitación de vernos parecidos a un charco, a comprender que somos un río que fluye hacia la perfección del océano del amor. Esta es la 'batalla sagrada', la *yihad*, de la cual hablaron todos los Profetas y que se libra con fuerza de voluntad y fe en el poder envolvente e inclusivo del amor de Dios. Esta batalla sana los humores del *yo* herido que nos induce a creer que estamos solos, a fijarnos en los defectos propios y ajenos, y que busca convencernos que la solución se encuentra en defender únicamente nuestros propios intereses o quizás también los de las personas más próximas a nosotros.

Las personas sabias son aquellas que conducen las cosas y situaciones hacia su lugar correcto en el tiempo adecuado, aquellas cuyas palabras y acciones están en armonía con las vibraciones de Su verdad. Estos seres pueden controlar sus impulsos y sus tendencias egoístas y no son manejados por los vientos emergentes de sus humores.

Aquellas personas que continúan repitiendo este Nombre se liberarán de las dificultades laborales y las emergentes de sus obligaciones. *Al-Ḥakīm* es el completamente sabio, el que reconoce lo que es bueno, el que se actualiza en Su Creación. Es el que conoce plenamente la sabiduría que Él ha ordenado previamente. Él establece todo a Su manera. Así que sabe que todo lleva Su sabiduría y Su propósito.

Aquellas personas que llevan este Nombre y lo repiten reciben sabiduría directamente de Allāh, una lengua que dice la verdad, y las sutilezas del conocimiento profundo. Sabe que los regalos que brinda cada uno de los Nombres Divinos están en relación a la fuerza de quien recita y a la veracidad contenida en esa fuerza. Este Nombre abre las puertas de la inspiración y permite que quienes lo recitan reconozcan las señales e indicios sutiles que los rodean.

El Nombre Divino *Al-Ḥakīm* es uno de los Nombres que expresan la majestuosidad de Dios y conlleva el conocimiento y sabiduría de la Unidad. Céntrate en tu corazón, mientras dejas que tu respiración fluya hacia adentro y hacia afuera suavemente, naturalmente. A medida que te vayas relajando lleva tu conciencia desde tu corazón al entrecejo. Ahora permite que tu conciencia viaje desde tu corazón hasta tu plexo solar. Conecta ambos centros con tu corazón y repite el Nombre Divino *Iā Ḥakīm* en voz alta o silenciosamente, como prefieras. Paulatinamente comenzarás a tener un ritmo, déjate llevar por él.

Los nombres *ḥakīm* o *ḥakīma*, el sabio o la sabia, también se utilizan en el lenguaje cotidiano para dirigirse a un doctor o un erudito, es decir, alguien con conocimiento, experiencia y discernimiento, facultades que pueden utilizar para sanar a las personas o al mundo.

Que este Nombre te muestre los misterios del propósito Divino detrás de la Creación y que tu conducta y tus acciones se inserten en las vibraciones de este conocimiento. Que este Nombre te otorgue fortaleza cuando sientes que, a pesar de todos tus esfuerzos, no encuentras soluciones o éxito. ¡Qué su remembranza abra nuevos espacios para ti!

Sura *Al-Baqara*, La Vaca (2:269)

da la sabiduría a quien Él quiere: y a quien le es dada la sabiduría, ciertamente le ha sido dada una gran riqueza. Pero sólo los dotados de perspicacia tienen esto presente.

La sabiduría pertenece a aquellos que están embebidos en el conocimiento de las leyes internas y externas de la existencia. Abarca lo inconsciente como así también el conocimiento adquirido y puja por lograr un balance en medio de la confusión reinante en el bazar de este mundo. Las personas que tienen esta cualidad pueden mostrar el camino correcto en momentos de duda, indecisión y confusión, llenando los corazones con nuevas esperanzas.

Sura *Al-Baqara*, La Vaca (2:32)

Dijeron: "¡Gloria a Ti! No tenemos más conocimiento que el que Tú nos has impartido. Ciertamente, sólo Tú eres omnisciente, sabio."

Lleva este Nombre escrito en un papel durante un día entero, repítelo en tu corazón y exprésalo en tu conducta. Verás como la sabiduría Divina crece en ti y como las fuentes de conocimiento verdadero comienzan a fluir en tu corazón, en tu lengua y en tus acciones.

La vida diaria es un lugar sumamente precioso para que nosotros podamos practicar la sabiduría.

Al-Wadūd
47

El Que Ama Incondicionalmente, El Que Ama Infinitamente
20 – 80 – 400

Cuando repites este Nombre, sientes que la dulzura, la bondad y la misericordia te abrazan. *Al-Wadūd* es la intimidad del amor Divino en el corazón. Percibes como tu corazón gira hacia la Divinidad, dejando todo atrás: posesiones, hijos, parientes y relaciones. El anhelo de sentir la cercanía de la Divinidad se fortalece y el camino hacia Dios se abre a través de tiernas hebras que nacen de tu corazón:

إياك نعبد و إياك نستعين

iyyāka na'budu wa iyyāka nast'īn
Solo a Ti te veneramos; y únicamente a Ti recurrimos para pedir ayuda.

Aquellas personas que poseen la cualidad de *Al-Wadūd* te aman a través de sus actos y palabras, de su fidelidad y de su pureza, de su amor y de su sinceridad sin esperar nada a cambio.

Al-Wadūd proviene de la raíz **w-d-d** que significa amar, gustar, sentir simpatía hacia alguien, querer, desear, hacer amigos, devenir amigos, intentar ganar el favor de alguien, esforzarse por obtener el amor de alguien, demostrar amor o afecto, amarse mutuamente, estar en términos amistosos, ser amigos, amor, afecto, cordialidad, deseo, disposición favorable, apego, devoto, aprecio, amigable, en buenos términos, amado, estaca o perchero.

Con *Al-Wadūd*, la carpa de nuestra existencia en este mundo está sostenida por las estacas del amor Divino. Aquellas personas que siguen el sendero de *Al-Wadūd* traen cordialidad, armonía y amor entre las personas.

Sura *Maryam*, María (19:96)
En verdad, a quienes llegan a creer y hacen buenas obras el Más Misericordioso les dará amor (wudd)*:*

A ellas les es concedido Su amor y la capacidad de amar a Su Creación, como así también ser amadas por sus semejantes.

En el Sagrado Qur'ān, *Al-Wadūd* se encuentra una vez combinado con *Ar-Raḥīm* (2), la eterna compasión, y una vez con *Al-Ghafūr* (34), el que perdona profundamente. *Al-Wadūd* es el amor que penetra en las profundidades del corazón, manifestándose invariablemente como compasión. El amor perdona. Cada vez que podemos perdonar, nuestro corazón se abre y se conecta, el amor surge a través de esa conexión y el corazón herido se sana.

Al-Wadūd te atrae suavemente, amorosamente hacia Dios y llena tu corazón con Su luz, abriendo el espacio para que puedas ser Su servidor hasta el momento en que llegas a conocer el amor incondicional. Algunas personas consideran que *Al-Wadūd* es el Nombre más grandioso.

> *Mi servidor se acerca a Mí a través de acciones que amo y que he sembrado en su ser, sigue acercándose continuamente a Mí, haciendo el bien por su propia voluntad, hasta que Yo lo amo. Cuando lo amo, escucho a través de sus oído, veo a través de sus ojos, tomo desde su mano y camino con sus pies y cuando él peticiona sus plegarias son concedidas.*
>
> hadiz *qudsī*

Si se produce una pelea o disputa entre dos personas y una de ellas repite este Nombre Divino 1000 veces sobre un alimento y luego se lo ofrece al otro para comer, la disputa terminará. Si deseas ser amado por Dios, acércate a quienes te han abandonado, da a quienes son malvados contigo y perdona a quienes te hieren.

El Profeta Muhammad, que que la paz y las bendiciones de Allāh sean con él, dijo:

> *Cuando un ser humano mira a otro con amor, esto es mejor para él que rezar en la mezquita por un año entero.*

Así que ama lo que Allāh ama.

Existen muchas personas que necesitan ayuda, soporte y amor; personas que necesitan saber que son amadas, pues nada es tan sanador para un ser humano como sentirse amado. ¡Acepta el hecho de que puedes ayudar!

El Nombre Divino *Al-Wadūd* es como un imán. Aquellas personas que lo repiten a menudo son amadas por todas las criaturas, Allāh pone amor para ellas en el corazón de Sus criaturas.

Si escribes este Nombre Divino en un papel y lo llevas contigo, Allāh pondrá amor en tu corazón y amor en los corazones de aquellos que te rodean. Aquellas personas que repiten este Nombre comienzan a desear el bien a todas las criaturas y a sentirse tolerantes y comprensivas hacia ellas. El Nombre *Al-Wadūd* abre un espacio entre el amante y el Amado.

La única manera de entender el amor es amando. La única manera de entender la amistad es a través de un amigo. El Nombre Divino *Al-Wadūd* te brinda la energía y la claridad para fortalecer el amor y puedas continuar amando.

Pon tus manos en tu corazón y céntrate en él; repite el Nombre Divino *lā Wadūd* y mientras lo repites, mueve tus manos primero sobre tu vientre y luego sobre tu frente. Percibe como la cualidad *lā Wadūd* toca todo tu ser, percibe como el Divino amor incondicional abre un canal en tu interior y como Allāh crece en ti.

Permítete ser amado para que el fuego del amor pueda cambiar todo en ti. La idea es transformar el *yo*, no desarrollarlo. La transformación tiene lugar con nosotros y para nosotros. Está conectada con nuestra tarea, con nuestro accionar y lo que damos al mundo porque todo lo que hacemos tiene consecuencias para nosotros, para los demás y para nuestro planeta, pues todo está conectado.

Encuentra una posición cómoda, sentado o acostado y focaliza tu atención en la respiración. Siente como tu pecho y tu vientre se elevan y descienden; despacito comienza a exhalar amor. Permite que esta respiración fluya sobre tu cuerpo, sobre tu ser, sobre tus fortalezas y debilidades, sobre tus experiencias, tus bosques y tus océanos; siente la fortaleza cuya fuente está en tu corazón. El objetivo de la sanación es siempre la Unidad. El sentimiento de separación que causa todas las enfermedades desaparece en la Unidad. Este es el objetivo de la sanación y el camino es el amor. La única batalla que merece ser llamada 'guerra santa' es la lucha interior contra nuestros propios demonios y bajos impulsos porque únicamente esta guerra conduce a la sanación.

Amar incondicionalmente significa tener el coraje y la perseverancia para verte a ti mismo como eres, en el conocimiento profundo de que todo en la existencia es perfecto. Caminar por el sendero del Amor significa comenzar el viaje hacia ti mismo.

Los caminos hacia Allāh son tantos como Sus criaturas, sin embargo el más corto y el más simple es servir a otros, no perturbarlos y hacerlos felices.

Conviértete en un espejo en el que se pueda reflejar la vida misma. Deja que la vida te vea y te penetre. Permite que las impresiones del mundo vengan a ti y conviértete en un receptor activo. Dejarás entonces de ser el punto central y podrás ser muchos puntos centrales en su lugar. Pues el corazón de aquellos que devienen receptivos a la vida se llena de paz.

Una vez se le preguntó a un hombre sabio: "¿Qué puedo hacer? Mi lengua me causa dificultades y no puedo detenerla cuando estoy con gente. Sigo juzgando lo que hacen y contradiciendo lo que dicen. ¿Qué puedo hacer entonces?"

El hombre sabio respondió: "Si tú no puedes controlarte, evita a las personas y vive solo; aquellos que desean vivir con otros no debieran ser cuadrados, sino redondos, para poder así darse vuelta hacia todas las personas y hacia todo."

Ser completo implica conocer el amor. Ten en tu corazón paciencia y amor por tus semejantes y transfórmate a ti mismo en una casa de misericordia donde tu corazón es el altar de tus oraciones. Observa tus pensamientos, tus palabras, tus acciones y echa anclas en el momento presente, una y otra vez, utilizando tu respiración para poder ser capaz de morir en cualquier momento, pues el *nafs* debe irse para que Dios venga.

Observa las señales en tu interior. La excesiva satisfacción con uno mismo sucede *cuando eres sensitivo respecto a tus propios derechos, pero indiferente hacia los derechos de los demás, cuando ignoras tus propios errores como si no existieran, mientras te ocupas de los errores de los demás, cuando eres muy suave y tolerante contigo mismo.*

Las señales que indican la falta de satisfacción contigo mismo son *el autocontrol constante, el echarte permanentemente la culpa y la permanente sospecha sobre tus motivaciones e intenciones.*

Practica el equilibrio entre estos opuestos para poder crecer armoniosamente.

¿Son acaso las conclusiones que alcanzamos a través de la inspiración comparables con los resultados que obtenemos a través del pensamiento lógico?
Sí y no. Entre el sí y el no, el alma deja el cuerpo, la cabeza deviene separada del tronco. Ibn al-'Arabī

Dios le dio a los seres humanos la tarea de recitar Sus Nombres para que ellos puedan alcanzar la felicidad perfecta porque la mayor alegría consiste en recoger las rosas del conocimiento de Dios y escuchar las melodías del amor Divino en el jardín del corazón. Aquellos que practican la remembranza de la Divinidad entran en el espacio Divino y consecuentemente no conocen el temor ni las preocupaciones.

¡Así que ama y conviértete en un ser redondo!
Enfrenta tu temor, enfrenta tus dudas y atraviésalas
y entonces descubrirás el amor Divino.

Al-Mayīd (Al-Majīd)
48

El Glorioso, El Magnífico, El Celebrado, El Pleno de Gracia
57 – 228 – 3249

Este Nombre Divino se manifiesta en la dignidad, magnanimidad, venerabilidad, generosidad y santidad. Aquellas personas que repiten este Nombre tendrán una vida honorable.

Los seres humanos oran por tres razones. Algunos lo hacen por miedo al castigo y se esfuerzan para obtener Su recompensa. Otros oran por la propia virtud de la oración y sostienen que cuando las dificultades aparecen, surgen de Tu justicia omnisciente y cuando vienen las bondades de la vida, provienen de Tu gracia omnisciente. Por último están aquellos que oran porque el ojo de sus corazones ha visto la Divina verdad en Su majestuosidad, Su belleza y Su perfección, son aquellos cuyos corazones se han sumergido en el océano del amor y sus esfuerzos se han disuelto en el contentamiento con la Divinidad. Los tres conocen el significado del Nombre Divino *Al-Mayīd*, pueden ver parte de Su secreto y reconocer los rastros de este Nombre en sus sentimientos, en su comportamiento y en su conducta.

El Nombre Divino *Al-Mayīd* aparece cuatro veces en el Sagrado Qur'ān. Proviene de la raíz **m-y-d** que significa glorioso, ilustre, exaltado, alabar, glorificar, celebrar, gloria, esplendor, magnificencia, grandeza, nobleza, honor, distinción, admirable, excelente, espléndido. El Nombre Divino *Al-Māyid* (65) proviene de la misma raíz.

Al Sagrado Qur´ān se lo llama *mayīd*: *kitabun mayīd*. *Al-Mayīd* es la arrolladora fuerza de la vida que penetra todo nuestro ser como un río y nos permite maravillarnos ante los misterios Divinos. Nuestro corazón experimenta al mismo tiempo silencio y asombro, sobriedad y éxtasis, perplejidad y entusiasmo ¡Es precisamente esta paradoja emocional, lo que hace al corazón más amplio, flexible y abierto a la felicidad! *Al-Mayīd* es cuando el espíritu se ve iluminado por un destello de luz inmediatamente antes de perderse en total admiración.

Al-Mayīd es el asombro ante el insondable y glorioso poder Divino. La misma estupefacción que tuvo la esposa de Abraham, Sara, cuando recibió, a la edad de 90 años, la noticia de que quedaría embarazada:

Sura *Hūd*, Hud (11:71-73)

Y su mujer, que estaba de pie [al lado], se rió [de felicidad] y entonces le dimos la buena nueva [del nacimiento] de Isaac y, después de Isaac, de [su hijo] Jacob.
Dijo ella: "¡Ay de mí! ¿Cómo voy a tener un hijo, siendo ya vieja y mi marido un anciano? ¡Ciertamente, eso sería en verdad asombroso!"
*[Los emisarios] respondieron: "¿Te asombras de que Dios decrete lo que Él quiera? ¡La gracia de Dios y Sus bendiciones sean sobre vosotros, Oh gente de esta casa! ¡Ciertamente Él es digno de toda alabanza, sublime! (*ḥamīdun majīd*)"*

Al-Mayīd trae a nuestras vidas regalos que asombran, maravillan y nos confunden, y permite que un estallido de éxtasis surja repentinamente de nuestro corazón. Quienquiera que experimente *Al-Mayīd* fluye hacia una profunda gratitud de alabanza, *Al-Ḥamīd* (56).

La plegaria ritual finaliza con las palabras:

'innaka ḥamīdun majīd
Tú eres el Uno hacia Quien fluye de regreso todo lo encomiable.
Tú eres el Uno que deja que la gloriosa e inmortal energía de vida fluya hacia toda la existencia.

Ayunar desde el amanecer hasta el atardecer los días 13, 14 y 15 del mes, y repetir el Nombre *lā Mayīd* 100 veces al romper el ayuno brinda ayuda en casos de depresión y problemas del corazón.

Las personas que poseen la cualidad de *Al-Mayīd* son generosas y magnánimas, bondadosas con sus semejantes y valientes, y de ellas emana una bendición. Esta cualidad también se manifiesta cuando somos rápidos en la acción y defendemos la justicia social.

Aquellas personas que repitan este Nombre Divino 171 veces, todos los días antes del amanecer, comienzan a ver los milagros que Allāh ha creado en esta vida. Su pecho se expande, su humanidad se fortalece y Allāh les brinda la fuerza necesaria para servir a la humanidad y a este planeta.

Cuando vemos debilidades en la gente y podemos sostenerlas, cuando vemos sus necesidades y las contenemos en nuestros corazones, entonces Allāh nos ayuda con nuestras propias debilidades y necesidades, y nos asiste para que podamos transmutarlas en fortaleza y así descubrir nuestra profunda verdad y capacidad. Por lo tanto, utiliza tu tiempo para meditar y orar, para que puedas estar anclado y despierto, mientras caminas por el sendero de tu vida, libre de ilusiones y engaños.

Al-Mayīd ayuda a aquellas personas que se han atascado en el mundo material y han perdido todo sentido de la alegría y el asombro. Cuando podemos sentir las maravillas de este mundo y del universo, esto nos ayuda a romper la cárcel de la separación, atraídos por el llamado de la belleza, el amor y los milagros que Allāh nos ha dado.

Cuando recitamos los Nombres Divinos y los dejamos crecer saliendo hacia afuera de nuestro corazón, el corazón se expande, nuestra capacidad de amar y de dar afecto se incrementa y por amor a Allāh, aprendemos a desarrollar el amor y la bondad hacia Su Creación.

El secreto de la Creación se encuentra en el conocimiento de las cualidades de Allāh. Esta es la raíz universal, toda la vida fluye desde esta única fuente. Todo el color, el sonido y la forma emerge literalmente de este único origen.

Permanece completamente alerta a los patrones de la vida, a las formas que se revelan, todas fluyendo de los más perfectos Nombres Divinos. Todos los patrones de la vida y la naturaleza provienen de los arquetipos Divinos que es nuestro destino servir.

La belleza de este mundo radica en su diversidad, en la existencia de antípodas y diferencias, y en la forma en que el hombre y la mujer logran armonizar los opuestos. El mundo necesita la tensión creadora de los opuestos. Este es el milagro de la diversidad. No existiría la Creación si no existiera la separación de la Unidad. Es en el medio de la diversidad y los opuestos que puede conocerse la Unidad.

Cuando somos agradecidos nuestro corazón se llena de luz y repentinamente podemos ver al mundo como realmente es, podemos ver el milagro que verdaderamente es. Así que reconoce lo que la tierra te da, se agradecido por todo lo que te rodea, por los reinos visibles e invisibles.

El aprecio y la gratitud te ayudan a unir los opuestos y abren un espacio en tu corazón donde se muestra lo que debes hacer. ¡Recuerda! Recuerda que todos venimos de la misma fuente. Todos nos conocemos más allá de las formas, del tiempo y del espacio. Nada te es extraño. ¡Recuerda!

Cuando llevas *Al-Mayīd* en tu corazón, tus capacidades y percepciones espirituales se profundizan, tu autocontrol se incrementa y cuando eres movido por el estado de este Nombre, nadie se opone a tu palabra. La repetición de esa cualidad Divina traerá alivio a quienes sientan penurias o experimenten dificultades, y su alma despertará con conocimiento espiritual.

La verdadera independencia significa ser independiente del pasado.

Al-Bā'ith
49

El Que Despierta, El Que Causa, El Que Libera
573 – 2292 – 328 329

Este Nombre Divino contiene las siguientes preguntas: *¿Cómo utilizaste tu vida? ¿Cómo utilizaste tu juventud? ¿Cómo ganaste tus ingresos? ¿Cómo y dónde gastaste tu dinero?*

Al-Bā'ith proviene de la raíz **b-'-th** que significa enviar, remitir, despachar, reenviar, delegar, emitir, evocar, inspirar, despertar, remover, provocar, fomentar, revivir, resucitar, ser enviado, ser despedido, ser provocado, ser causado por, ser resucitado, originar, despertar, resurgimiento, evocación, misión, surgir, fuente, punto de origen.

El Nombre Divino *Al-Bā'ith* despierta en nosotros el deseo de liberarnos del control de nuestros impulsos y de apartarnos de nuestros humores y apatía hasta el límite de lo que nos permita nuestra humanidad. Este Nombre Divino nos brinda la perseverancia que nace de la entrega a la Divinidad y también la determinación honesta de embarcarnos en la nave del conocimiento y el anhelo, buscando aquello que en nosotros es eterno.

Al-Bā'ith nos ayuda a liberarnos de nuestras barreras. Conlleva el poder que nos permite despertar y dar el próximo paso hacia la perfección y la unidad, sacudiéndonos del estado de estar semidormidos para poder seguir el perfume de Dios, el viviente. De la misma manera en que nuestro cuerpo se despoja de las células muertas y nacen nuevas todos los días, nosotros los seres humanos deberíamos ejercitar la plena conciencia. *Al-Bā'ith* nos abre el camino y nos asiste en el sendero hacia nuestra humanidad.

Cada uno de nosotros posee una virtud particularmente desarrollada y refinada. Para algunos es la alegría, para otros la adaptabilidad o el discernimiento, o la capacidad para relacionarse, o la gracia, o la naturaleza de un niño, o la creatividad o el coraje. El Nombre Divino *Al-Bā'ith* nos ayudará a descubrir o revivir esta cualidad principal. Una vez que sabes cual es, ese conocimiento te dará sostén para desarrollar otras cualidades y virtudes y elevarlas al nivel de la cualidad principal, como si tomaras una flor central y la rodearas con otras flores hasta que formaras un hermoso ramo.

Si tú recitas este Nombre Divino todas las noches antes de irte a dormir, la luz Divina se comenzará a manifestar en tu corazón. Las personas inocentes que están siendo acusadas y que recitan *lā Bā'ith* 7070 veces pueden ser salvadas, Dios mediante.

Aquellos que poseen esta cualidad ya han experimentado el significado de la frase *muere antes de morir* y su conocimiento les permite resucitar aquellos corazones que han muerto debido a la ignorancia. *Al-Bā'ith* es el que despierta las cualidades Divinas y el que nos resucitará el Día del Juicio ¡Así que actúa de acuerdo con esto!

Al-Bā'ith nos otorga la confianza que necesitamos para esperar hasta el momento en que Allāh nos manda comenzar algo. Este Nombre nos da la fortaleza necesaria para estar despiertos y alegres sin dejarnos llevar por las urgencias y deseos de nuestro ego ansioso.

La resurrección espiritual se obtiene a través de la purificación del corazón y de la mente. En el Sagrado Qur'ān, la vida, *ḥayāt* حياة, se compara con el conocimiento, *'ilm* علم, y la muerte, *mawt* موت, con la ignorancia, *yahl* جهل. Así que huye de la ignorancia como huirías de un gran peligro, sal fuera de la tumba de la oscuridad e inconsciencia, utilizando las mayores virtudes humanas: alegría de vivir, conocimiento, conciencia, voluntad y poder creativo. Busca las fuentes que te conducen al conocimiento y te habilitan para descubrir la verdad.

Cuando repites este Nombre Divino, dirige su cualidad hacia todas las relaciones y proyectos existentes en tu vida, y míralas a través de la visión de *Al-Bā'ith*. Las acciones externas y los vínculos todos tienen un tiempo de existencia limitado y cuando se desvanecen, todos regresan al corazón Único. Observa todas las cosas desde su contexto más amplio, permite que tu espíritu abrace la totalidad del mundo, visualiza a tus vínculos y a tus acciones desde esta visión abarcativa. Nunca te olvides que a pesar de todo, nosotros los seres humanos somos la esperanza para este mundo. Estamos aquí para aprender a conocer el amor, para convertirnos en sabios que comprenden el amor y para expresarlo en nuestra vida diaria.

Todo gira alrededor de la transformación, así que transforma tu mundo en un sitio extraordinario pleno de la experiencia de la Divinidad.

Ash-Shahīd
50

El Testigo, El Que Percibe, El Observador

319 – 1276 – 101 761

Los deberes de una comunidad no se limitan a los encuentros rituales. Cada ser humano es una oportunidad para encontrarse, reflejarse y conocerse a sí mismo en el otro.

Uno de los Nombres Divinos es *Ash-Shahīd*, el testigo. A través de la Creación y sobre todo a través de otros seres humanos, Dios es el testigo de Su propia existencia y de Su tarea. Es a través de este testimonio que los individuos reciben reconocimiento y alimento para su conciencia. Este es motivo suficiente para preferir la vida social a la ascética.

Sura *Al-Baqara*, La Vaca (2:143)

Y hemos hecho así de vosotros una comunidad intermedia para que [con vuestras vidas] deis testimonio de la verdad ante toda la humanidad, [...]

Ash-Shahīd deriva de la raíz **sh-h-d** de la cual surgen los siguientes significados: presenciar, ser testigo, experimentar personalmente, ver con los propios ojos, estar presente, asistir, ver, atravesar algo, someterse, transitar una experiencia, dar testimonio, confirmar, dar evidencia, inspeccionar, observar, pronunciar la profesión de fe musulmana, miel, panal, mártir, muerto en acción, testimonio, lugar de reunión, reunión, sepulcro o lugar sagrado venerado por las personas especialmente la tumba de un santo, acto, observación, percepción, testigo, dedo índice.

Ash-Shahīd nos urge a ser testigos de la Divinidad, a usar nuestros sentidos, pensamientos y corazón para mirar hacia el mundo oculto e invisible de la Unidad a través del mundo externo de la multiplicidad. Este Nombre nos alienta a trasponer las trampas del conocimiento externo para alcanzar el conocimiento interior. Ser testigo de lo sacro significa conectar los sentidos exteriores con el corazón, con los sentidos internos.

El concepto *shahāda* (todo lo que puede percibirse por los sentidos y por el espíritu, es decir la percepción sensorial o conceptual) se opone muchas veces al concepto de *al-ghayb* (aquello que trasciende la posibilidad de percepción de la criatura). Únicamente Allāh sabe todo.

De acuerdo con una transmisión oral, el Profeta Muhammad, que la paz y las bendiciones sean sobre él, dijo *lo mejor es el camino del medio.*

El camino del medio es el que se transita entre la autoridad de Moisés y la suavidad de Jesús, un camino equilibrado entre *yalāl* جلال (majestuosidad) y *yamāl* جمال (belleza), entre *ẓāhir* ظاهر (lo externo) y *bāṭin* باطن (lo interno), entre *sharīʻa* شريعة (mandamientos) e *ʻishq* عشق (amor), entre *ṣalāt* صلوة (oración) y *dhikr* ذكر (remembranza), entre *islām* إسلام (entrega) e *īmān* إمان (fe firme, certeza).

Este es el camino de la virtud, *'iḥsān* إحسان.

'Iḥsān es la belleza. Significa dar lo mejor de nosotros en nuestras palabras y acciones. Significa esforzarse para lograr la belleza y la perfección, procurar expresar esta belleza en todo por amor –por amor a Allāh y por amor a Su Creación. *Iḥsān* existe porque hay algo en nosotros que requiere la unidad, la eternidad.

La palabra *shahāda* (profesión de fe) deriva de la misma raíz:

لا الله إلا الله محمد رسول الله

lā 'ilāha 'illā llāh–muhammadun rasulu llāh
No existe otra realidad más que Dios
y Muhammad (el perfecto) es el mensajero de Dios.

La *shahāda* se divide en dos partes. La primera, *lā 'ilāha 'illā llāh*, expresa que solo Dios existe y que todas las cosas dependen de Él. No existe certeza absoluta fuera de lo absoluto; todo lo manifestado, todo lo relativo está conectado con lo absoluto. El mundo está conectado con Dios, lo relativo está conectado con lo absoluto por un doble vínculo de causa y propósito, origen y meta. El mundo no es Dios, sin embargo nada existe fuera de Dios. Existe una diferencia entre lo real y lo irreal, *lā 'ilāha*, sin embargo existe una conexión entre el mundo y Dios, *'illā llāh*, porque nada puede considerarse como separado de Allāh.

La segunda parte de la *shahāda*, *muhammadun rasulu llāh*, refleja la perfección de la existencia manifestada a través del Profeta Muhammad en su ser y en su manera de ser. La primera parte de la *shahāda* es la aniquilación, *fanā´* فناء, y la segunda es la existencia continua, *baqā´* بقاء.

Ninguna persona tiene el derecho de juzgar la fe religiosa de otra persona si no le es preguntado. Ese derecho solo puede derivar del acuerdo mutuo, por ejemplo, dentro de una comunidad espiritual.

Esta casa (este mundo) se basa en el olvido. Todos los cuerpos y formas en este mundo se sustentan a través del olvido.

> *Pero la remembranza de Dios no podría existir si no existiera el olvido, pues algo debe olvidarse, antes que pueda ser remembranza. En consecuencia la fe y la falta de fe son una y la misma cosa, ya que una no puede existir sin la otra. Ellas son indivisibles y Dios es uno.* Rumi, "Fihi ma Fihi"

El Nombre Divino *Ash-Shahīd* apunta a la omnipresencia de la Divinidad y a la posibilidad de ver, percibir y observar todas las cosas bajo esa perspectiva. Las personas que están atrapadas en un hábito o conducta negativa hacia los demás deberían recitar este Nombre Divino varias veces en ciclos de 21 repeticiones.

La ejecución de esta misma práctica, apoyando el índice sobre la cabeza de un niño, ayudará a que su escucha sea más receptiva. El recitado de este Nombre trae luz al corazón y además comprensión y conocimiento. Abre la cualidad de observación y de dar testimonio de la Divinidad, tanto interna como externamente. Este conocimiento profundo de Su vigilancia nos protege de los pensamientos, palabras y acciones vergonzosas y bajas. Nos da la fortaleza para poder ver a Allāh, la Realidad existencial y eterna, en todas las cosas y descansar en la eterna presencia de la Divinidad. Nos abre el ojo del corazón y esta visión nos lleva a saber que todo está conectado. *Ash-Shahīd* es la presencia eterna, la existencia eterna y la protección eterna.

Si sientes que eres objeto de acusaciones y reproches infundados, repite *lā Allāh, lā Shahīd* 319 veces por la noche y recibirás protección. Cuando te encuentres con problemas o en dificultades, acude a Allāh en tu lamento. Él es el vidente, el que todo lo sabe.

Es posible que te preguntes cual es la diferencia entre los Nombres *Al-'Alīm*, *Al-Jabīr* y *Ash-Shahīd*. Los tres están conectados, cada uno de ellos contiene a los otros, sin embargo con cada uno puedes sentir algo que no sentiste con los demás.

Dices: "Allāh conoce cual es mi estado" (*Al-'Alīm*), "Él está bien versado en mis secretos e intenciones" (*Al-Jabīr*), y "Él es el que percibe mis palabras" (*Ash-Shahīd*).

Al-Ghazālī nos explica:

> *Cuando queremos referirnos al conocimiento absoluto, decimos* Al-'Alīm. *Cuando agregamos el que está detrás de todas las cosas, el oculto, decimos* Al-Jabīr. *Y cuando añadimos el mundo visible, entonces decimos* Ash-Shahīd. *Comprende que cuando unes dos, se separan y cuando los separas, se conectan.*

Sura *'Āl 'Imrān*, La Casa de 'Imrān (3:18)

Dios da testimonio –como [hacen] los ángeles y todos los dotados de conocimiento– de que no hay deidad sino Él, el Mantenedor de la Equidad; no hay deidad sino Él, el Poderoso, el Realmente Sabio.

Este sura nos muestra con las palabras *Dios da testimonio* que Él está dando testimonio del poder Divino de Su innato plan consciente a través de la naturaleza de Su Creación.

Aquellos que están al servicio de esta cualidad testifican respecto a la verdad y la omnipresencia de Dios.

Sea lo que fuere que hagas en este mundo, es posible que exprese quien eres, sin embargo no te define. Tú eres tu esencia y si tú vives tu esencia, todo lo que hagas será guiado por esta esencia.

Al-Ḥaqq
51

La Verdadera Realidad, El Verdadero, El Real
108 – 216 – 11 664

Al-Ḥaqq contiene la profunda sumisión a Dios, a la naturaleza y a todas las cosas que te rodean. Este Nombre se recita mayormente en soledad, lejos de las distracciones externas. Aquello que está por detrás de la realidad es la Realidad, *Al-Ḥaqq*. Él es a quien pueden atribuirse todas las cualidades. Es el inicio que no tiene comienzo y el fin que no tiene final. Allāh es *Al-Ḥaqq* en Su esencia, Sus cualidades y acciones, manifestadas a través de la luz de Su majestuosidad y Su belleza. Él es la Veracidad de la cual todo toma su verdad.

لا إله إلا الله الملك الحق المبين
lā 'ilāha 'illa llāh al-malik, al-ḥaqq, al-mubīn
No hay otro dios más que Dios, el soberano, el verdaderamente real

Si recitas esta frase 100 veces todos los días, recibirás ayuda y soporte inesperados en tu vida. Si tú estás triste porque has perdido algo, repite este Nombre y lo encontrarás nuevamente, si Dios quiere.

Al-Ḥaqq proviene de la raíz **ḥ-q-q** que significa ser verdad, acabó por ser verdad, se confirmó que tenía razón, correcto, necesario, obligatorio, titular, adecuado, acertado, apropiado, reconocer, identificar, lograr que algo se convierta en verdad, darse cuenta, llevar a la práctica, realizar, poner en acción, consumar, poner, implementar, producir, presentar, determinar, estudiar, examinar, explorar, mirar, comprobar, interrogar, decir la verdad, ser serio, merecer, verdad, exactitud, sonido correcto, prueba, merecedor, digno de recibir, un hecho, verdadero estado de los asuntos, verdadera naturaleza, esencia.

Al-Ḥaqq es la realidad, la verdad, absoluta en Su inmanencia y trascendencia. *Al-Ḥaqq* es como la luz blanca: cuando pones una lente frente a ella, refracta la luz y puedes ver la vida, el amor, el conocimiento, el éxtasis, la alegría, y así sucesivamente, de acuerdo con tu madurez interior.

> Iā Ḥaqq, *envuélvenos en la luz de la verdad, para que podamos conocer la Realidad detrás de la realidad sin distraernos con las imágenes y manifestaciones externas. Permite que nuestras intenciones se embeban en la fuente de la verdad, permite que nuestras lenguas amen la verdad y nuestros sentidos devengan instrumentos de veracidad.*

La verdad Divina nos libera, devolviéndole al espíritu su impulso natural y sobrenatural y en consecuencia su pureza, al recordarle que nada existe salvo el Absoluto.

Si el hombre es voluntad, entonces Dios es amor; si el hombre es inteligencia, Dios es verdad.

Al-Ḥaqq es uno de los Nombres Divinos que producen efecto rápido y que traen la respuesta más rápida cuando se repite en el corazón, en entrega a Dios. Déjate un espacio abierto en tu vida donde poder retirarte y girar tu rostro hacia Dios incondicionalmente.

وما تقرب إلي عبدي بشيء أحبّ إليّ مما افترضته عليه؛ ولا يزال عبدي يتقرّب إلي بالنوافل حتى أحبه، فإذا أحببته كُنت سمعه الذي يسمع به، وبصره الذي يبصر به، ويده التي يبطش بها، ورجله التي يمشي بها، ولئن سألني لأعطينه، ولئن استعاذني لأعيذنه

> *wa-mā taqarraba ilayya ʻabdi bi-shay'in 'aḥabba ilayya mimmā f-taraḍtuhu ʻalayhi, wa-lā yazālu ʻabdi yataqarrabu ilayya bin-nawāfili ḥatta 'uḥibbuhu, fa-idhā 'aḥbabbtuhu kuntu samʻahu lladhi yasma'u bihi, wa-baṣarahu lladhi yubṣiru bihi, wa-yadahu llatī yabṭishu bihā, wa-rigluhu llatī yamshī bihā, wa-la'in sa'alanī la-'uʻṭiyannahu wa-la'in istaʻādhanī la-'uʻidhannahu.*
>
> Nada Me regocija tanto como el momento en que Mi esclavo se acerca a Mí adorándome, como le he ordenado. Mi esclavo continúa acercándose y entregándose a Mí hasta que lo amo; y cuando lo amo me convierto en el oído con el cual escucha, la vista con la que mira, la mano con la que sujeta y el pie con el cual camina. Si él Me pidiera algo, Yo verdaderamente se lo otorgaría y si Me pidiera refugio, verdaderamente se lo brindaría.
>
> hadiz *qudsī*

Esta transmisión sagrada es mencionada más frecuentemente que cualquier otra en el sufismo. Simboliza el motivo de todos los esfuerzos del sufí.

Para los sufíes, la verdad es sinónimo de Dios. Únicamente la verdad es real, solo la verdad es constante. *Ḥaqq*, verdad, es el opuesto de *bāṭil*, ilusión. Todo lo que viene de Él es verdad y todo lo que regresa a Él es verdad.

Ash-Shahīd (50), el testigo, es el Nombre que precede a *Al-Ḥaqq*, el verdadero, el real, en la lista de Nombres Divinos porque únicamente el testimonio de Dios respecto de Sí mismo, es verdaderamente válido.

El famoso místico Al-Hallaj expresó esto de la siguiente manera:

> *Quienquiera atestigue que Dios es el Uno, Dios pone a su lado una presencia, es decir, a Él mismo como testigo.*

No es el hombre el que debe ser testigo, sino la Divinidad en el hombre.

anā l-ḥaqq!
¡Yo soy la Verdad!

Este grito extático-sobrio de Al-Hallaj le costó la vida. Expresó su contacto directo con el Conocido y su fusión con la Única realidad, una fusión existencial basada en la Divinidad que existe en nosotros.

Es el anhelo que la Divinidad tiene por Sí mismo, lo que nos trae al camino.
¡Oh Allāh, otórgame conocimiento de Ti, desde Ti, para Ti!

Al-Wakīl
52

El Protector, El Que Ha Sido Autorizado y Nunca Abandona,
El Depositario de Confianza
66 – 264 – 4356

Este Nombre abre un espacio en el corazón que nunca nos deja porque es el sitio de certeza y silencio.

> Iā Wakīl, *Tú que me cuidas, mi protector. Tú eres en quien deposito todos mis asuntos. Tú eres a quien le confío todo. ¡Tú eres en quien confío absolutamente!*

Todos los átomos circulan a través de la mano de Allāh, la infinitud se une a lo finito y la eternidad toca al tiempo.

Este Nombre esparce su luz sobre las sombras de la mente, dándole la fortaleza necesaria para ser honesta y evitando que vaya a un lugar que no le pertenece. Suavemente, disuade a la mente para que no haga círculos de pensamientos con las preocupaciones sobre el pasado y los deseos para el futuro.

Al-Wakīl proviene de la raíz **w-k-l** que significa dar en confianza, asignar algo, comisionar, poner alguien a cargo, autorizar, dar poderes, nombrar un representante o agente, investir a alguien con plenos poderes, basarse en la confianza, estar en una posición de confianza mutua, confiar, ser responsable, abogado, confiar plenamente, depender, indiferencia, confianza en Dios, confianza.

Al-Wakīl transforma las tormentas de preocupaciones, tristeza y abatimiento en un viento de confianza. Permite que los fantasmas de las ilusiones y sus insinuaciones cedan a la serenidad del corazón, abriendo un espacio que nos permite encontrar soluciones y en consecuencia encontrar descanso de tanto pensamiento incesante y agotador.

Sura *'Āl 'Imrān*, La Casa de 'Imrān (3:159)

*[...] luego, cuando hayas tomado una decisión, pon tu confianza (*tawakkal*) en Dios: pues, ciertamente, Dios ama a quienes ponen su confianza en Él.*

Pues *Al-Wakīl* significa abandonarnos completamente, sin vacilar, a la Divinidad, sabiendo en nuestros corazones que Él es confiable y Él sabe lo que es mejor. *Al-Wakīl* es admitir conscientemente los plenos poderes de Allāh y concordar con ellos.

Al-Wakīl no significa decir: *sí, yo he comprendido que todo el poder está en las manos de Allāh*; *Al-Wakīl* significa invocar conscientemente Su ayuda.

Sura *Al-Mā'ida*, El Ágape (5:23)

[...] ¡Y en Dios debéis poner vuestra confianza si [verdaderamente] sois creyentes!

Al-Wakīl es el Uno en quien podemos depositar nuestra confianza sin reservas. Él nos otorga la capacidad de aceptar todas las cosas y posibilidades que llegan a nuestras vidas con apertura y flexibilidad, sin inquietarnos o carecer de entusiasmo porque conocemos la protección cuidadosa y sabia que Allāh nos brinda. Este conocimiento, esta confianza abre en nuestro corazón un lugar para la transformación.

Nos da la fortaleza para renunciar a las cualidades del ego herido que nos conducen a la separación, y a tomar cada vez mas los colores de las cualidades Divinas. Nos da la fortaleza para aceptar la vida cuando es fácil y cuando es difícil, y nos permite transformar la desesperanza en confianza. Así que sabe que todo lo que se encuentra entre los cielos y la tierra está en Sus manos. Desde un punto de vista, tenemos la capacidad de actuar y somos responsables, sin embargo desde el otro, es el que actúa y decide. No existe negación, pero si sostenemos un único punto de vista, perdemos el otro. Sin embargo, únicamente Él existe.

Las personas que están inmersas en la cualidad de confianza y entrega, *tawakkul*, no interpretan que lo que les pasa es el resultado de sus errores ni ven a sus errores como un castigo. Así que confía en Allāh y haz lo que sea necesario para que la bondad, la amabilidad y la compasión crezcan y se desarrollen en ti, y que lo que es malo e injusto sea apartado.

Aquellas personas que son temerosas y temen, por ejemplo, ahogarse o quemarse, deberían recitar este Nombre, una y otra vez, en ciclos de 66 repeticiones. Sabe que Allāh siempre elige lo mejor para ti, incluso cuando tu ego no lo percibe así, pues Su compasión y Su misericordia hacia ti son infinitas, más allá de cualquier cosa que puedas imaginar.

Cuando estés en una situación difícil para ti y no vislumbres como salir de ella, repite:

حسبيا الله و نعم الوكيل

ḥasbiyā llāh wa ni'm al-wakīl

Confío plenamente en Ti y Tú verdaderamente eres mi confidente.

¡Qué esta oración también te acompañe en tiempos de comodidad! Pues traerá balance a tu vida y una alegría dulce y liberadora.

Cuando surge un problema en tu vida, focaliza en él con la energía de tu entrega, tu amor y tu anhelo por Allāh. Sumerge la situación y el problema que te han aparecido repentinamente en esa energía y déjalos allí. ¡Eso es *tawakkul*, confianza! Eleva tu cabeza, permite que tus ojos se empapen y llena tu pecho con la luz Divina antes de volver a observar los hechos.

Si confias en Dios verdaderamente, Él te cuida, de la misma manera en que cuida las aves del cielo, los escarabajos en los campos, los peces en las profundidades del océano, todos ellos ocupados en lo que hacen y libres de preocupaciones.

Este Nombre está especialmente conectado con el Profeta Muhammad, que Dios lo bendiga y le otorgue paz.

> *Un beduino montaba su camello para llegar a una reunión con el Profeta, que la paz y las bendiciones de Allāh sean sobre él. Desmontó rápidamente y corrió porque llegaba tarde. La congregación oraba y el beduino se unió a ellos con fervor. Al finalizar las plegarias, se retiró con el corazón liviano y fue a buscar su camello.*
>
> *Pero ¡hete aquí que su camello había desaparecido! Consternado y confundido, corrió hacia el Profeta, que la paz y las bendiciones de Allāh sean sobre él, y gritó: "Yo oré con todo mi corazón y puse toda mi confianza en Dios y cuando salí, mi camello había desaparecido. ¿Acaso es esa la recompensa por mi confianza en Dios?"*
>
> *Y el Profeta, que la paz y las bendiciones de Allāh sean sobre él, respondió: "¡Primero ata tu camello y luego pon tu confianza en Allāh!"*

El Nombre Divino *Al-Wakīl* libera nuestro espíritu de la ilusión de que hemos sido olvidados por Dios, liberando nuestro corazón herido y dolorido de la creencia que no merecemos ser sostenidos en la misericordia y el amor Divino. Nos libera de ese dolor profundo de ser pasados por alto.

Este Nombre Divino contiene la cualidad de servicio y el servicio siempre significa ser un protector de la vida. Ten conciencia de que todo está conectado. La meta del servicio y de la sanación es siempre la Unidad. Ayudar a alguien verdaderamente significa brindarle soporte para que el sentimiento de separación –la ilusión de separación– pueda disolverse y esta persona pueda comenzar a caminar por el sendero y descubrir así su propia perfección. Cuando descubrimos nuestra perfección, nuestra ilusión de separación muere.

Hay tres cualidades que son los obstáculos mas grandes que existen en el sendero del servicio: la avaricia, el enojo y la venganza. Conecta tus sentidos con tu corazón. Cuanto mas intensamente estén conectados tus sentidos –y en consecuencia tus acciones y tu servicio– con tu corazón, mas intenso será también el fuego que en tu corazón destruirá todo lo que se interpone en el camino hacia tu transformación en un ser completo.

Observa tu vida con el ojo de tu corazón.
Reconoce que estás siendo bendecido y confía en Él cada vez más
porque la vida es un proceso evolutivo de confianza.
Pues ¿qué es acaso la confianza, sino la entrega al amor de Allāh
que habita en lo más profundo de nuestra alma?

Al-Qawīy
53

El Poderoso, El Fuerte, El Intenso, El Energético
116 – 348 – 13 456

Al repetir este Nombre Divino, sentimos cuan pequeño es el universo frente a la Divinidad. Desde la profundidad de nuestro corazón surge un sentimiento interior que murmura que todas las criaturas reciben su existencia y fuerza únicamente del Creador. Cuando repetimos este Nombre un largo tiempo, comenzamos a sentir que nuestra fortaleza está en Dios y nos llega a través de Dios, que nos movemos adentro y a través de Él, dejando únicamente espacio para Él en nuestro corazón.

Al-Qawīy proviene de la raíz **q-w-y** que conlleva las siguientes acepciones: ser o devenir fuerte, vigoroso, enérgico, poderoso, incrementar el poder, tener influencia, ser suficientemente fuerte, poder lidiar con algo, ser abandonado, morir de hambre, ser negado, detenida (lluvia), alentar, infundir ánimo, intensificar, ser pobre, estar vacío, potencia, violencia, coraje, habilidad, ser débil.

Cada Nombre Divino posee una cualidad completamente abarcativa, de modo que puede ser utilizado tanto como antídoto o como disparador. Dado que invariablemente los Nombres contienen los dos opuestos, nos ayudan en nuestro proceso de transformación en seres completos.

Al-Qawīy es fortaleza interior, una energía que nos centra y que no se muestra necesariamente en lo externo. *Al-Qawīy* nos ayuda a no reaccionar impulsivamente ante los acontecimientos y nos da fuerza para resistir. A través de *Al-Qawīy* devenimos conscientes de la firmeza Divina, de su intensa capacidad, fuerza y poder y esto nos permite ofrecerle a Él nuestra pobreza, nuestro vacío y nuestro sentido de abandono, para poder descubrir el amor, el consuelo y recobrar el ánimo.

La fuerza (*quwwa*) y el poder (*qudra*, como en *Al-Qādir* [69]) son cualidades que describen en ambos casos los atributos creativos de Dios.

Algunos Nombres se basan en la misericordia Divina, como *Al-Laṭīf* (30) y *Ar-Ra'ūf* (83). Otros se basan en la fuerza de la Divinidad, como *Al-Qahhār* (15) y *Al-Yabbār* (9). Nosotros, los seres humanos nos movemos entre ambos y estamos profundamente influenciados por ellos porque son los débiles los que necesitan la fortaleza Divina.

Esta cualidad Divina fue elegida para mostrarnos que recibimos nuestra fuerza de Dios, ya sea en el plano material, intelectual o espiritual. Así que sujétate a este Nombre en todos estos niveles y actúa de acuerdo a lo mejor de ti. Si te sientes débil o cansado cuando oras o meditas, repite este Nombre 116 veces diariamente, encontrarás nuevamente fuerza y alegría en tus oraciones y en tu meditación.

Recita esta cualidad Divina 116 veces para fortalecer el timo. También se utiliza para fortalecer los músculos y combatir la atrofia muscular.

Sura *Adh-Dhāriyāt*, Los Vientos Que Arrastran (51:58)

¡pues, realmente, Dios es el Proveedor de todo sustento, el Señor del poder, el Eterno!

Sentir la omnipotencia de Dios nos hace modestos. Es a través de la puerta de la modestia que fluye el poder Divino. La modestia trae excelencia a nuestro comportamiento, una lengua certera y palabras adecuadas; fortalece asimismo nuestra lealtad.

La omnipotencia e imaginación creativa de la Divinidad se manifiestan en las criaturas más tiernas y en las más poderosas.

Aquellas personas que están atrapadas en peleas o situaciones de enemistad estarán protegidas del sufrimiento y de los daños si recitan este Nombre, Dios mediante. Este Nombre Divino muestra la fortaleza, la intensidad y la fiereza en toda la existencia.

Este Nombre también te dará la fortaleza necesaria para soportar cargas o situaciones pesadas, ya sea en lo interno o en lo externo; también fortalece el alma. Otorga a quienes lo repiten la fuerza necesaria para sobreponerse a sus enojos y a otras influencias negativas. Repite este Nombre y permite que el poder y la fortaleza Divinas crezcan en ti.

¡Oh Allāh, fortalece mi amor por Ti y mi lealtad hacia Ti!

Al-Matīn
54

El Sólido, El Confiable, El Firme, El Inquebrantable, El Resuelto
500 – 2000 – 250 000

Del mismo modo que el Nombre Divino *Al-Qawīy* (53), este Nombre contiene fuerza, intensidad, poder y además la cualidad de alejarse de las debilidades y del cambio.

Al-Matīn es la perfección de Su poder sin límites y, hasta cierto punto, la cualidad superlativa de la Divina cualidad de *Al-Qawīy*.

Al-Matīn proviene de la raíz **m-t-n** que significa ser firme, ser fuerte, ser sólido, fortalecer, consolidar, fortificar, parte principal, cuerpo, medio del camino, superficie, espina dorsal, firmeza de carácter, estilo conciso, cubierta de un barco.

Este Nombre Divino también muestra firmeza e intensidad al distinguir entre lo verdadero y lo falso. Posee la cualidad de una espada aguda, clara, fiera y, sin embargo, compasiva. Para los sufíes indica la necesidad de mantener una actitud sumamente firme frente a las constantes tentaciones del mundo visible, material.

Esta actitud nos da fortaleza en el camino espiritual y nos ayuda a mantenernos en el camino elegido. La cualidad de *Al-Matīn* nos otorga estabilidad, constancia y control sobre nuestros pensamientos y acciones, ayudándonos a sobreponernos a las luchas y debilidades interiores mientras caminamos por el sendero de la luz. Nos brinda la resolución y la fortaleza para superar al *nafs*, superar nuestra codicia y nuestra ambición. *Al-Matīn* nos da la fuerza necesaria para continuar cuando distracciones y debilidades aparecen. Cuando queremos abandonar una práctica, *Al-Matīn* nos da la fuerza de voluntad y la resolución para continuar.

Este Nombre también ayuda en casos de duda o inestabilidad, ya sea interna o en nuestro mundo circundante. *Al-Matīn* nos ayuda a convocar o activar nuestra fuerza interior y también nos asiste cuando hemos perdido nuestra flexibilidad, volviéndonos demasiado rígidos. Así es como *Al-Matīn* produce efectos en ambos sentidos.

Si te enfrentas con dificultades, repite este Nombre Divino y ellas se disolverán, Dios mediante.

Si combinas los Nombres Divinos *Al-Matīn* y *Al-Qawīy* (53), recitando *Iā Qawīy*, *Iā Matīn*, la estabilidad y la determinación se expandirán en tu corazón, conjuntamente con un sentimiento de confianza. Lo más importante cuando repites un Nombre Divino es tu intención y tu pensamiento positivo, es decir, la creencia de que todo lo que es correcto y esencial para ti te llegará. De esta manera conservarás el núcleo interior de alegría, incluso en tiempos de preocupaciones y dificultades.

El Nombre Divino *Al-Matīn* te otorga fuerza en tiempos difíciles y es de importancia primordial cuando sientes o temes que estás perdiendo fuerza. Como se mencionó anteriormente, su influencia es particularmente fuerte cuando lo conectas con *Al-Qawīy*. Por ejemplo, si tienes que levantar algo pesado y sientes que no tienes suficiente fuerza o que necesitas ayuda, repite *Iā Qawīy*, *Iā Matīn* para darle soporte a tu cuerpo.

Continúa conectándote con la Unidad, pide sal para tus alimentos, pide cintas nuevas para tus sandalias cuando se rompen, pide que tu trabajo sea bendecido, pide todo lo que necesitas y echa raíces en la Unidad.

Al-Walīy
55

El Amigo Protector, El Cercano
46 – 138 – 2116

Cada Nombre Divino deja en el corazón una clase de dulzura y expectativa diferente, e influye sobre él de diferente manera, mostrándonos cada vez un nuevo color del Único amor existencial. La confrontación con el ego solo puede tener lugar a través de Su remembranza, a través del *dhikr* del alma, el corazón y la lengua. Entonces la calma puede fluir al corazón y los velos pueden ser levantados.

¿Por qué cargamos nosotros, los seres humanos, con montañas tan pesadas de preocupaciones, pena y sufrimiento sobre nuestras espaldas, cuando todo lo que es para nosotros nos llegará, desde el principio hasta el final de nuestras vidas? Cuando llegas a esta tierra, se te provee de lo necesario, incluso si corrieras tan rápido como el viento para escapar de la vida que te fue destinada, ésta también se movería tan rápido como el viento, siguiéndote hasta encontrarte.

Al-Walīy y *Al-Wālī* (77) ambos provienen de la raíz **w-l-y** que significa estar cerca de alguien o de algo, estar próximo, estar acostado al lado de, estar adyacente, seguir, lindar con, ser amigo, ser amigo de, estar a cargo, gestionar, dirigir, administrar, gobernar, regir, tener poder, tener autoridad, llegar al poder, apartarse, evitar, darse vuelta, ser un ayudante, ser alguien que da soporte, ser un protector, continuar sin interrupción, encomendar, cuidar, asumir la responsabilidad de, cercano, vecindario, guardián, partidario, una persona cercana a Dios, santo, un amigo de Allāh, lealtad, devoción, fidelidad, buena voluntad.

Comparado con *Al-Wālī*, *Al-Walīy* enfatiza primero y principalmente la intimidad con Allāh.

¿Por qué nos alteramos y enojamos los seres humanos cuando algunos de nuestros pedidos y deseos no son satisfechos? La compasión de Allāh por ti es mayor que la compasión que tienes por ti mismo. Cuando tus deseos contienen algo que es bueno para ti, se hacen realidad porque Él sabe lo que es bueno para ti y lo que te daña.

El Nombre Divino *Al-Walīy* comprende una cualidad general y una específica. Él es el Amigo protector de todas las criaturas a través Su cuidado, Su compasión y Su atención. Él es el Amigo íntimo de aquellos seres humanos que viven entregados a Dios. La amistad que se desarrolla entre los seres humanos que caminan juntos en el sendero hacia Dios y en Dios se expresa en el amor mutuo que se tienen, en la forma en que se brindan soporte, compasión y bondad mutua, y en el conocimiento que tienen de sus propias debilidades. Cada uno de ellos es un espejo para el otro, en el cual la magnanimidad y el calor del corazón pueden crecer. Este Nombre Divino manifiesta las cualidades de amor íntimo, cercanía y protección.

Sura *Al-Baqara*, La Vaca (2:257)

*Dios está cerca (*walīy*) de los que tienen fe, les saca de las tinieblas a la luz [...]*

Si tú repites este Nombre Divino 1000 veces, un jueves en la noche, en entrega y con devoción, se disiparán todos los obstáculos, tanto materiales como espirituales. Cuando se presenta una pelea en una relación, mantén este Nombre en tu corazón durante la disputa y la misma se disolverá.

Este Nombre ve y protege lo que es noble en ti, y te ayuda a fortalecerlo. Inspira al corazón y lo sana de las preocupaciones, tristeza, pesadez y soledad aparentes, pues Él es la compasión y el amor, la fuente de la cual surge la Creación, una y otra vez.

Sura *Fuṣṣilat*, Expuestos con Claridad (41:31)

Estamos con vosotros ('awliyā'akum*) en esta vida y [lo estaremos] en la Otra Vida; [...]*

Los seres humanos no reciben su superioridad debido a sus palabras o sus acciones, sino más bien por la actitud de su corazón. Aquellas personas que tienen la cualidad de *Al-Walīy* en su corazón abren su escucha para oír las preocupaciones de sus semejantes, están atentos para que se respeten sus derechos, usan su fuerza para darles soporte y ayudan a quienes están a su alrededor se abren a la vida. Pues a quien no le importan las preocupaciones de las demás personas no es una de ellas.

Aquellos que llevan este Nombre consigo y lo repiten, son paulatinamente guiados hacia la cualidad de Divina regencia y pueden reconocer su lugar en este planeta. Brindan soporte al crecimiento espiritual de los demás y despiertan la chispa Divina en su interior. *Al-Walīy* simboliza el amor y la protección que Dios otorga a quienes Lo reverencian con un corazón puro y en completa entrega. Ellos solo necesitan la cercanía de Dios.

Un *walīy* es alguien que está contínuamente conectado con Allāh, que es guiado y protegido por Él. Un *walīy* es quien se ha olvidado de sí mismo; el dragón del ego *nafs* ha quedado dormido. Su atención y en realidad todo su ser está dirigido hacia Allāh y está al servicio de Su Creación.

El *walīy* es el ser humano que ha sido admitido a la estación de proximidad con Dios. Vive y está en armonía con los mandamientos Divinos, y conduce a todos los que están bajo su cuidado con bondad y justicia. Él es el ayudante, el benefactor, el amigo, el santo porque su voluntad y la voluntad de Dios se han convertido en una. Él es el ser humano que ha devenido vacío y se ha convertido en un espejo perfecto para reflejar la luz Divina.

Allāh nos ha otorgado la capacidad de conocerlo a Él y nos ha conferido el honor de amarlo. Nuestra compasión por Su Creación es la expresión de nuestro amor por Él.

Conciencia significa conocer la esencia de la esencia
de todas las cosas, la naturaleza de todas las cosas.
En el momento en que la percibes, comienza a crecer y alimentar
la luz que hay en ti y en lo que te rodea.

Al-Ḥamīd
56

El Loable, El Más Alabado
62 – 248 – 3844

Estar conscientes de nuestra propia necesidad es la fuente que origina nuestro agradecimiento por la verdad. *Al-Fātiḥa* الفاتحة, La Apertura, es el sura de la alabanza y el agradecimiento.

La repetición de este Nombre Divino trae amor y respeto. Si lo repites 99 veces después de la oración matinal, tu día será bendecido. Si lo repites 66 veces después de la oración matinal y 66 veces después de la oración del crepúsculo, la belleza acompañará tus palabras y acciones. Si lo repites 100 veces después de cada una de las cinco oraciones diarias, traerá vínculos de amor y cariño entre tú y todas las criaturas.

Al-Ḥamīd se origina en la raíz **ḥ-m-d** que significa alabar, elogiar, ensalzar, alabar profundamente, encomiable, inofensivo.

Alabar a Allāh, agradecerle no significa que se focalice en la bendición, sino que lo que mira es al Uno que la ha otorgado, porque alabar es saber. Allāh nos demanda que tengamos conocimiento antes de hacer algo.

Al-Ḥamīd tiene un significado más exhaustivo que *Ash-Shakūr* porque expresa gratitud por todo lo que viene de Allāh, mientras que *Ash-Shakūr* es el agradecimiento por algo específico. Con *Ash-Shakūr* penetramos en nuestro corazón con algo que nos ha conmovido y nos causa agradecimiento. *Al-Ḥamīd* abarca e incluye todo nuestro ser, sabiendo que todo es digno de alabanza, correcto y bueno, incluso si la apariencia externa, el ego, no puede entenderlo como tal e intenta dividir todo bajo los conceptos de bueno y malo.

El nombre del Profeta Muhammad, que las bendiciones y la paz de Allāh sean con él, proviene de la misma raíz **ḥ-m-d** y significa el extremadamente elevado.

Si escribes el Nombre *Al-Ḥamīd* en una botella, la llenas de agua y se la das a beber a una persona enferma, la ayudarás a sanar rápidamente, si Dios quiere.

Al-Ḥamīd es el que es completamente digno de alabanza. Así que alábalo por todo lo que existe. Este Nombre contiene la cualidad del sujeto y del objeto; y nos muestra el apego que existe entre lo Divino y lo humano. Los seres humanos dan y reciben alabanzas cuando muestran gratitud por la abundancia y la bondad que los rodea. Así que permítete ser guiado al camino del alabado. Encuentra tu tarea en este mundo, realízala lo mejor que puedas y pídele ayuda a Allāh. Abre tus manos en oración para que las bendiciones puedan llover sobre ellas y puedas atraparlas. Y permanece abierto: eso es todo lo que necesitas hacer.

Porque cuando el corazón está despierto, está constantemente en un estado de oración. La oración del corazón es un estado de consciencia en el cual se está constantemente alabando a Dios.

Admitir nuestra propia ignorancia frente a la Divinidad es un paso importante y difícil. Es un paso hacia la disolución. Implica un profundo conocimiento de que todas las cosas, todos los seres en la vida están conectados los unos con los otros. Entonces, en lugar de ser el centro, te conviertes en un hilo esencial en la formación de la carpeta de la vida. Saber que no sabemos es el comienzo del verdadero conocimiento. El verdadero conocimiento siempre conduce al amor. ¿Acaso no es el amor: tolerancia, compasión, alegría, paciencia, disposición al servicio y cortesía?

La alabanza es lo opuesto a la crítica y falta de aprobación, *dhamm* ذم. La alabanza es una forma de gratitud, sin embargo la alabanza existe independientemente de la ayuda, favor o buena acción.

A los que tienen en su corazón la cualidad de *Al-Ḥamīd*, se les ha concedido un estado de nobleza y un ser nutrido por el conocimiento y misterios profundos. En este Nombre se encuentra un secreto que les permite develar lo que está oculto, descubrir tesoros y comprender el profundo significado de los símbolos.

Al-Ḥamīd ayuda al ego a liberarse de las quejas e insatisfacción. Nos ayuda a no focalizar nuestros pensamientos y percepciones en errores o deficiencias a las cuales nos aferramos, perdiendo de vista progresivamente las riquezas que nos han sido dadas.

Cuando centramos nuestra atención en la oscuridad, derramamos paulatinamente sombra sobre nuestros sentidos, nuestra lengua y nuestros pensamientos. Poco a poco surge una gran pobreza, la autocompasión. *¡Yo no fui mirado, por lo tanto no miraré nada!* es a menudo el motivo por el cual el *yo* herido no da lugar al agradecimiento. Abre tu corazón con *Ash-Shakūr* para que puedas sobreponerte a la insatisfacción y que *Al-Ḥamīd* conquiste tu corazón, tus pensamientos, tu lengua y tus extremidades.

Cuando combinas el Nombre Divino *Al-Ḥamīd* con *Al-Walīy* (*lā Walīy, lā Ḥamīd*) y los repites tantas veces como quieras, sentirás la fuerza Divina en ti, especialmente en tiempos de dificultad y necesidad, y girarás tu rostro hacia Él.

El gran maestro sufí Suhrawardi repetía este Nombre Divino de la siguiente manera:

يا حامد الأفعال ذا المني على جمع خلقه بلطفه

yā ḥāmid al-'af'āl dhā al-mannī 'alā jam'ī khalqihi bi-luṭfih
Oh Tú que bendices todas las acciones y rodeas a todas las criaturas con Tu dulzura.

El mundo gira bondadosamente hacia aquellos que repiten esta oración una y otra vez.

¡Toda la Creación Te alaba
porque Tu Creación es en sí misma la alabanza Divina más elevada!

Al-Muḥṣī
57

El Que Sabe, El Que Contabiliza, El Que Registra
148 – 592 – 21 904

Allāh creó la multiplicidad y le dió a cada criatura su lugar y su sabiduría. El Nombre Divino *Al-Muḥṣī* muestra que jamás ninguno de tus pensamientos, palabras o acciones se pierde.

Este Nombre Divino se refiere a lo visible y lo invisible.

> *Sabe que cada acción buena regresa a ti multiplicada por diez y cada acción mala solo una vez. Alabemos a Allāh cuando hallamos algo bueno, y cuestionemos a nuestro ego o* nafs *cuando encontramos algo malo. Así que ten claridad contigo mismo y gira tu rostro hacia Dios en todas tus acciones, sean visibles u ocultas. Cuando ves que tus palabras o acciones han causado daño o sufrimiento, expresa tu remordimiento inmediatamente, dejando que a la mala acción le siga una buena, disolviendo así lo que sucedió anteriormente. ¡Qué puedas tú ser libre al dejar este mundo! El sendero hacia la libertad es la transformación del ego o* nafs *a través del amor y la disciplina.*

Al-Muḥṣī proviene de la raíz **ḥ-ṣ-y** que significa contar, enumerar, calcular, computar, debitar, cobrar, guijarros, piedritas, estadísticas, estadístico, cálculo, computación, recuento.

Sura *Ibrāhīm*, Abraham (14:34)

> *[...] y si intentaráis contar las bendiciones de Dios, no podríais enumerarlas. [...]*

Al-Muḥṣī es el que conoce todo con exactitud, el que evalúa y pesa con precisión. Él tiene la capacidad de conocer todo en detalle, tanto en el mundo externo como en el interno. Luego Él apunta los resultados, los conoce, comprende y controla. Nada se pierde con Allāh.

¡

Qué cada uno de tus días este pleno de pensamientos y acciones que te acerquen a la Unidad! ¡Qué la diversidad de cada día, los opuestos y las diferencias que encuentras te recuerden constantemente la Unidad subyacente! ¡Qué cada día de tu vida te acerque a la Fuente!

Al-Muḥṣī nos ayuda a llevar un registro honesto de nuestra vida, de nosotros mismos; nos ayuda a comportarnos abiertamente, pesando una piedra después de la otra sin olvidar nunca el océano de compasión que nos transporta:

Sura *An-Naḫl*, La Abeja (16:18)

Pues, si intentarais contar las bendiciones de Dios, no podríais enumerarlas. Ciertamente, Dios es en verdad indulgente, dispensador de gracia;

Hemos sido colmados de regalos y formados como una compleja obra maestra.

Al-Muḥṣī nos da la capacidad de ver la intención subyacente en nuestras acciones. Es uno de los Nombres Divinos que estimula nuestro conocimiento. Promueve la sinceridad y la honestidad cuando sopesamos nuestra conducta. A pesar que evaluar nuestras acciones no cambia los hechos, nos permite observar con mayor claridad donde estamos y hacia donde desearíamos dirigirnos. Esto es verdad tanto en el plano material como en el espiritual.

En el centro de nuestro ser –en el alma nuestra– somos completamente libres de las cadenas de este mundo. Siempre llega hasta la raíz de todo lo que te rodea y especialmente todo lo que está dentro de ti. Observa e investiga la forma en que vives y la manera en que actúas. Cuando oras o meditas, permite que tu mente se hunda en tu corazón, una y otra vez. No temas el vacío. Comienza el viaje hacia tu centro y remueve el velo que cubre tu verdadero ser: ese rostro que te pertenecía antes de tu nacimiento.

El sendero que lleva a Allāh está en tu interior.

Al-Mubdi´

58

El Que Origina, El Creador, El Fundador, El Iniciador
56 – 224 – 3136

Cuando nada existía, existía únicamente Él (*mā siwa llāh* ما سوى الله). El Nombre Divino *Al-Mubdi´* nos inspira a reflexionar sobre la Creación y el Creador, y a contemplar ambos. Una hora en silencio, en estado de profundo recogimiento, es más nutritiva y beneficiosa que cualquier otra cosa que podamos hacer.

Al-Mubdi´ proviene de la raíz **b-d-´** que significa introducir, originar, comenzar, hacer por primera vez, ser el primero en hacer algo, concebir, idear, inventar, lograr, singular, resultados excelentes, ser increíble, ser excepcional, creer que, considerar como nuevo, innovador, innovación, sin precedentes, maravilloso, asombroso, singular, único, singularidad, habilidad creadora.

Al-Mubdi´ es el comienzo. Cuando surge une idea, cuando los pensamientos se reúnen alrededor de ella, cuando sentimos la inspiración de escribirla, cuando queremos ponernos a escribir y escribimos la primera letra –esto es *Al-Mubdi´*.

Dirigirnos a Allāh con el Nombre *Al-Mubdi´*, el que comienza, el creador, es sentir la fuerza, la acción que trae todo desde lo invisible, lo trascendente, al mundo visible.

Al comienzo de nuestra vida, somos débiles, luego crecemos y pasamos por un período de fuerza antes que eventualmente devengamos débiles nuevamente. Este es el ciclo de la vida. El equilibrio entre nuestro ser interno y el mundo exterior, es decir, entre nuestras acciones de índole espiritual y social, es particularmente importante durante nuestra fase de fortaleza que comienza cuando cumplimos cuarenta años.

Al-Mubdi´ nos da la fortaleza necesaria para actuar, para dar un paso y luego el siguiente, y nos otorga protección para no permanecer estancados en nuestro lodazal, auxiliándonos para que no obstruyamos nuestro camino, al punto de dejar de sentir emociones o interés. Cada vez que comenzamos algo conscientemente, *Al-Mubdi´* se está manifestando en ese tiempo y lugar.

Si dudas y te sientes inseguro sobre qué decisión tomar, deberías repetir este Nombre Divino 1000 veces y encontrarás la decisión correcta.

Este Nombre Divino está pleno de cualidades de luz y de conocimiento secreto. Si lo repites muchas veces, te guiará a una visión más profunda de las cosas. A través de las repeticiones, influye sobre la lengua, brindándole sabiduría y equilibrio.

Una vez que entras en el espacio de *Al-Mubdi´*, inicia cada acción con este Nombre. Te dará firmeza y estabilidad en tiempos de indecisión y falta de certeza, y también la fuerza necesaria para elegir lo que es bueno para ti. Este Nombre Divino intensifica la conciencia y te ayuda a alcanzar la concentración completa. *Al-Mubdi´* es uno de los Nombres de majestuosidad porque incluye la vida y la muerte.

Sura *Al-Baqara*, La Vaca (2:156)

[...] "En verdad, de Dios somos y, ciertamente, a Él hemos de volver."

Para los sufíes, la belleza y el significado de su camino está contenido en este verso. Es la decisión clara e irrevocable de dar precedencia a lo eterno sobre lo efímero, prioridad al que no ha sido engendrado sobre aquello que ha sido engendrado, hasta que el ser comienza a dirigirse hacia el camino de su origen Divino y el viaje comienza.

El camino sufí, el sendero del Amor, cambia el rumbo del corazón de modo que la energía del amor pueda penetrarlo y fluir hacia el mundo.

Al-Mu'īd
59

El Que Restaura, El Que Trae de Retorno, El Que Guía de Regreso
124 – 496 – 15 376

Los Nombres Divinos *Al-Mubdi´* (58), el que comienza, y *Al-Mu'īd*, el que guía de regreso, están conectados porque el que ha creado todo, está restaurándolo una y otra vez. Ambos engloban los conceptos de muerte y despertar, el eterno flujo de la vida, pues la vida es constante transformación, movimiento eterno.

Al-Mu'īd lleva de regreso aquello que *Al-Mubdi´* ha traído desde lo invisible hasta el mundo visible, cerrando así el círculo.

Sura *Al-Burūj*, Las Grandes Constelaciones (85:13)
Él es, ciertamente, quien crea [al hombre] en un principio (mubdi´)*, y [es quien] lo suscitará de nuevo* (mu'īd)*.*

Ambos Nombres Divinos nos conectan sobre todo con los movimientos de la Naturaleza y los milagros que nos rodean diariamente. Aquellas personas que observan el mundo y el universo devienen videntes, los videntes devienen sabios, los sabios devienen seguidores y los seguidores llegan a la meta. Pues después de la muerte los seres humanos son traídos nuevamente a la vida.

Al-Mu'īd proviene de la raíz **'-w-d** que significa regresar, volver, fluir de regreso, fácil de rastrear, revertir, rebotar, hacer referencia, volver, pertenecer, rendirse, abandonar, retirarse, guiar de regreso, traer de regreso, recobrar la conciencia, comenzar algo nuevamente, acostumbrarse a algo, recordar, reclamar, restablecer, reparar.

Al-Mu'īd es el que trae de regreso. Paso a paso, todo retorna a Allāh. *Al-Mu'īd* completa el círculo.

Al-Mu'īd trae de regreso aquello que se ha perdido. Si alguna persona o cosa preciosa se pierde, repite este Nombre 77 veces, en el silencio de la noche, en la casa donde vivía la persona o donde se perdió el objeto precioso. Recibirás novedades o la persona regresará, o el objeto precioso aparecerá.

Puedes recuperar todas tus memorias perdidas a través de la recitación intensiva del Nombre Divino *Al-Mu'īd*. Cuando lo que deseas recordar se remonta a mucho tiempo atrás, repite *lā Mubdi´* (58), *lā Mu'īd*. Si encuentras que es difícil o imposible decidirte, repite *lā Mu'īd* 1000 veces.

Aquellas personas que se preocupan mucho y llenan su corazón con tristeza constante e imágenes de catástrofes imaginarias abren al recitar este Nombre un espacio que los ayuda a liberarse de este peso.

La repetición de *Al-Mubdi´*, *Al-Mu'īd* te ayudará si deseas profundizar en las siguientes preguntas: *¿De dónde vengo? ¿Hacia dónde voy? ¿Cómo fue mi comienzo y cómo será mi final?*

Sura *Al-'Ankabūt*, La Araña (29:20)

Dí: "¡Id por la tierra y contemplad cómo Él ha creado [admirablemente al hombre] en un principio: y así, también, creará Dios vuestra segunda vida –pues, ciertamente, Dios tiene el poder para disponer de cualquier cosa!

Los seres humanos fueron creados a partir de elementos extremadamente primitivos y gradualmente evolucionaron hacia seres altamente complejos que poseen no solamente un cuerpo físico, sino un espíritu, sentimientos e instintos.

La idea de la resurrección existe en el judaísmo, el cristianismo y el islam.

Los sufíes comprenden la resurrección como un símbolo. Entienden que es la destrucción del *yo* en la luz de Dios, la disolución de la tensión ocasionada por la dualidad entre el bien y el mal que experimenta el alma que habita en este mundo, y la experiencia de la Unidad, de la fuerza creativa a través de la cual todo lo concreto existe.

La Unidad también significa reunión, así que siempre asigna lo externo a su dimensión interior; lee siempre las apariencias que se manifiestan, para poder alcanzar comprensiones más profundas.

La repetición de este Nombre Divino debiera ayudar a que puedas percibirte como eras antes de que tuvieras forma, en el tiempo en que ésta te fuera dada y asimismo, al tiempo de dejar esta forma nuevamente. Es la experiencia espiritual, intuitiva del flujo eterno de venir, crecer, extinguirse y reaparecer.

Repetir conjuntamente *Al-Mubdi´* y *Al-Mu'īd* es de gran ayuda en los casos de personas que encuentran dificultad para comenzar o completar las cosas.

¡Oh Allāh, recuérdanos lo que hemos olvidado, bríndanos conocimiento de lo que aún no sabemos y permite que cada nuevo día traiga a nuestras acciones, mayor bondad y compasión, para que nuestro final sea mejor que nuestro comienzo!

Al-Muḥyī
60

El Dador de Vida
58 – 174 – 3364

Al comienzo solo existía Allāh. Él dió vida a la Creación desde la nada y escribió la muerte sobre cada ser viviente. Del círculo de la muerte, la vida fluyó hacia las criaturas. Consecuentemente la muerte precede a la vida y la vida sigue a la muerte.

Al-Muḥyī es el que da la vida, el Único que puede dar y crear vida. Ninguna cosa viva está fuera de *Al-Muḥyī*. *Al-Muḥyī* es el opuesto de *Al-Mumīt* (61), el que da la muerte. *Al-Muḥyī* y *Al-Mumīt* te conducen a la realidad que causa la vida y la muerte. El Nombre Divino *Al-Ḥayy* (62) las contiene a ambas. *Al-Ḥayy* es el que vive eternamente, la fuerza Divina primigenia que no muere, eterna y omnipresente.

Ambos *Al-Muḥyī* y *Al-Ḥayy* provienen de la raíz **ḥ-y-w** que significa vivir, vivir para ver, experimentar, ser testigo, vivir a través de un tiempo, estar avergonzado, otorgar larga vida, prestar vida, saludar, llamar a la vida, dar nacimiento, revivir, salvar la vida de alguien, dejar vivir, activo, energético, intacto, impertérrito, sin desánimo, ser viviente, tribu, comunidad tribal, serpiente, vergonzoso, tímido, modesto, timidez, vida, savia o parte vital, vitalidad, animal.

ḥayya ʻalā ṣ-ṣalāt es el llamado a la oración: *¡Vengan a orar!*

Nosotros los seres humanos estamos por siempre atados al ciclo de la vida y la muerte. La repetición de este Nombre nos da la fortaleza para incorporarnos a este ciclo especialmente cuando repetimos en forma conjunta *Iā Muḥyī*, *Iā Mumīt*. Aquellas personas que tienen entendimiento reciben la vida a partir de la luz del conocimiento y su alma despierta a la vida a través de la dulzura de Su rostro. ¡Qué los misterios de la existencia te sean develados a través de la recitación de este Nombre!

Aquellas personas que padecen de una enfermedad crónica debieran repetir este Nombre Divino 68 veces, cinco veces por día, después de las oraciones o de una meditación. Este Nombre y el que le sigue fortalecen la conciencia de que los seres humanos están en las manos de Dios.

El Nombre Divino *Al-Muḥyī* es repetido antes que nada por el ángel Rafael (*Israfil*), que la paz sea sobre él. Cuando los seres humanos repiten este Nombre a menudo, sus corazones se animan y sus fortalezas y habilidades se manifiestan tanto en el plano interno como en el externo.

Al-Muḥyī es la fuerza Divina regeneradora que actúa en nosotros mismos y a nuestro alrededor, y se siente especialmente después de una crisis o una enfermedad. ¿Acaso no emergemos de estas situaciones sintiéndonos más fuertes?

Cuando llegamos al punto crítico de una enfermedad seria o el punto decisivo de una crisis existencial, no nos sobran fuerzas ni espacio interior para lo que no sea esencial, el ego es despojado y desnudado, y el corazón se libera de todos los deseos. Somos tomados con fuerza por una sensación inusual de libertad y liviandad, una calma radiante y gran quietud semejantes a la luz del amanecer, y nuestra alma se sintoniza con una energía superior. Se eleva el sol interno escondido en nuestro ser.

Nosotros muchas veces somos testigos de este estado de quietud del alma que aparece unos días antes de la muerte de una persona y entonces creemos que posiblemente la vida siga. Se trata de un honor especial, sumamente enriquecedor, poder compartir estos momentos con nuestros semejantes porque su sol nos nutre a nosotros también y nos guía hacia las profundidades de nuestro propio ser.

El sol simboliza el alma propia y nuestro corazón irradia su luz hacia la oscuridad de nuestro ego *nafs*. El corazón se convierte en el centro de nuestra existencia cuando se conecta con la luz del alma nuestra. En sí mismo el corazón se corresponde principalmente con la luna. Nuestro mundo es la noche, el mundo que no refleja el conocimiento. En el cielo nocturno, la luna es dirigida hacia el sol del cual recibe su luz; al conectarse con el alma y con el espíritu, ella se convierte en el sol interior. Tal es la superioridad del corazón donde las capacidades del alma y de la mente se reúnen y se transforman en conocimiento profundo.

Sura *Aẓ-Ẓumar*, Las Multitudes (39:23)

[…] –[una escritura divina] ante la cual se estremece la piel de los que temen a su Sustentador: [pero] después su piel y sus corazones se distienden con el recuerdo de [la gracia] de Dios… […]

Es a partir de este verso que los sufíes extraen la importancia del movimiento, de suavizar la piel, de sacudir el cuerpo y de girar alrededor del ojo del corazón, como herramientas que nos ayudan a concentrarnos durante el *dhikr* y en el transcurso de los giros de la danza sagrada.

Sus corazones se distienden puede reemplazarse por *sus corazones devienen menos duros.*

El Profeta Muhammad, que la paz y la bendiciones sean sobre él, dijo:

> *Para todo existe un pulidor que limpia el óxido; el pulidor del corazón es la invocación de Dios.*

La dureza del corazón es como las nubes frente a la luna, como el óxido del corazón o como el dragón que vigila la entrada de la fuente de la vida.

El anhelo es la canción del alma que surge por la separación.

Al-Mumīt
61

El Que Da La Muerte, El Que Permite La Muerte

490 – 1960 – 240 100

Jamás debiéramos preguntarnos el motivo por el cual la desgracia recae sobre los inocentes. Si las personas rectas sufren, ello significa que todos sufrimos, como lo atestiguan la vejez y la muerte que no eximen a nadie. La muerte acarrea una justicia igualadora que, por sí sola, es mucho más significativa que la multiplicidad de destinos terrenales.

La experiencia de la muerte es como trepar fuera de una cueva, repentinamente nos encontramos en la cima de una montaña y podemos ver toda la campiña de un solo vistazo. El alma reconoce las interminables diferencias, comprende por primera vez el contexto completo, la red intrincada y las conexiones inesperadas, y comprende que la vida fue solo un instante, un juego. El alma se reconoce a sí misma bajo la luz de su eterna y verdadera naturaleza Divina sin ninguna distorsión.

Sura *Al-Jumu'ah*, La Congregación (62:8)
Di: "Ciertamente, la muerte de la que huís acabará alcanzándoos [...]

La repetición de este Nombre alivia el miedo de vivir y de morir. Nos hace sentir en el corazón que todo está en las manos de Dios. Los Nombres Divinos *Al-Muḥyī* y *Al-Mumīt* se recitan, a menudo, en forma conjunta. Si repites *Al-Mumīt* sin recitar *Al-Muḥyī*, debes siempre recitarlo con Allāh: *lā Mumīt, lā Allāh.*

Cuando perdemos a un ser querido, repetir en forma conjunta *lā Muḥyī* (60), *lā Mumīt* nos brinda soporte hasta el tiempo en que nuestro corazón pueda atravesar y ser tomado por *lā Ḥayy* (62) porque tanto la vida como la muerte se originan y finalizan en *Al-Ḥayy.*

La vida es verdad y la verdad es Dios, en consecuencia la vida es únicamente Dios.

Al-Mumīt proviene de la raíz **m-w-t** que significa morir, perecer, perder la vida, morirse, disminuir, amainar, reducción, estar furioso respecto de, estar preparado para morir por, tener mucho afecto por, mortificar, suprimir, fingir estar muerto, buscar la muerte, sacrificarse, tierra estéril, sin vida, muerto.

> *La muerte, querido amigo, es para cada ser como sí mismo. Para un amigo es un amigo, para un enemigo es un enemigo. Oh vosotros que tenéis temor de la muerte, mientras huís de ella, sabed que sois vosotros mismos la causa de ese temor. Es la fealdad de vuestra faz, no la de la muerte. El alma vuestra es como un árbol y sus hojas son la muerte. Si vosotros estáis cansados de la espinas, debéis transformarlas; y si camináis sobre la seda más delicada, es la que habéis hilado vosotros mismos.* Rumi

La aflicción, el dolor, la depresión y las preocupaciones son una forma de muerte; el sueño también es una pequeña muerte; en efecto, estamos constantemente rodeados por diferentes formas de muerte. Cada día, nuestro cuerpo nos arraiga al ciclo de la vida y la muerte, recordándonos el constante movimiento de la vida.

Los sufíes debieran abordar la muerte conscientemente cuatro veces por día y prepararse internamente para estar prontos para la llamada del Gran Maestro. ¡Vive en el presente, ejercita tu humanidad, tómate el tiempo para orar y meditar, dar y obsequiar; disfruta de la belleza y de los milagros, y une el cielo y la tierra!

Algunas escuelas sufíes distinguen cuatro tipos de muerte que sus discípulos debieran de acatar:

> *La muerte blanca* es el hambre. Nunca llenes tu estómago completamente. Cumple con el hadiz: *ingiere únicamente un tercio de comida, un tercio de líquido y deja un tercio para el aire.* Un estómago vacío mantiene la mente despierta, ilumina el corazón y protege la conciencia del adormecimiento, la negligencia y el olvido del Amado.
>
> *La muerte verde* es permanecer modestos en nuestra vestimenta y corteses con nuestros semejantes para proteger nuestro ser de la vanidad y la arrogancia.
>
> *La muerte roja* es la batalla consciente contra el poder de la parte egoista y separadora del *yo* y su reclamo por dirigirnos.
>
> *La muerte negra* implica sobrellevar la soledad, las heridas, las ofensas y los malos entendidos que experimentaremos con las personas en el transcurso de nuestro camino espiritual.

De modo que repite *lā Mumīt*, *lā Allāh* cada vez que te sientas vencido por tus bajos impulsos porque es una invocación poderosa. Siempre recuerda en tu corazón que todos somos invitados en esta tierra, invitados que permanecen por un tiempo breve, y permite que esta reflexión influya sobre la forma en que te conduces con tus semejantes.

Pues nunca podrás saber si este encuentro será el último. Y nunca olvides que la luz Divina nos está esperando después de la muerte.

El místico sabe que la muerte no existe,
que es simplemente un cambio de conciencia.

Al-Ḥayy
62

El Viviente, El Que Vive Por Siempre, El Que Siempre Existe
18 – 36 – 324

Este Nombre Divino contiene la cualidad de lo que vive más allá de lo efímero. Es la vida eterna. Contiene la eternidad de la existencia sin comienzo ni final, más allá del tiempo y del espacio. ¡Qué este Nombre Divino te recuerde con cada aliento que tu vida y tu anhelo pertenecen a Allāh!

Si recitas este Nombre 101 veces por día, tendrás la bendición de completar tú ciclo de vida, Dios mediante. Si lo recitas 500 veces, diariamente antes del amanecer, los afligidos y los oprimidos recibirán paz. La repetición de este Nombre despierta la luz de la Unidad en el corazón. Es uno de los Nombres que el ángel Gabriel, la paz sea sobre él, repite constantemente

Los Nombres *Al-Ḥayy* y *Al-Muḥyī* provienen de la raíz **ḥ-y-w** (ver *Al-Muḥyī* [60]).

Este Nombre se utiliza para la sanación. Aquellos que han estado enfermos por un tiempo largo y no pueden recibir curación a través de la medicina convencional, deberían repetir este Nombre (o pedirle a otra persona que lo repita para ellos) 500 veces antes del amanecer, una y otra vez. Así que eleva tu cabeza y sal del estado de estar semi dormido y encontrarás sanación.

Al-Ḥayy contiene una potente energía de vida que se activa intensamente a través de las repeticiones. Le otorga al cuerpo una gran fortaleza y estimula su magnetismo, posiblemente como ningún otro Nombre. Otorga energía a tu cuerpo y tu mente, y comparte esta energía con todo lo que te rodea, como un regalo para ti.

Ibn al-‘Arabī nos explica:

> *Después de* Al-Wāḥid *(66) y* Al-’Aḥad *(67),* Al-Ḥayy *ocupa la posición más elevada entre todos los Nombres Divinos. Todos los demás Nombres Divinos pueden entrar a la realidad únicamente después de que Allāh le haya dado* ḥayy, *vida, al universo. Posteriormente llega* Al-‘Alīm *(19) y la conciencia fluye a la Creación.*

La respiración es vida. Inhala, inhala la fuerza que te rodea, luego exhala y permite que las briznas de pasto crezcan bajo tus pies. Dondequiera que vayas, trae vida a la gente, los animales y las plantas. La vida es alegría. Conéctate con el campo magnético del cosmos y expresa esta fuerza en tus palabras, pensamientos y acciones. Deviene uno con el ritmo de la vida. Eso es *Al-Ḥayy*.

Al-Ḥayy, el viviente, es el opuesto de *al-mayyit*, el muerto. La vida, *al-ḥayāt*, deriva de *Al-Ḥayy*. Cuando las personas son agudas, nobles y decentes, se dice de ellas que tienen un corazón vivo, *ḥayy ul-qalb*. Cuando ellas son estrechas y desconsideradas, se dice que tienen el corazón muerto, *mayyit ul-qalb*.

Poner una mano sobre los riñones mientras repites *Al-Ḥayy* 18 veces recarga y fortalece los riñones.

El Nombre Divino *Al-Ḥayy* se utiliza ante todo para despertar el corazón. Su repetición llena el pecho con la luz de la Unidad. Si te sientes desconectado de tu corazón, si sientes que la insensibilidad se está expandiendo en ti, este Nombre te ayudará a encontrar nuevamente la conexión con tu corazón. Te ayudará a conocerte más profundamente. Conlleva las cualidades de observación y acción. A medida que la conciencia de ti mismo se despierta, dirigiéndote hacia la observación, te llegará el conocimiento que necesitas para que todo lo que estas observando pueda transformarse y afirmarse en su curso correcto.

Cuando te sientas bajo presión, cuando sientas estrés en tu vida, repite este Nombre 500 veces todos los días antes del amanecer y la paz se expandirá en ti.

Este Nombre se recita frecuentemente con *Al-Qaiūm* (63): *Al-Ḥayy, Al-Qaiūm*.

El Profeta Muhammad, que la paz y las bendiciones sean sobre él, dijo:

Aquellos que repiten tres veces

أستغفر الله الذي لا إله إلا هو الحي القيوم وأتوب إليه

'astaghfiru llāh al-ladhi lā 'ilāha 'illā hū wa-'atūbu ilayh
busco refugio en Allāh, no hay ningún Dios salvo Él y yo me doy vuelta hacia Él, arrepentido

cuando van a dormir, todas sus trasgresiones serán perdonadas, incluso si son abundantes como la espuma del mar, las hojas de los árboles, la arena de las playas o los días del mundo.

Nadie le da al mundo tanta belleza y espíritu como los artistas y los místicos, sin embargo nada es eterno, absoluto ni completo, salvo Él.

Al-Qaiiūm (Al-Qayyūm)
63

El Que Existe Eternamente, El Que Existe En Sí Mismo, El Confiable
156 – 624 – 24 336

Este Nombre Divino conlleva una cualidad de independencia y autonomía. Allāh da y sin Él nada permanece, todas las formas provienen de Él. Es el perpetuo, el eterno. Todo existe porque Él es. Todo es efímero. Todo viene y pasa, todos los seres y todas las cosas resultan de Su existencia, y porque surgen de Él también existen después de la muerte.

Al-Qaiiūm proviene de la raíz **q-w-m** que significa levantarse, pararse, elevarse, levantarse o ponerse en contra, sublevación, atacar, crecer en honores, llevar a cabo, partir, ocurrir, suceder, permanecer parado resistir, pelear, enderezar, seguir derecho un poco más (camino), ser sincero, ser honesto, resurrección, tutela, resistencia, firmeza, capacidad de soportar, sinceridad.

La forma y el código sonoro del Nombre Divino *Al-Qaiiūm* apuntan a su cualidad de continuidad, de eterna existencia que otorga vida a todo.

Al-Qaiiūm permite que la Divinidad surja en nosotros, alejándonos de nuestro ego para permitir posteriormente que podamos pararnos nuevamente, ¡ya no sobre nuestro ego, sino en nuestro verdadero ser! *Al-Qaiiūm* nos hace rectos y correctos hasta que alcanzamos nuestra esencia.

Los dos Nombres Divinos *Al-Ḥayy* (62) y *Al-Qaiiūm* se recitan frecuentemente juntos, el que vive eternamente y el que existe por sí mismo, ¡fuente de toda la existencia! Repetir estos dos Nombres significa propagar la paz y la armonía sobre la tierra, fortalecer la fuerza de la vida y la armonía frente a las fuerzas de la guerra y la destrucción.

Al-Qaiiūm brinda fortaleza y confianza en la Divina Providencia, calma el dolor y la pesadez que sentimos en nuestro corazón, una y otra vez, cuando observamos lo que ocurre en el mundo. Repetir este Nombre 99 veces nos protege contra los tiempos duros, especialmente cuando hemos perdido nuestra sensación de seguridad. Él satisface nuestras necesidades y disipa nuestras penas, una y otra vez haciendo revivir la luz en nuestro interior con *Al-Qaiiūm*.

Cuando experimentas a Allāh como *Al-Qaiiūm*, te liberas a ti mismo de las preocupaciones existenciales, tu corazón le da menos importancia al mundo material y encuentras la paz.

Al-Qaiiūm es el que existe a través de Sí mismo, el que en Sí mismo es perfecto. Muchos ven a *Al-Ḥayy* y a *Al-Qaiiūm* como los Nombres Divinos más significativos y poderosos.

Ninguna persona puede ver a Dios sin morir primero. Este es el motivo por el cual la vida es a menudo comparada con un *hammam* (baño de vapor): entras, sientes calor por todas partes y este calor envolvente te da la oportunidad de limpiarte, purificarte y fortalecerte, sin embargo solamente cuando te retiras del *hammam* puedes ver el fuego, la fuente de todo el calor. El cuerpo humano es como un *hammam*: únicamente cuando lo has dejado, únicamente en el más allá, puedes reconocer el amor Divino que encendió el fuego del anhelo en ti.

Una vez se le preguntó al Profeta Muhammad, que la paz y las bendiciones sean sobre él:

> "¿Qué puedo hacer para que mi corazón no muera?"
> Y él respondió: "Repite lo siguiente:
>
> ياحى يا قيوم لا إله إلا أنت
>
> *iā ḥayy yā qaiiūm lā 'ilāha 'illā 'anta*
>
> 40 veces antes del atardecer. Estas palabras vivificarán tu corazón y lo protegerán por siempre de la muerte, del endurecimiento."

Cuando sientes que estás semidormido y que este estado te vence, cuando sufres por tu propio letargo y pereza, puedes recitar *Iā Ḥayy, Iā Qaiiūm* hasta el amanecer. Recibirás comprensión profunda, conocimiento y disfrutarás de tu trabajo. No te detengas con los significados externos, pide tener un entendimiento profundo, y poder saborear y percibir la luz que se encuentra detrás de los Nombres Divinos.

Aquellas personas que tienen en su corazón este Nombre Divino se convierten en testigos de que todo existe a través de Allāh y así es que aprenden a ayudar y dar soporte a sus semejantes en nombre de la Divinidad. Aquellos que tienen mala memoria deberían repetir este Nombre 16 veces por día y superarán este problema.

El recitado de las siguientes oraciones es considerado el mayor soporte:

الم الله لاإله إلا هو الحى القيوم

alif lām mīm allāhū lā 'ilāha 'illā hū al-ḥayy al-qayyūm

y

لا إله إلا هو الرحمن الرحيم

lā 'ilāha "llā hū ar-raḥmān ar-raḥīm

El segundo sura del Sagrado Qur'ān contiene el verso del Trono, *'āyāt al-kursī* آية الكرسي, que se considera el verso de máxima protección. Los Dos Nombres Divinos *Al-Ḥayy Al-Qaiiūm* aparecen en la segunda línea de este verso, después de *allāh lā 'ilāha 'illā hū*. Aquí el Nombre Divino *Al-Qaiiūm* abre un espiral entre el cielo y la tierra, y susurra su riqueza al océano de las manifestaciones.

¿Acaso no es Al-Qaiiūm, *el que vive por siempre, el que existe a través de Sí mismo, fuente de toda la existencia, la forma más hermosa de reverenciarlo a Él?*

Al-Wāyid (Al-Wājid)
64

El Que Existe de Manera Absoluta, El Que Encuentra Todo, El Perfecto, El Que Otorga La Existencia
14 – 56 – 196

Este es el que no tiene absolutamente necesidad de nada ni carece de capacidad para ninguna cosa. Él guía a los seres que Lo llaman. Él diferencia todo lo que Él decide diferenciar. Así que depende de ti, oh buscador de Allāh, esfuérzate para realizar todo lo que Él desea de ti.

Este Nombre surge de la raíz **w-y-d** que significa encontrar, golpear sobre algo, cruzarse con algo, encontrarse con algo, obtener, inventar, ser encontrado, estar allí, existir, experimentar, sentir, percibir (afectos), sufrir, estar en un estado de penosa agitación, amar, estar enojado, producir, evocar, traer a la existencia, causar, ocasionar, permitir que alguien encuentre u obtenga algo, estar apasionadamente enamorado, estar de duelo, aparecer, emoción fuerte, pasión, éxtasis de amor, fuerzas psíquicas, éxtasis, empatía, simpatía, presencia, encontrando, quien encuentra, enamorado.

La pasión y el éxtasis del amor, *wayd* وجد, también se basan en esta raíz de la cual derivan asimismo las siguientes palabras: presente, presencia, existencia y conocimiento, *wuyūd* وجود.

Al-Wāyid es el éxtasis Divino. *Al-Wāyid*, el que todo lo abarca, es el que esta próximo, el que responde, el bondadoso, el amante. Llámalo por este Nombre y confía en Él para que tu camino pueda transformarse en un camino recto. Su bondad absoluta es eterna y omnipresente. Aquellas personas que repiten el Nombre *Al-Wāyid* 100 veces diariamente durante una semana encontrarán al que encuentra en su corazón, en sus pensamientos, en todo su ser, y se convertirán en testigos de Su Unidad.

Al-Wāyid es el rico, *Al-Ghanīy* (88), el omnisciente, *Al-'Alīm* (19). La diferencia entre los Nombres Divinos *Al-Wāyid* y *Al-'Alīm* es la siguiente: *Al-'Alīm* se refiere al conocimiento ilimitado de todas las cosas, mientras

Al-Wāyid expresa la habilidad de realizar todo sin ningún tipo de limitación. De este modo la generosidad de un ser humano se denomina *wāyid*, واجد. Este Nombre conlleva la cualidad de generosidad y también la expresión de la misma.

Si repites este Nombre antes de irte a dormir y lo llevas contigo a tu sueño, tu visión y tu corazón estarán envueltos en la luz Divina. Así que repite este Nombre y transfórmate en un verdadero vidente. Sabe que *Al-Wāyid* crea todas las cosas a partir de la nada. Cuando *Al-Wāyid* se apodere de ti, encontrarás en tu interior un conocimiento y una sabiduría desconocidas hasta el momento. Ello es porque ¡*Al-Wāyid* te encuentra, no importa donde estés!

Aquellas personas que repiten este Nombre Divino con frecuencia no perderán las cosas que les importan en la vida, ya sean materiales o inmateriales como la motivación o los compromisos que hayan tomado en la vida.

Al-Wāyid toca esencialmente el alma y las emociones nuestras, influye sobre todo, tanto dentro como fuera del tiempo y del espacio, porque ninguna de nuestras actividades le pasa desapercibida a Él.

Desde Su compasión, Allāh el dador imbuye vida en nosostros los seres humanos con Su aliento. Él otorga permiso para vivir y nos dota de una naturaleza única. Él nos coloca en la tierra sobre nuestros dos pies y expande nuestro espíritu hasta el cielo más elevado, antes de enviarnos en nuestro viaje hacia nuestro verdadero ser.

Busca tu centro porque allí es donde comienza el diálogo íntimo y liberador, la relación de compañerismo entre el ser humano y Dios, no como consecuencia de una orden, sino por anhelo y amor. Al reconocerlo a Él, nos liberamos y el vínculo eterno queda sellado. ¡Qué encuentres tu centro en el éxtasis del amor de *Al-Wāyid*!

¡Así que busca y encuentra la presencia de Dios en ti
y en todo lo que te rodea!

Al-Māyid (Al-Mājid)
65

El Glorioso, El Alabado, El Renombrado
48 – 192 – 2304

Él es el que brinda soporte en forma perfecta. Todas las manifestaciones fluyen desde Él, incluyendo las acciones de los seres humanos, sean intencionales o no.

Al-Māyid está conectado con *Al-Wāyid* (64), pero este último también contiene la dimensión de la eternidad mientras que atestigua, enfatiza y confirma el Nombre Divino *Al-Māyid.* Todas las alabanzas y fama desembocan en Él. Toda la existencia está impregnada con la luz de Su belleza, *yamāl* جمال y Su majestuosidad, *yalāl* جلال .

Al-Māyid proviene de *mayd* que significa honor, dignidad, nobleza y fama pero también lucha, esfuerzo y empeño. La raíz **m-y-d** contiene asimismo los siguientes significados: ser glorioso, ilustre, exaltado, alabar, ensalzar, glorificar, celebrar, estimular, gloria, esplendor, magnificencia, nobleza, honor, distinción, loable.

A pesar de que el Nombre Divino *Al-Mayīd* (48) proviene de la misma raíz, *Al-Māyid* le brinda a esta cualidad una expresión activa a través de su forma y su código sonoro: el único hacedor, el único ejecutor de acciones.

> Ibn al-'Arabī nos explica: *Aquellas personas cuyo corazón se conecta con la cualidad de* Al-Māyid *son seres nobles cuyas acciones están revestidas de belleza; dan y comparten con gran generosidad. Es como si* Al-Māyid *hubiera unido en sí mismo los Nombres Divinos* Al-Yalīl *(41),* Al-Wahhāb *(16) y* Al-Karīm *(42).*

Así que invócalo y pídele a Él, y sabe en toda tu entrega que no todos tus deseos serán satisfechos inmediatamente, y que algunos nunca lo serán. Pues si cada deseo fuera completamente satisfecho, esto causaría desbalance y desarmonía, y pondría en peligro a la humanidad.

En consecuencia todo tiene su medida porque Él sabe lo que es bueno para ti, aquí y en tu viaje futuro.

Sura *Ibrāhīm*, Abraham (14:34)

Y os da [siempre] algo de lo que Le hayáis pedido, y si intentarais contar las bendiciones de Dios, no podríais enumerarlas.

Allāh satisface cada deseo de los seres humanos siempre que Él lo considere útil para esta persona desde Su sabiduría y bondad infinitas.

Forma parte de nuestra naturaleza y de nuestra visión limitada desear de buena fe cosas que son malas para nosotros, y querer apurar otras cosas que requieren tiempo. Así que permite que la confianza sea la hermana de tus deseos y mira verdaderamente: el mundo es perfecto tal como es.

Cuando repetimos estos dos Nombres Divinos, sentimos en nuestro corazón una fuerza noble que nos eleva a la luz de la Unidad. Este estado no puede ser alcanzado ni por la súplica ni por la búsqueda.

Al-Māyid es el que otorga riqueza y bendiciones, *Al-Wāyid* (64) es el que está próximo, que responde tus plegarias, el amable, el que ama incondicionalmente. De *Al-Māyid* provienen todas las riquezas y a Él todas regresan. Todo el universo lleva Su fragancia y la luz de Sus manifestaciones en toda su diversidad.

Aquellas personas que poseen la cualidad de *Al-Māyid* tienen la fortaleza necesaria para asumir responsabilidades. Si repites este Nombre 465 veces durante el día y 465 veces durante la noche, los demás comprenderán tus palabras de acuerdo con tu intención. *Al-Māyid* es el Nombre Divino cuya repetición profunda e intensa nos brinda la capacidad de comprender el lenguaje de los minerales, plantas y animales, por la gracia de Dios.

Aquellas personas que repiten el Nombre *Al-Māyid* sienten en lo profundo de su corazón una confianza esencial que colma todo su ser. Sienten la riqueza en sus venas porque están conectadas con las riquezas Divinas.

Pero cuando amasamos una fortuna sin compartirla con nuestros semejantes, cuando sacrificamos todo por la fama, para inmortalizar nuestro nombre, nos olvidamos que somos simplemente un punto en un radio; este radio es un rayo de la Divina misericordia que proviene del centro más elevado y nos conduce de regreso a Él. Cuando este punto se transforma en un punto de misericordia y reconoce su vínculo con el radio como un todo, vibra en alabanza a Dios y entonces si su nombre es o no famoso carece de importancia.

Deberíamos tener conciencia de la codicia que nos impulsa a obtener cada vez más, la lucha obsesiva para obtener más confort, bienes materiales, ventajas tangibles o intangibles, mayor poder sobre nuestros semejantes o sobre la naturaleza, o para obtener progreso tecnológico ilimitado. Porque si luchamos únicamente por ello, nos estamos excluyendo a nosotros mismos de alguna comprensión espiritual y, por lo tanto, de cualquier modo noble de disciplinar nuestro ser, basado en valores morales. Finalmente, toda estabilidad interior gradualmente desaparece y con ello cualquier perspectiva de verdadera felicidad.

La vida asciende y desciende formando olas misteriosas. A veces traen tiempos buenos y fértiles, tiempos de mayor paz, otras veces pesadez, melancolía, lucha y dificultades. Nosotros los seres humanos estamos sumidos en esos movimientos que revelan nuestro potencial individual y colectivo. Es a través de estas olas que mostramos nuestros colores. A pesar que no elegimos el escenario, las circunstancias, somos seres que portamos luz y oscuridad, unimos el cielo y la tierra, el tiempo y la eternidad, contribuyendo de esta manera a crear equilibrio o desequilibrio. Nuestras acciones causan las correspondientes reacciones positivas o negativas.

En tiempos de abundancia, nos es dada la posibilidad de ser agradecidos, generosos y amar a nuestros semejantes. Durante los tiempos de dificultad podemos practicar la paciencia, la modestia y la perseverancia. A medida que nuestro desequilibrio humano choca con la Divina paz mental que nos es inherente, tenemos la posibilidad de atravesar nadando –con nuestras virtudes fundamentales que no pueden ser separadas de nuestra naturaleza humana– de esparcir la luz, la generosidad y la veracidad, girando hacia nuestro verdadero ser con cada ola. El hecho que nosotros no sabemos que pasará al día siguiente muestra que somos un aspecto minúsculo, hasta insignificante, de una 'materia prima absoluta'. También muestra que no somos de este mundo, sino que hemos nacido en él para conocer, en el presente, el milagro, la sacralidad totalmente abarcadora de la vida: Allāh.

Reviste tus aposentos privados y sagrados con tus meditaciones y tus oraciones para que puedas ser salvado de seguir el rumbo anterior una vez más. ¡Aprende a nadar!

Al-Wāḥid
66

El Uno, El Único
19 – 76 – 361

Al-Wāḥid, el Uno en Su esencia, en Sus cualidades, en Sus acciones, la singularidad Divina: Dios es uno, no existe otro Dios salvo Él. Es el absoluto. Es el Uno que existía cuando nada existía junto a Él.

Al-Wāḥid nos da la fuerza necesaria para inhalar y exhalar nuestra vida, mientras que al mismo tiempo nos dejamos caer en el abrazo de la Unidad. Él nos da el amor único para que podamos aceptar todas las situaciones, todas las personas, todos los procesos con los cuales nos vemos confrontados como una enseñanza, un regalo y una sanación.

La unidad de la esencia significa no tener límites en el tiempo y en el espacio, y estar en estados sin separación ni división. Él está presente en todo. Es la singularidad de Dios reflejada en cada uno de los aspectos de la existencia, en todas las manifestaciones. Todas las manifestaciones Lo reflejan, todas las manifestaciones son reflejos del Uno. La multiplicidad refleja al Uno como asimismo cada pequeña parte Suya. Todo tiene en sí mismo lo finito y lo infinito simultáneamente.

Al-Wāḥid proviene de la raíz **w-ḥ-d** que significa estar solo, único, singular, inigualable, sin igual, incomparable, unir, unificar, conectar, reunir, enlazar, agrupar, unicidad, singularidad, unidad, unión, independencia.

También deriva de esta raíz la palabra *tawhid*, la creencia en la Unidad, el ascenso del individuo en la unidad Divina.

La unidad de las cualidades significa que todas las cualidades se encuentran en Dios en su estado perfecto. A Él pertenecen los Nombres Divinos que conocemos y aquellos que no conocemos. A Él pertenece el conocimiento absoluto, la capacidad absoluta. Los seres humanos, los ángeles y los *yinns*, todos los seres visibles e invisibles están sometidos a Su poder y todos los seres Lo alaban a Él.

La unidad de las acciones significa que todas Sus acciones provienen claramente de Su conocimiento y Su infinita sabiduría. No son contradictorias y no pueden ser modificadas. Allāh contiene en Sí el comienzo y el final, y Él no conoce ni comienzo ni fin. Si repites este Nombre 113 veces, en soledad e en un sitio silencioso, te liberas de miedos e ilusiones, si Allāh quiere.

Al repetir el Nombre Divino *Al-Wāḥid*, te conectas con la luz de tu profunda inteligencia y sabiduría.

La Unidad significa asimismo que existe una unidad, ordenada por la Divinidad, entre la mente y el cuerpo, entre el espíritu y la carne, sirviendo ambos el mismo propósito. A pesar que no deberíamos otorgarle demasiada importancia a la vida física y material, simultáneamente nuestros deseos y motivaciones conectados con nuestra vida carnal provienen de la voluntad de Dios y, por lo tanto, importan. Encontrar el equilibrio, encontrar el sendero del medio entre la falta completa de moderación y el ascetismo es lo que nos convierte en seres humanos compasivos, espirituales y felices que disfrutan de la belleza.

Al-Wāḥid se menciona 6 veces en el Sagrado Qur'ān en combinación con *Al-Qahhār* (15):

Sura *Al-Ra'd*, El Trueno (13:16)

*[...] Di: "Dios es el Creador de todas las cosas; y Él es el Único (*al-wāḥid*) que tiene dominio absoluto sobre todo lo que existe (*al-qahhār*)."*

Si *Al-Wāḥid* se estampa en tu corazón con la claridad de un pilar de luz, es que *Al-Qahhār* está ardiendo. Más allá de cualquier otra cosa que exista en tu vida y de todo lo que hagas, tu corazón permanece tomado por el incesante esfuerzo y anhelo por Allāh. Esta añoranza apasionada es el fuego de amor que los sufíes denominan *'ishq*. *Al-Wāḥid*, *Al-Qahhār* (15) quema todas las identificaciones egocéntricas, todas las imágenes erróneas del *yo* herido hasta el momento en que te conviertes en la flama Divina.

Vive la riqueza y la bondad de tu verdadero ser:
adquiere conocimiento, haz el bien, se bondadoso con todos los seres vivientes,
y logra paz y dignidad interior.

Al-´Aḥad
67

El Único, El Indivisible
13 – 39 – 169

Al-´Aḥad está conectado con *Al-Wāḥid* (66) de la misma manera en que el cero lo está con el uno. *Al-´Aḥad* es el estado no manifestado de la Unidad, el indivisible que no está compuesto de ningún elemento.

Al-´Aḥad es la Unidad en la cual se reúnen todos los Nombres, todas las cualidades y sus relaciones, la absoluta Unidad de la esencia.

Al-´Aḥad proviene de la raíz **´-ḥ-d** que significa transformar en una unidad, unir, unificar, uno, unidad, domingo.

Una pared se hace con piedras, mortero, arena, ladrillos, agua, guijarros, pero cuando observas la pared, ves una unidad en lugar de ver la piedra, el mortero o el agua. La pared es la suma de todas sus partes, sin embargo la pared no es la piedra ni el mortero ni el agua. Los materiales pierden su identidad en la pared.

Lo mismo sucede con nosotros hasta cierto punto. Tú tienes muchas cualidades, pensamientos, sentimientos y juicios, con los que te identificas de acuerdo con la situación, encontrándote con otras personas, mostrando diferentes caras o aspectos en distintos momentos. Todos los vínculos son similares en este mundo. Todas las manifestaciones infinitas están interconectadas en la Unidad. En la Unidad dejan de existir las partes separadas.

Las enseñanzas de la Unidad del ser, *tawhid*, expresan el hecho de que cada cosa aparentemente aislada es en realidad la presencia del ser infinito.

Sura *Al-Baqara*, La Vaca (2:115)

*De Dios son el este y el oeste: y allí donde os volváis hallaréis la faz de Dios. Ciertamente, Dios es infinito (*wāsi‘*), omnisciente (*‘alīm*).*

La omnipresencia Divina es sostenida por la omnisciencia Divina, pues si Dios es omnisciente, Él es también omnipresente, pues en la Unidad absoluta no existe separación entre el sujeto y el objeto, entre el que conoce y lo conocido.

Cada existencia tiene dos caras: la propia relacionada con su existencia individual y la de la Divinidad. Relacionada con lo individual es inexistente y relacionada con la Divinidad es existente. En consecuencia nada existe verdaderamente salvo la cara de la Divinidad.

Los puntos no son la línea propiamente dicha, tampoco son una cosa diferente.

Ni uno ni dos: el cantante y la canción, el sol y sus rayos.

Sura *Al-'Ikhlāṣ*, La Declaración de la Perfección [de Dios] (112:1-4)

Di: "Él es el Único Dios:
"Dios, el Eterno, la Causa Primera de Todo Cuanto Existe.
"No engendra, ni ha sido engendrado;
"y nada hay que pueda ser comparado con Él."

Este es el sura que atestigua la perfección de Dios. Repetirlo significa llamar a Dios sin reservas, en devoción sincera, con amor sincero, fe y creencia sinceras.

En este sura los Nombres Divinos *Al-´Aḥad* y *Aṣ-Ṣamad* (68) aparecen visiblemente, y los Nombres Divinos *Al-Wāḥid* (66) y *Al-Fard* (el único, el incomparable) de forma invisible.

Este sura expresa el concepto de que todo lo que existe o puede ser imaginado retorna a el que es la fuente, y consecuentemente depende de Él en sus comienzos y durante la continuidad de su existencia.

Si puedes percibirte como un *yo* único, en tu esencia, más allá de todas las cualidades y atributos que te das a ti mismo o que te dan los demás, sin relación ni conexión con nada que esté en tu interior o a tu alrededor, entonces podrás percibir la Unidad en ti.

Si repites este Nombre 1000 veces en soledad, en calma, reconociendo tanto su cualidad y significado profundos como el sentimiento de Unidad en tu interior, tu verdadero ser se develará ante ti. Permite que tu mente se convierta en servidora de tu verdadero ser.

Frente al rostro de Dios, los variados puntos de vista y las diferencias son condicionales, y los valores de una visión se encuentran invariablemente de alguna forma en la otra perspectiva. En lo externo, la Unidad está limitada debido a la existencia de diferencias, sin embargo la omnipresencia de la sustancia original es tan real que se produce una interacción que permite vislumbrar la Unidad. La mente que diferencia y el corazón que une traen sacralidad y sabiduría.

> *Tenemos que hacer que toda la humanidad sea una con nosotros.*
> *El Profeta Muhammad nos explicó esto, pero algunos de nosotros, en este mundo, hemos olvidado el mensaje de Allāh.*
> *Tenemos que aprender a disolver nuestras separaciones y devenir uno nuevamente.* Bawa Muhaiyaddin

La Unidad de la vida esta simbolizada por un elemento: ¡el agua!

Aṣ-Ṣamad
68

El Eterno Siempre Presente, El Perdurable
134 – 402 – 17 956

Aṣ-Ṣamad es a quien se dirigen respetuosamente los corazones, anhelando descubrir la abundante benevolencia y lo loable que existe en Él.

Este Nombre indica la Divina esencia. *Aṣ-Ṣamad* es el que contiene la dignidad en su forma más elevada, la plenitud en su forma absoluta, *Aṣ-Ṣamad* es el imperecedero, simultáneo y atemporal.

Aṣ-Ṣamad proviene de la raíz **ṣ-m-d** que significa dirigirse a alguien, reparar, girar, desafiar, afrontar, soportar, aguantar, pararse, resistir, oponerse, afrontar, permanecer inmutable, cerrar, enchufar, ahorrar (dinero), el Señor eterno e imperecedero (epíteto de Dios), permanecer en el poder, resistente, masivo.

Es difícil encontrar una traducción adecuada para el Nombre Divino *Aṣ-Ṣamad*. *Aṣ-Ṣamad* es como un puño cerrado, como un acantilado, denso, fuerte y pleno, sin huecos ni espacios vacíos. *Aṣ-Ṣamad* es existencia hasta la médula, que no ha sido alterada por el tiempo ni el espacio, inalterable. *Aṣ-Ṣamad* no puede ser dividido ni está compuesto por partes. *Aṣ-Ṣamad* es la plenitud de todo potencial, *Aṣ-Ṣamad* es la eternidad.

Ibn al-ʻArabī nos explica:

> Aṣ-Ṣamad *es el sostén universal y el refugio universal.*

Todo fluye hacia *Aṣ-Ṣamad* en un proceso contínuo de retorno y conexión, como un pez que nada hacia el océano en el cual está.

Aṣ-Ṣamad nos ayuda a sobrellevar nuestro aislamiento hasta sumergirnos en la Unidad.

Si repites este Nombre en varios ciclos de 119 veces, serás cuidado y no necesitarás a nadie, pero los demás te necesitarán a ti. Conocer tu estado de necesidad te transformará, y el 'tomador' que eras se convertirá en 'dador'. No busques la protección de nadie o nada que pasará. Siempre pídele protección únicamente a Él.

Cuando no estamos conscientes de nuestra esencia, comenzamos a sentir que algo nos falta y ocurre un hueco. Cuando perdemos contacto con nuestra propia valía, nos sentimos vacíos, inferiores, incompletos y necesitamos llenar este hueco con cosas externas bajo la forma de alabanzas, alianzas o reconocimiento. Solo estamos conscientes de nuestros propios deseos y necesidades: *¡Yo quiero esto y lo otro! ¡Yo quiero ser exitoso! ¡Yo quiero que tal persona me ame! ¡Yo quiero esta ayuda y aquel reconocimiento!* El ego toma el mando y nuestra esencia se desdibuja cada vez más y más, retirándose a un segundo plano, a nuestro inconsciente. Cada uno de nuestros huecos está lleno con algún problema psicológico, con dogmas, con experiencias específicas y traumas que nos han separado de nuestra esencia. El ego se identifica con esas experiencias, ideas y imágenes del pasado, de modo que terminamos *perteneciendo* al mundo en lugar de *estar* en el mundo. Los sufíes describen a las personas que están conectadas con su esencia como *estando* en este mundo pero no *perteneciendo* al mundo.

Alabada sea esta generosa esencia por sus muchos regalos bajo la forma de conflictos, problemas, crisis, desafíos y limitaciones, para que podamos desarrollarnos internamente, descubrir nuestro verdadero ser y encontrar el conocimiento que es esencial para nosotros.

A medida que nuestro ego sufre, nuestros huecos personales se abren al agua de la eternidad y misteriosamente pasamos a participar de lo infinito en nuestra forma finita. El agua del océano comienza a fluir hacia la vasija aislada, a través de sus grietas y sus fracturas. La vasija comienza a experimentar el sabor del océano y puede entregarse a las grandes aguas con coraje. Al descubrir Su ritmo, al escuchar el sonido de Su amor llamándola, la vasija se completa y se vuelve parte de la totalidad. Permítete ser tocado todos los días por el agua del océano a través de tus oraciones y tu *dhikr*.

Aṣ-Ṣamad nos ayuda a volver, nos ayuda a invocar los vientos de la plenitud y les permite soplar a través de todos los poros de nuestra existencia, sacudiendo el suelo de nuestro ser, mientras las barreras de separación colapsan. *Aṣ-Ṣamad* nos hace llamar ante las puertas del subconsciente y de nuestra conciencia más elevada, hasta que las compuertas devienen porosas y las aguas de la Unidad nos inundan. *Aṣ-Ṣamad*, el inescrutable, nos expande y torna ilimitados, barriendo completamente miedos y duda.

En el sura 112, el Nombre Divino *Aṣ-Ṣamad* se encuentra después de *Al-´Aḥad* (67). Repite este sura tan a menudo como puedas, como expresión de tu fe en la Divina Unidad.

Sé un acantilado, ábrete a las aguas del océano,
presente para las criaturas del mar.

Al-Qādir
69

El Que Es Capaz de Todo, El Poderoso
305 – 1220 – 93 025

Este Nombre denota una cualidad de Allāh que manifiesta capacidad y poder ilimitados. Todo en el universo está conectado con este poder. Descubrirlo significa abrirnos a nuestras propias capacidades, y recibir la certidumbre de que todo es posible.

Al-Qādir otorga coraje, confianza y fortaleza, conduciéndonos desde la pasividad a la actividad y permitiéndonos sentir como la fuerza Divina opera a través nuestro.

La repetición de este Nombre Divino durante las abluciones le otorga al creyente fortaleza en cada parte de su cuerpo. Si repites este Nombre 114 veces, tus deseos profundos se harán realidad, Dios mediante.

El Nombre Divino *Al-Qādir* se recita a menudo en combinación con *Al-Muqtadir* (70), el poderoso. Cuando la lengua repite el primer Nombre el corazón repite el segundo.

Al-Qādir y *Al-Muqtadir* (70) provienen de la raíz **q-d-r** que significa decretar, ordenar, decidir, poseer fuerza, poder o habilidad, ser el señor de, tener la posibilidad de hacer, ser capaz, nombrar, determinar, predeterminar, evaluar, adivinar, presumir, suponer, creer, pensar, elevada estima, permitir, poner en un puesto determinado.

La palabra *qadar* proviene de la misma raíz e incluye los significados de predestinación y de destino. Únicamente Allāh puede determinar nuestro destino, en esta vida y en la próxima, pues únicamente Él conoce nuestras motivaciones, únicamente Él comprende la causa de nuestros errores y únicamente Él puede apreciar nuestros logros espirituales y nuestros defectos.

La palabra *qudra* también deriva de la misma raíz. Significa potencial, se refiere a nuestras capacidades inherentes y a las habilidades que nos han sido otorgadas.

Cuando se nos presenta una situación en la que nos vemos confrontados con una persona influyente y poderosa, es posible que nuestra lengua confirme que esta persona es capaz de todo, sin embargo al surgir en nuestro corazón el Nombre *Al-Muqtadir* se borra esta ilusión. Así el corazón levanta el velo de la razón, mostrándonos donde están verdaderamente el poder, la unidad y la capacidad. Este conocimiento disuelve el temor y abre paso a la sabiduría.

> Ibn al-'Arabī nos explica lo siguiente:
> *Que una petición sea escuchada o no depende de medidas predeterminadas por Dios. Si un pedido se hace en el momento en que se ha dispuesto que sea escuchado, será escuchado inmediatamente; si está decretado que sea escuchado más adelante, ya sea en este mundo o en el más allá, su concreción se dará en el futuro, pero la petición será escuchada porque siempre será respondida con la voz Divina: "¡Yo estoy aquí!"*

De este modo nuestras vidas se ven tironeadas por dos fuerzas: la libertad y la predestinación.

Sura *Ghāfir*, Que Perdona (40:60)

> *Sin embargo, vuestro Sustentador dice: "¡Invocadme [y] os responderé! [...]*

Esta afirmación es fundamental para los sufíes. Los libera de supuestas preocupaciones y temores, esparce paz en su corazón y permite que todas las cosas fluyan de regreso, a través del corazón, hacia su origen eterno.

¡Retira el velo de tu corazón con este Nombre Divino y permite que tu alma comience a ir hacia Él!

Recita este Nombre cada vez que sientas que te sobrepasa el miedo, dentro y fuera tuyo. Cuando sientas que las nubes del miedo están abarrotando tu cielo, repite este Nombre y cualquier sed de venganza se transformará en una visión profunda de las cosas.

Como ser humano, tienes el derecho de tomar represalias cuando has sido tratado injustamente. Es humano, no debería ser enjuiciado ya que es comprensible en el nivel humano.

Sin embargo, crecemos y maduramos, y es nuestro deber alcanzar ese sitio donde ya no pagamos con la misma moneda porque el odio nunca puede extinguir el odio, sólo el amor puede hacerlo.

Cuando los seres humanos no han llegado aún a este punto en su camino, no significa que sean malos y no debieran ser juzgados por ello porque todos estamos en proceso de crecimiento y maduración, y necesitamos haber sido incendiarios antes de convertirnos en bomberos.

El bien viene de Ti, Allāh, pero no la maldad,
aunque todo proviene de Ti, Allāh.

Al-Muqtadir
70

El Que Tiene Poder, El Que Determina Todo

744 – 3720 – 553 536

Como se dijera previamente, *Al-Muqtadir* completa al Nombre Divino *Al-Qādir*. Aquellas personas que integraron este Nombre en su ser, no tienen miedo cuando todos los demás sienten temor; tampoco se pierden ni en el mundo material ni en el espiritual.

Al-Muqtadir produce un efecto directo y personal sobre nosotros. Nos coloca en el sendero hacia Dios y nos otorga la capacidad de proseguirlo y aceptar nuestro destino individual. Paso a paso, somos guiados para cumplir con nuestro destino. Los amantes toman cualquier capacidad y poder que el Amado les ha dado, para utilizarlas de las maneras más hermosas.

Cuando repetimos este Nombre 500 veces, tomamos conciencia de la verdad. Este Nombre Divino permite que la ilusión de separación se derrita, permitiéndonos ver la sabiduría que se encuentra en nuestro enemigo y sentir la sombra de la confianza bajo el sol más ardiente. Si tú deseas arraigarte en el Dios todopoderoso, entonces conéctate con este Nombre.

Los Nombres Divinos *Al-Qādir* (69) y *Al-Muqtadir* provienen ambos de la raíz **q-d-r** pero *Al-Muqtadir* es el modo comparativo de *Al-Qādir*.

Esta raíz tiene las siguientes acepciones: poder, fortaleza, potencia, capacidad, habilidad, idoneidad, aptitud, poseedor de poder o fuerza, poderoso, tener maestría sobre algo, ser igual a alguien, capacidad para, talentoso, omnipotente, sino, destino.

Al-Qādir manifiesta Su capacidad irrestricta, mientras que *Al-Muqtadir* apunta a la manifestación absolutamente abarcativa de la capacidad. La recitación de estos dos Nombres en forma conjunta nos da la fortaleza y la disposición para seguir nuestra vocación en la vida y para otorgarnos este regalo a nosotros mismos, a la humanidad y al mundo.

El hombre le da una criatura a una mujer, se manifiesta a través de ella y ella se la brinda al hombre. Es por lo tanto muy natural que cada niño pueda sentir que es un regalo para sus progenitores.

Sura *Al-Qamar*, La Luna (54:49)
Ciertamente, lo hemos creado todo en su justa medida y proporción;

Cuanto más bebemos de este Nombre, más se empequeñece nuestro ego –ser inferior o *nafs*– y más difícil se vuelve seguir nuestros impulsos egoístas. Cuando hacemos espacio para nuestro ser profundo a través de la repetición de los Nombres Divinos *Al-Qādir* y *Al-Muqtadir*, surge naturalmente la pregunta: *¿cómo puedo ayudar? ¿cómo puedo contribuir?* El anhelo y la humildad que sobrevienen con ello nos guían a defender la armonía entre las personas y entre los pueblos, y a convertirnos en verdaderos pacificadores al servicio de la humanidad. Los pacificadores oran y desean bendiciones y dicha, no solo para sus seres queridos, sino para toda la humanidad: examinador y examinado, paciente y enfermero, maestro y alumno. A través de esta actitud espiritual nacen círculos de luz unificadora y la luz de Dios se torna visible.

Cada vez que desees un cambio, pregúntate con honestidad: *¿acaso este deseo alimenta orgullo? ¿es únicamente en beneficio propio? ¿sirve únicamente para complacerme a mí?* y luego obra con autenticidad.

¡Oh tú, ser humano capaz, Allāh es más capaz que tú!
¡Oh Allāh, cólmame con el poder que me acercará a Ti!
Haz espacio para Allāh entre tus ojos y tu corazón.

Al-Muqaddim
71

El Que Acelera, El Que Coloca En Primer Lugar, El Que Fomenta
184 – 736 – 33 856

Ar-Mu´ajjir (Al-Mu´akhkhir)
72

El Que Pospone, El Que Relega, El Que Demora
846 – 3384 – 715 716

Cuando repites estos dos Nombres Divinos, entras en un estado profundo de entrega y conectas tu corazón con la Divinidad, tanto en tiempos de dificultad como en tiempos de comodidad, sabiendo que Dios en Su omnisciencia es el que impulsa y el que demora.

Al-Muqaddim proviene de la raíz **q-d-m** que significa preceder, arribar, venir, alcanzar, ser viejo, ser antiguo, ir adelante o guiar el camino, preparar, mantener preparado, proveer, avanzar, progresar, girar, aplicar, someter, pie, antiguo, arcaico.

Si estás consciente de tus impulsos y de tus deseos egoístas, si estas consciente de lo que es superficial y lo que es profundo en tu ser, puedes repetir el Nombre *Al-Muqaddim* 184 veces por día. Te dará la fuerza y la sabiduría necesarias para conocer y elegir lo que es esencial en tu vida porque Él provee a la humanidad con los recursos necesarios para poder progresar verdaderamente.

La repetición del Nombre Divino *Al-Mu´ajjir* nos da la fortaleza para evitar lo negativo. Repetir este Nombre 100 veces por día te dará una comprensión profunda de tus propias debilidades. Si deseas evitar que una personalidad negativa y dominante obtenga una posición influyente, deberías repetir este Nombre 1446 veces durante 7 días antes del amanecer. Con la ayuda de Allāh será prevenido.

Ambos Nombres *Al-Muqaddim* y *Al-Mu´ajjir* nos llevan como en un vaivén hacia adelante y hacia atrás en el tiempo. Cuando la cualidad de *Al-Muqaddim* encuentra eco en nosotros, reconocemos que todo sucede en el momento apropiado. *Al-Muqaddim* nos enseña a manejar los tiempos y nuestra impaciencia. *Al-Muqaddim* nos permite avanzar, paso a paso, sin que el ojo del corazón pierda de vista la verdad.

Cuando resuena en nosotros la cualidad de *Al-Mu´ajjir*, comprendemos que todo aparece en el momento justo y finaliza en el momento justo. *Al-Mu´ajjir* nos permite volver a la Unidad y obtener desde allí el soporte moral para actuar desde nuestro ser profundo y llevar a buen fin nuestros asuntos.

En ambos casos, la calma y el silencio pueden crecer en nosotros, conjuntamente con la confianza que todo está en Sus manos.

Al-Mu´ajjir y *Al-´Ājir* (74) provienen de la raíz **´-j-r** que significa demorar, cancelar, posponer, aplazar, entorpecer, retrasar, reducir la marcha, sacar, poner nuevamente, quedarse hasta tarde, seguir esperando, dudar, último, extremo, final, conclusión, cierre, pie, al pie (papel), el más allá, llegar tarde, caerse o quedarse atrás, dudar, recordatorio.

A algunas personas, Allāh les da lo que les retiene a otras. A través de esta acelaración y demora surge una igualdad entre los seres humanos que se manifiesta únicamente cuando están abiertos el uno con el otro, cuando son solidarios y dan donde hay faltante, yendo hacia un estado de complementación mutua. Porque lo que disminuye por un lado aumenta por el otro. ¡Qué tengas la fortaleza de aceptar lo que se te demora y tomar lo que se te acelera!

Nada está mal. Puede parecer que está mal si tenemos una imagen precisa de lo que debe ser, pero si miramos sin ningún prejuicio, nada está mal. Nosotros los seres humanos podemos solamente ver una parte, nunca el panorama completo. Todos los aspectos de la vida humana –social o individual, espiritual y material– forman una totalidad indivisible y no pueden ser vistos separadamente.

Así que ejercita la disciplina, pues la verdadera disciplina significa aprender de manera receptiva, observar las cosas sin preconceptos.

Algunas personas tienen éxito en sus proyectos mientras que otras fracasan. Visto desde afuera, no existe causa aparente para el éxito de uno y el fracaso del otro. Las razones son, a veces, individuales, por ejemplo, vinculadas con la intención de la persona o la forma en que implementó su proyecto. Puede suceder, por otra parte, que el éxito sea importante para algunas personas porque las acerca a su esencia, mientras que para otras, el crecimiento interior depende de su fracaso. También podría ser que el éxito o el fracaso no tengan cabida en el gran plan Divino.

¡Qué Allāh nos proteja de la oscuridad del orgullo y nos abra para recibir todo lo que nos da, dándonos la oportunidad de ser agradecidos! Pues todo lo que nos ‘pertenece’ nos ha sido encomendado por Dios y somos únicamente los usufructuarios. Vacíos venimos y vacíos regresamos. ¡Haz buen uso de todas las cosas! Seamos seres que esparcen luz y belleza a través de nuestras acciones, pues Dios es bello y ama la belleza.

Utiliza *lā Muqaddim*, *lā Mu´ajjir* para que te den soporte para conectarte con la totalidad y lograr tu verdadero significado. Rompe las barreras de tu estanque y deviene un río nuevamente, pues solamente los ríos pueden llegar al océano. Ve y encuéntrate con la verdad que todo lo abarca.

El que aleja y el que atrae ambos son Nombres muy importantes para los sufíes quienes ven la cercanía como falta de atención en sí mismos, y la distancia como presencia en sí mismos.

¡Oh Allāh, otórganos Tu amor y danos la habilidad de amar a Tu Creación!

¡Oh Allāh, protégenos de caer en las trampas de la propia adulación, la autodegradación, la codicia y la sed de poder, pero sobre todo de tener un corazón ciego y sordo!

Al-´Awwal
73

El Primero, El Inicio, El Origen

37 – 111 –1369

Él es el primero sin comienzo. Él es la pre-eternidad. El primero es el que existe eternamente en Sí mismo, fuera del tiempo y del espacio. Él era cuando nada existía salvo Él, y cuando Él quiso ser conocido, creó la Creación para ser conocido por ella. Él se mostró a Sí mismo ante la Creación y la Creación Lo reconoció y alabó, consciente o inconscientemente, gozosamente o a disgusto. Este Nombre nos dice que Él era antes que nada existiera y que Él todo lo crea. Él es el primero en concederle generosamente a la humanidad buenas acciones, sin pedir ni exigir nada a cambio.

Al-´Awwal proviene de la raíz **´-w-l** que significa primero, principal, más importante, jefe, el principal, primera parte, comienzo, dirigir, conducir, convertirse en, girar, delegar, primario, original, elemental, fundamental, verdad, componente esencial, básico.

La Creación de Dios está marcada por el eterno ciclo de nacimiento, muerte y renacimiento en todas las cosas, materiales e inmateriales. El agua desaparece bajo tierra para luego resurgir, el vapor se eleva y la lluvia, la nieve y el granizo descienden, las semillas crecen y se transforman en plantas y luego decaen y se convierten en carbón y petróleo, los cadáveres humanos y animales se transforman en elementos que alimentan nueva vida, las huellas de las civilizaciones sepultadas en la tierra son excavadas para que las generaciones posteriores puedan verlas y conocerlas, los deseos humanos, esperanzas y ambiciones se elevan a los cielos y la inspiración Divina desciende al espíritu humano, reviviendo la fe y el pensamiento, y dando nacimiento a nuevas esperanzas y capacidades.

Nuestra existencia se recuesta en Él y depende de Él, Él es la Unidad de la multiplicidad, la causa y el efecto, el Uno, el primero, reflejado en los infinitos espejos de la existencia. Él es el Uno, el todo, y sin embargo, Él no es ninguna de Sus manifestaciones.

Aquellas personas que llevan este Nombre consigo, reciben lo que anhelan y obtienen una comprensión profunda con más rapidez que otras. Su conciencia de la eternidad y lo infinito crece.

Las personas que desean un bebe y no les ha llegado, las personas que han perdido un ser muy querido y que se enfrentan con dificultades abrumadoras, deberían repetir este Nombre 1000 veces durante 40 viernes consecutivos y su deseo será satisfecho, si Allāh así lo dispone.

Tú, Allāh, eres el primero y nada hay antes de Tí, pues Tú eres la existencia de toda la existencia.

Al-´Awwal, *todo es para Él, a través de Él y desde Él.*

Al-´Ājir (Al-´Ākhir)
74

El Último, El Final
801 – 2403 – 641 601

Él es el último que no tiene fin, Él trasciende la eternidad. Tú eres el último y nada viene después de Ti, todo pasa y Tú permaneces. De Él surge el comienzo y hacia Él es el final. Él es el único que permanecerá cuando todo haya desaparecido. Todos los pensamientos, todos los planes, todo el conocimiento finalmente pasarán.

Aquellas personas que repitan *Al-´Ājir*, una y otra vez, en ciclos de 600 veces, traerán alegría a sus vidas y tendrán un buen final.

Al-´Ājir proviene de la misma raíz que *Al-Mu´ajjir* (72): **´-j-r**.

Al-´Awwal (73) y *Al-´Ājir* están conectados. La mayor parte del tiempo son recitados conjuntamente. Algunas personas agregan a esta combinación los Nombres *Aẓ-Ẓāhir* (75) y *Al-Bāṭin* (76), y repiten los cuatro Nombres Divinos en forma conjunta.

Se Lo llama *Al-´Awwal* porque Él era y nada existía junto a Él, y se Lo llama *Al-´Ājir* porque Él será y nada será junto a Él. Él simboliza el círculo perfecto, sin comienzo ni final.

Sura *Al-Ḥadīd*, El Hierro (57:3)

هوالأول والآخر و الظاهر والباطن وهو بكل شيء عليم

huwa al-´awwal wa-l-´ākhir wa-ẓ-ẓāhir wa-l-bāṭin wa huwa bi-kulli shai'in ʻalīm.

Él es el Primero y el Último, el Externo y el Interno: y tiene pleno conocimiento de todo.

Del mismo modo que *Aẓ-Ẓāhir* y *Al-Bāṭin*, *Al-´Awwal* y *Al-´Ājir* están fuera del tiempo y del espacio. Son el eterno comienzo y el eterno final, lo eternamente aparente y lo eternamente encubierto, el ascenso eterno y el descenso eterno, movimientos permanentes e eternos de absoluta majestuosidad y belleza.

Son como el ritmo de la respiración. Cuando inhalamos profundamente hasta la parte superior de nuestra cabeza, nos unimos con Allāh, llegamos a un punto donde podemos soltar todo porque experimentamos nuestro más elevado nivel de plenitud. Este es el lugar donde todo se detiene, es lo que los sufíes denominan *fanā´*, aniquilación. Cuando exhalamos después del *fanā´*, regresamos al mundo y este es el *baqā´*, la exhalación proveniente de nuestro verdadero ser.

El Profeta Muhammad, que las bendiciones y la paz de Allāh sean con él, explica *Al-´Awwal* y *Al-´Ājir* de la siguiente manera:

Su ser es eterno, nada precede a Su existencia
y nada sobrevive a Su eternidad.

Todo lo que existe, todo lo que sucede tiene un significado y un propósito.

Al-´Awwal y *Al-´Ājir* nos brindan, a los seres humanos, la posibilidad de unirnos al círculo eterno. *Al-´Awwal* precede cada nacimiento, cada comienzo, cada apertura, cada despertar. *Al-´Ājir* sigue cada final, cada cierre, cada conclusión, cada llegada. Una vez que tomamos conciencia que nuestra vida se desarolla entre estos dos absolutos, nos volvemos capaces de extendernos y encontrar nuestro lugar en la eternidad. Nuestro aliento y nuestro espíritu se expanden, podemos descubrir nuestra propia eternidad, el momento más allá del tiempo.

La palabra *al-´ājira* proviene de la misma raíz que el Nombre Divino *Al-´Ājir* y significa la vida en el más allá, la continuación de la vida después de la muerte del cuerpo, y por lo tanto, el hecho de que nuestras acciones y actitudes en este mundo tienen consecuencias específicas en el más allá.

Si recitas este Nombre Divino 100 veces todos los días, tendrás la fortaleza necesaria para no engañarte a ti mismo y para poder ver la verdadera realidad. Si repites este Nombre 1000 veces, tu corazón se llenará con el amor Divino.

Nada estaba en Él, por lo tanto, todo puede provenir de Él.

Finalmente siempre regresas a Allāh porque Él está detrás de todo. Él creo el espacio y Él creó el tiempo, y para Él no existe ni el 'donde' ni el 'cuando'.

El final está contenido en el comienzo. Es un círculo cerrado de amor, en el cual todo está presente desde el mismísimo primer momento.

Aẓ-Ẓāhir
75

El Manifiesto, El Revelado, El Visible

1106 – 4424 – 1 223 236

Este Nombre Divino muestra la Divinidad manifiesta en el mundo visible, la existencia de la Unidad en todas las cosas, en cualidad y en acción. En su esencia, los seres humanos saben que están conectados con la Divinidad y en su camino, a través del aprendizaje, la comprensión, la cortesía y la conducta honorable, se torna más refinada esta conexión y se cristaliza hasta que llena todas sus células.

Ẓāhir proviene de la raíz **ẓ-h-r** que significa visible, reconocible, ser evidente, llegar a la luz, mostrarse, llegar hasta, emerger, comenzar a dominar, ganar, sobreponerse, obtener conocimiento, levantar el velo, mediodía, mitad del día.

Los sufíes ven todas las manifestaciones y fenómenos como símbolos y el velo, hiyab (*ḥijāb*), es muy importante. Estimula nuestra atención y a pesar de que su función es velar y engañar, también actúa como una señal que nos ayuda a encontrar a Dios. El hiyab es lo que los hindúes denominan *maya*. En el plano de la manifestación, el hiyab es una separación, pero nada escapa al absoluto, de modo que vela y revela simultáneamente. El velo más elevado es *Ar-Raḥmān*, a través de cuyo aliento el mundo comienza a existir. La sustancia de este mundo, *nafas ar-raḥmān*, es el aliento del compasivo, el singularmente misericordioso.

Repite este Nombre 15 veces después de una meditación o una oración, y sentirás la luz Divina en tu corazón. La repetición de este Nombre te brinda la capacidad de ver cosas que antes te habían sido veladas.

Cuando las personas tienen un problema y no pueden vislumbrar ninguna solución, deberían repetir *Iā Ẓāhir* 1106 veces después de la oración o la meditación de la noche, y Allāh les mostrará una solución, posiblemente en un sueño. Así que aprende a reconocer las señales de Allāh y a descifrarlas en todos los seres.

A veces la vida o una situación requiere que seamos valientes y explícitos, que revelemos nuestras acciones positivas y las mostremos clara y honestamente. Conectarte con el Nombre Divino *Aẓ-Ẓāhir* te dará la fortaleza que necesitas, y tu mente y tu corazón no olvidarán de donde provienen este poder y esta influencia.

La repetición del Nombre Divino *Aẓ-Ẓāhir* 1106 veces se utiliza para tratar problemas en la vista, principalmente los relacionados con el nervio óptico.

Aẓ-Ẓāhir y *Al-Bāṭin* generalmente se recitan en forma conjunta: *Aẓ-Ẓāhir* muestra a la Divinidad exteriorizándose bajo Sus formas manifiestas que simultáneamente la velan, mientras que *Al-Bāṭin* nos muestra que ninguna forma vela a la Divinidad sin simultáneamente revelarla.

El conocimiento proveniente del corazón restaura la unión, así que siempre conecta las cosas externas con la verdad interna que ellas simbolizan, siempre experimenta en tu corazón como lo interno refleja lo externo y como lo externo refleja lo interno. Sabe que nada en este mundo existe como una realidad separada, sino que todas las cosas dependen total y completamente de la existencia de ese tesoro escondido cuyo esplendor fueron creadas para develar.

Unir los sentidos internos con los externos
también significa unir la vida visible de este mundo
con la vida velada del más allá.

Al-Bāṭin
76

El Oculto, El Invisible, El Secreto, El Interno

62 – 248 –3844

Al-Bāṭin es el que se encuentra velado debido a la omnipotencia de Su visibilidad, siendo invisible para el ojo físico. Quienquiera que es visible está velado respecto de lo invisible y quienquiera que es invisible está velado respecto de lo visible. Es así como lo visible está conectado con lo invisible y lo invisible con lo visible. *Tú eres el visible, el manifiesto y nada es más elevado que Tú; Tú eres el invisible, el oculto y nada existe sin Ti.*

Él es, simultáneamente, la causa trascendente de todo lo que existe, y se encuentra inmanente en cada fenómeno de Su Creación.

Allāh *Al-Bāṭin* se vela a Sí mismo respecto del ojo físico y deviene *Aẓ-Ẓāhir* a través del ojo del corazón. Él es *Aẓ-Ẓāhir* a través de Sus Nombres, Sus cualidades y la luz de Sus señales y símbolos, y Él es *Al-Bāṭin* a través de la Divina verdad que existe en todas las cosas. Los seres humanos proclaman la luz del Nombre Divino *Aẓ-Ẓāhir* a través de su cuerpo y la luz del Nombre Divino *Al-Bāṭin* a través de su alma.

A veces la vida o una determinada combinación de circunstancias requieren que nos mantengamos en un lugar oculto, ejerciendo nuestra influencia y nuestro amor desde allí. Conectarte con *Al-Bāṭin* y descubrir su resonancia en ti te ayudará a contener tu ego –que ama mostrarse– y te dará la calma y el aplomo necesarios para volverte únicamente hacia Él.

Cada vez que la duda intente conquistar tu corazón, repite estos cuatro Nombres Divinos: *Al-´Awwal*, *Al-´Ājir*, *Aẓ-Ẓāhir*, *Al-Bāṭin.*

Bāṭin proviene de la raíz **b-ṭ-n** que significa oculto, secreto, esconder, intentar descubrir, tener conocimiento profundo, saber exactamente, penetrar, ser absorbido, vientre, útero, profundidad, interno, interior, íntimo, más recóndito.

Allāh es *Ẓāhir* y *Bāṭin*. *Bāṭin* porque Él es invisible y *Ẓāhir* a través de las manifestaciones que apuntan a Él, a través de Sus efectos y acciones que conducen a Su conocimiento. Por lo tanto *Ẓāhir* es la ascensión que abraza a *Bāṭin*.

Ẓāhir y *Bāṭin* representan los aspectos Divinos exotéricos y esotéricos , así como el doble (externo y oculto) mensaje profético del Profeta Muhammad, que la paz y las bendiciones de Allāh sean sobre él.

Sura *Al-Ḥadīd*, El Hierro (57:3)

huwa al-´awwal wa-l-´ākhir wa-ẓ-ẓāhir wa-l-bāṭin wa huwa bi-kulli shai'in 'alīm.

Él es el Primero y el Último, el Externo y el Interno: y tiene pleno conocimiento de todo.

Los cuatro Nombres Divinos Al-´Awwal, Al-´Ājir, Aẓ-Ẓāhir *y* Al-Bāṭin *captan y cubren en el tiempo y en el espacio, el comienzo y el final, lo elevado y lo bajo. Pre-eternidad y post-eternidad son el antes y el después. Porque todo lo que precede (*sābiq*) conduce a su precedencia (*´awwaliyya*), a Su verdad fundamental, y cada final conduce a su subordinación (*´ajjiriyya*), a Su verdad última. Es de esta manera que Su verdad fundamental y Su verdad última abrazan cada comienzo y cada final, Su exterioridad y Su interioridad envuelven cada afuera y cada adentro. No existe nada externo que no esté envuelto por Allāh y debajo de Él, de la misma manera que nada interno existe sin que Allāh esté debajo y en proximidad a ello. Estos son los cuatro pilares de la Unidad.* Ibn al-'Arabī

La repetición conjunta de los cuatro Nombres Divinos *Al-´Awwal, Al-´Ājir*, *Aẓ-Ẓāhir* y *Al-Bāṭin* nos lleva al centro de paz y quietud, más allá del comienzo y del final, más allá de lo visible y lo invisible. Este es el encuentro con la eternidad.

Cada vez que te encuentres abrumado por tu ego, desgarrado y retorcido por la duda y la desesperanza, repite estas palabras:

¡Cómo puede Él estar velado para mí cuando Él hace visible todas las cosas!
¡Cómo puede Él estar velado para mí cuando Él se revela en todas las cosas!
¡Cómo puede Él estar velado para mí cuando Él se manifiesta para todas las cosas!
¡Cómo puede Él estar velado para mí cuando Él era visible con anterioridad a toda la existencia!
¡Cómo puede Él estar velado para mí cuando Él es más visible que cualquier otra cosa!
¡Cómo puede Él estar velado para mí cuando Él es aquel junto al cual nada más existe!
¡Cómo puede Él estar velado para mí cuando Él está más cerca mío que ninguna otra cosa!
¡Cómo puede Él estar velado para mí cuando no habría existencia sin Él!

¡Oh Allāh, cuan próximo estás a mí y qué lejos estoy yo de Ti! ¡Oh Tú que estás cerca, Tú que eres familiar, Tú eres el que está cerca y yo soy aquel que está lejos! Tu cercanía me ha hecho dudar de todo y mi distancia de Ti me ha hecho suplicarte solamente a Ti. Así que quédate aquí conmigo y tráeme más cerca de Ti, para que yo pueda liberarme de suplicar y de las súplicas de los demás.

Repite este Nombre diariamente y podrás ver la verdad de las cosas. Observa los signos en los cielos y en la profundidad de tu ser.

Los sufíes siempre utilizan los eventos y las situaciones externas para ganar conocimiento interior, porque en realidad el exterior es siempre uno con el interior. De esta manera el mundo entero deviene un mundo de símbolos. Despertar del estado de semidormido significa despertar del estado en el cual solamente prestamos atención a las cosas del mundo por sí mismas. La percepción inevitable de que lo natural está permeado por lo supranatural influye sobre nuestro ser y lo transforma. Desarrollamos un sentimiento hacia lo sagrado, un 'sentimiento hacia Dios' porque esto es lo que lo sagrado demanda con justicia de nosotros los seres humanos.

Efectivamente el mundo externo no es Dios, sin embargo no puede existir sin Él.
Cuando estamos sostenidos por el camino interior,
el mundo externo puede tranquilamente desintegrarse,
pues ha comenzado el largo camino a casa.

Al-Wālī
77

El Regente, El Gobernante
47 – 188 – 2209

La repetición de este Nombre te colma de un sentimiento de seguridad y de la certeza que estas abrazado por la protección Divina. Cuando dices *Iā Wālī*, es como si estuvieras diciendo:

> *Oh Tú que me amas y a quien amo, Tú me has abrazado en Tu bondad y en Tus bendiciones, Tú me has ayudado a llevarte a Ti en mi corazón y en mi lengua. Tú me has dado el regalo de un corazón agradecido y me has abierto el camino que conduce a Ti.*

Al-Wālī nos protege de pensar que lo que hemos obtenido es nuestro, cayendo así en la arrogancia y la complacencia. *Al-Wālī* nos protege de ceder a y obedecer la voz del ego tirano, acercándonos nuevamente, una y otra vez, a nuestra guía interior. *Al-Wālī* nos brinda ayuda, soporte y protección en el camino hacia nuestro verdadero ser. A menudo este amor íntimo y protector nos extiende su mano, a veces nos pone un espejo en nuestro camino hacia Allāh, asegurándose que no sucumbamos ante el engaño del egoísmo.

Invocar a *Al-Wālī* significa abrir ambas manos para pedir protección, armonía, balance y una autodisciplina que brote del amor.

Los sufíes cumplen con sus deberes, trabajan y utilizan sus actividades y circunstancias externas para crecer interiormente en el sendero hacia su propia perfección, hacia Allāh sin jamás perderlo de vista.

Aquellas personas que siembran este Nombre en su interior y que llevan esta cualidad a sus vidas están listas para erguirse en defensa de los derechos de las personas y de la justicia, libres de cualquier segunda intención.

Sus acciones están motivadas e influenciadas por su conciencia de la Divinidad, no por las circunstancias o las variables condiciones de las sociedades humanas.

Al-Wālī e *Al-Walīy* provienen ambos de las letras raíces **w-l-y** que además significan cercano, íntimo, dar soporte, conectar directamente, dirigir.

Comparado con *Al-Walīy*, *Al-Wālī* enfatiza esencialmente el aspecto protector de la íntima relación con Allāh.

Al-Wālī es el que cuida todos los asuntos de la Creación. Él es el Señor de todas las cosas y Él determina su progreso. Él es su guía, Él es la acción y la obra.

Aquellas personas que repiten este Nombre 33 veces y lo exhalan en sus hogares los protegerán de peligro. Si tú tienes la sensación de que tu casa está rodeada de peligro, escribe este Nombre en un contenedor lleno de agua y rocía con ella alrededor de tu casa.

Aquellos que tienen posiciones elevadas y dirigen a otras personas debieran repetir este Nombre 1000 veces todas las semanas para poder ser regentes de sí mismos antes de ser regentes de otros, para despertar la generosidad y la magnanimidad en sí mismos antes de poder hacer lo mismo con los demás, y experimentar bondad y compasión antes de que puedan irradiarlas.

Si estás pasando por tiempos difíciles y te enfrentas con problemas que te pesan, repite este Nombre a menudo y te traerá alivio.

Pulir el espejo de nuestro corazón comienza con la practica sufí del *dhikr*, cuando focalizamos la atención en el más allá, arrojándonos completamente al vacío, trascendiendo la razón, más allá del ego. Nos concentramos interiormente para abrirnos a la energía trascendente, una energía que barre las impurezas del *nafs* o ser inferior. Comprendemos que somos a la vez un alma cuyo núcleo está libre de las cadenas del mundo, y seres humanos atrapados en la dualidad del bien y del mal, de la luz y de la oscuridad. Permanecer conectados y presentes más allá de nuestra situación interior o exterior, permanecer focalizados en Él mientras llevamos una vida diaria equilibrada, comportarnos de acuerdo con la situación del momento –esta es la tarea de los sufíes.

Cuando el wālī *mira observa las señales de Dios*
y cuando escucha oye los versos de Dios, y cuando habla Lo *alaba,*
y cuando se mueve lo hace para servirlo.
Fakhr al-Din al-Razi (morto1210)

Al-Muta‘ālī
78

El Sublime, El Más Elevado, El Superior
551 – 3306 – 303 601

La vida es movimiento constante, cambio constante. Hoy eres joven y fuerte, mañana puedes ser débil y frágil. Hoy eres pobre y estas atravesando una situación difícil, mañana puedes ser rico y estar pleno de fuerza. Aquellas personas que poseen esta cualidad Divina focalizan su atención en comprender, en encontrar y en estar con Allāh, susurrando continuamente para sí:

Oh Señor, aumenta mi conocimiento y mi comprensión.

Al-Muta‘ālī es superior a todo y nada puede ser comparado con Él. Se eleva por sobre todo lo pasajero y es la fuente que nunca se agota y de la cual proviene todo. *Al-Muta‘ālī* es Su infinita superioridad respecto a cada existencia, a cada potencial, a todo lo que pueda ser descripto con conceptos humanos.

Como *Al-‘Alīy* (36), el Nombre Divino *Al-Muta‘ālī* deriva de la raíz **‘-l-w**. Las siguientes palabras suplementarias derivan de la misma raíz: elevado, alto, exaltado, sublime, excelente, resonante, tañido de campana o timbre.

Al-Muta‘ālī aparece únicamente una vez en el Sagrado Qur’ān, bajo la forma de *Al-Muta‘āl*:

Sura *Ar-Ra‘d*, El trueno (13:9)

Conoce todo lo que está fuera del alcance de la percepción del ser humano, así como todo lo que las criaturas pueden percibir –¡el Grande, el que está muy por encima de todo lo que es o podría llegar a ser (al-muta‘āl)*!*

Durante la niñez desarrollamos estrategias para poder enfrentarnos con un mundo abrumador e incomprensible. Comenzamos a aislarnos, ya sea retirándonos o sobreadaptándonos. Luego comenzamos a elaborar una estrategia: decidimos convertirnos en mejores y más fuertes que cualquier otro, o en especialmente serviciales, o en distantes de los demás. Hacemos todo esto para poder cubrir nuestro dolor, nuestra vergüenza, nuestra sensibilidad y todo lo hacemos buscando y anhelando amor porque nacimos del océano del amor Único y aquí es donde el alma nuestra desea retornar.

Sin embargo, nos identificamos con el velo del *yo* aislado y herido. El amor Único deja de ser nuestro centro y nuestra orientación, mientras que el ego complaciente y focalizado en protegerse se convierte en nuestro juez. Comenzamos a buscar la paz, el amor y la felicidad que anhelamos, en las manifestaciones externas. Comenzamos a manipular nuestro entorno para ganar reconocimiento, protección y seguridad, para poder finalmente superar esa separación que nos duele y el sentimiento de que algo está fallando. El ego toma el amor dado por Dios –que pertenece a nuestro verdadero ser– con todas sus facetas de diferentes virtudes y potencialidades, lo distorsiona y lo utiliza para sobreponerse al miedo y proveernos con una distracción.

El primer paso hacia nuestro verdadero ser es reconocer este dilema y tomar la decisión de volver al amor. ¡Anímate, toma algunos pasos con valentía y el amor correrá hacia ti para encontrarte!

Todos hemos sido moldeados por la vida. Estos patrones y condicionamientos que influyen sobre nuestra existencia y nuestras opiniones se formaron antes que nada durante nuestra niñez, aunque también teníamos algunos patrones antes de llegar a este mundo. En el nivel del alma atraemos experiencias específicas para obtener un conocimiento determinado. Es de esta manera que nuestros principales temas y problemas nacen y serán nuestros compañeros de toda la vida.

Algunas personas solo se sienten amadas por lo que hacen y no por lo que son, otras se sienten excluidas del Paraíso, algunas sufren del síndrome del ayudante y otras siguen jugando el papel de víctimas. Otras sienten que no han sido adecuadamente protegidas, que no han sido vistas, que no han sido tratadas con amor.

Vale la pena esforzarse para examinar el origen y las causas y clarificar nuestra visión. Sin embargo, es de vital importancia experimentar todos nuestros problemas y actitudes como una oportunidad, una posibilidad potencial profunda al servicio de nuestra meta espiritual.

Un sentimiento de soledad que nos hace distorsionar la realidad y nos consume, una autoestima baja, los celos y la intensidad de varias formas de deseo y agresión pueden traer confusión y dificultades en nuestra vida diaria.

Los maestros espirituales identifican estos diferentes estados en sus estudiantes, conocen su verdadera causa y su significado subyacente

Ellos conocen los aspectos de la psiquis y su conexión con el potencial y meta espiritual. Los estudiantes son reconocidos, amados y transformados. Al ser comprendidos, pero sobre todo al ser amados, ellos pueden entregarse completamente y entrar en el círculo infinito de la Unidad existente en la pre-eternidad. Verdaderamente la transformación requiere confianza y amor

Al-Muta'ālī nos brinda la fortaleza necesaria para elevarnos progresivamente hacia una conciencia expandida y superior. Esa conciencia nos transporta hacia nuevas dimensiones de conocimiento. Nos convierte en verdaderos servidores de esta tierra, sabiendo que no podemos escapar a nuestra responsabilidad. Somos el punto de combustión donde todo se une. Verdaderamente podemos traer equilibrio, podemos traer la luz de Allāh al mundo, podemos traer armonía o desarmonía. Somos puentes entre los cielos y la tierra, creados con la intención de reflejar la luz Divina en el mundo, y nuestra forma de vida debería ajustarse a esta verdad.

Cuando repites este Nombre, una y otra vez, puedes recobrar tus capacidades perdidas. Si has sido removido injustamente de una posición o un trabajo, puedes recuperarlo repitiendo este Nombre 540 veces, Dios mediante. Repetir este Nombre antes de reuniones importantes puede ayudarte a ser más efectivo. Ser amable y cortés contigo mismo y con los demás significa ser cortés con la Divinidad porque en la Unidad se encuentra el más elevado, el Único que verdaderamente existe, Allāh.

El poder del Nombre Divino *Al-Muta'ālī* se utiliza particularmente para sanar los ojos, especialmente en casos de inflamación del tejido conectivo. Se repite, para ello, 551 veces.

Si tú recitas este Nombre cuando estás en la corte de justicia, durante un juicio o disputa, te dará la fortaleza y la ayuda para desentrañar la verdad y traerla a la luz.

Al-Muta'ālī debiera ayudarnos a tomar el sendero del equilibrio, la responsabilidad, el conocimiento, la honestidad y a compartir ese conocimiento generosamente. Nos protege de una existencia por debajo del nivel que nos pertenece como seres humanos.

Sura *Ṭā Hā*, Oh Hombre (20:114)

[...] di [siempre]: "¡Oh Sustentador mío, auméntame en conocimiento!"

Al-Barr
79

El Que Alivia La Carga, El Que Ama, El Que Hace El Bien, El Bondadoso

202 – 404 – 40 804

El Nombre Divino *Al-Barr*, el benevolente, es el que bondadosa y generosamente otorga salud, bendiciones materiales, amistades e hijos. En el nivel espiritual *Al-Barr* otorga fe, devuelve las buenas acciones y favorece la piedad en el corazón. *La piedad es simple: solo requiere una cara franca y una lengua suave.*

Al-Barr proviene de la raíz **b-r-r** que significa reverente, obediente, devoto, caritativo, benéfico, hacer el bien, dar por caridad, obedecer (especialmente a Allāh), honrar, ser honesto, ser veraz, ser sincero, ser fiel, mantener una promesa o un juramento, garantizar, justificar, absolver, llevar a cabo, cumplir con, justificar, ser justificado, piedad, rectitud, bondad, amabilidad, obsequio, piedad, continente, campo abierto, rural, salvaje, desierto, afuera, exterior, extranjero, paraíso.

Cuando haces el bien a las personas, animales y plantas, a la Creación que te rodea, puedes sentir el reflejo Divino de *Al-Barr* en ti mismo.

Al-Barr aparece una vez en el Sagrado Qur'ān, combinado con *Ar-Raḥīm*:

Sura *Aṭ-Ṭūr*, El Monte Sinaí (52:28)

En verdad, antes Le invocábamos a Él [solo: y ahora Él nos ha mostrado] que solo Él es realmente benéfico (al-barr)*, un verdadero dispensador de gracia* (ar-raḥīm)*!"*

Desde los tiempos de Adan hasta la actualidad, ningún ser humano estuvo jamás libre de errores.
Zamakhshari

La perfeccion es una cualidad que pertenece únicamente a Dios.

Él muestra Su bondad a aquellos que se Le oponen, perdona a los malhechores, absuelve a quienes Le piden perdón y acepta las disculpas; Él cubre nuestros errores y debilidades, y Él es aquel cuyas bendiciones son interminables, aún cuando los bendecidos vivan en rebelión. Todo esto fluye del Nombre Divino *Al-Barr*.

Al-Barr llena el corazón de alegría y lo sana. *Al-Barr* nos otorga dignidad y nos ayuda a hacer frente a nuestra vida.

A aquellas personas que repiten este Nombre a menudo y lo llevan en su corazón les es dado aquello que anhelan. Este Nombre protege a aquellos que viajan por tierra, por agua o por el aire. Hace que la travesía sea fácil, aliviana el camino y protege a los viajeros, a sus compañeros y a sus posesiones.

Por Su amor, *Al-Barr* nos ayuda a encontrar el equilibrio interno y externo, de modo que lo interior y lo exterior sean consistentes. Por Su bondad, nos ayuda a mirarnos con honestidad, una y otra vez, y nos asiste para que podamos transformarnos con honestidad, magnanimidad, sinceridad y respeto. *Al-Barr* es un amor que nos purifica y nos expande para que podamos acercarnos a Allāh. Aquellos que viven el amor Divino se denominan *al-´abrār*.

La veracidad y la sinceridad nos conducen a *Al-Barr*. Aquellas personas que desean acercarse a esta cualidad Divina no le causan dolor a nadie, no desean ningún mal a nadie, no son celosos de nadie, son bondadosos con sus padres e indulgentes con sus enemigos. Repetir este Nombre nos protege de la mala fortuna. Podemos con *Al-Barr* expresar todas las formas de bondad, misericordia y bendiciones que hemos recibido. Allāh nos ha creado para vernos felices.

Es a nuestras madres que les debemos muchas de las bendiciones que recibimos y en las cuales vivimos porque Allāh sabe que cada dificultad, cada sufrimiento de su hijo trae dolor y pesadez al corazón de la madre.

Los padres que han perdido una criatura pequeña deberían repetir este Nombre y si es su destino, tendrán otro niño, dada la bondad y misericordia de Dios. Este Nombre bondadoso también ayudará a aquellos que tienden a culpar a su medio ambiente y a aquellos cuya apatía impide que se involucren en la vida.

El Nombre Divino *Al-Barr* abarca nuestra conexión con nuestros padres. Nos enseña a cerrar nuestro corazón a cualquier atisbo de arrogancia hacia ellos y a abrirnos a la misericordia. *Al-Barr* inspira la bondad y las buenas acciones que fluyen desde ti hacia tu tribu y, por lo tanto, pueden fluir también desde ti hacia las ramas que vendrán después de ti.

Si estás preguntándote como alcanzar la bondad, como alcanzar lo bueno en ti, entonces respóndete a ti mismo: *siendo verdaderamente feliz por las cosas buenas que les ocurren a los demás sin sentir ninguna envidia.*

Nosotros los seres humanos hemos recibido los recursos intelectuales y espirituales que nos habilitan a distinguir entre el bien y el mal, y nos permiten hacer buen uso de las oportunidades que nos brinda nuestro medio ambiente.

Al repetir este Nombre Divino 202 veces todos los días, las personas que han padecido una parálisis repentina pueden abrir el camino hacia la sanación, el alivio, u obtener la fortaleza necesaria para sobrellevar esa enfermedad.

La repetición de este Nombre también alivia o cura miedos y enfermedades conectadas con los líquidos o con el fluir (por ejemplo, problemas alcohólicos, miedo a las tormentas, miedo a estar en un barco).

Allāh da sin preguntar, Él no pide nada a cambio. ¡Quiera Dios que aprendamos a hacer lo mismo! Aquellas personas que llevan esta cualidad Divina son bondadosas y hacen el bien en el plano material y asimismo en el espiritual. La fuente de su bondad y compasión surge a partir de su conocimiento del misterio Divino.

Bondad es cuando das aquello que amas.
Una sonrisa es asimismo un acto bondadoso.

At-Tawwāb
80

El Que Acepta El Arrepentimiento, El Que Guía de Regreso
409 – 1636 – 167 281

Regresar siempre significa guiar nuestros sentidos hacia lo esencial, lejos de las formas externas que nos distraen, lo que implica despertar el corazón, una y otra vez. No importa cuan oscuro sea nuestro camino, cuan terribles hayan sido nuestras acciones, el camino de regreso a la esencia Divina, a Dios, está siempre abierto hasta nuestro último suspiro.

Algunos corazones se abren y se entibian con una pequeña chispa y encuentran el sendero de regreso; otros se entibian y luego se enfrían antes de entibiarse nuevamente para luego enfriarse. Así que recuerda que el camino hacia tu hogar original permanece siempre presente.

Los sufíes son *sālikūn*, nómadas, que aspiran a obtener la 'santidad'. La santidad es vestirse con las cualidades Divinas, en lo externo con dignidad, en lo interno con belleza, pero para poder hacer esto debemos primeramente transformar y purificar los defectos, malos hábitos y prejuicios que se han convertido en nuestra segunda piel, para poder alcanzar las virtudes de nuestra verdadera naturaleza.

La santidad consiste en retirarse y devenir absorto en nuestro propio ser efímero, mientras nos dirigimos hacia nuestro origen Divino. Esto es lo que el Profeta Muhammad, que la paz y las bendiciones de Allāh sean sobre él, solía denominar la 'gran guerra santa'. Es la decisión de dar prioridad a lo eterno sobre lo transitorio en todas las cosas, pensamientos y creencias, hasta llegar a alcanzar nuestro centro más íntimo.

El arrepentimiento de los sufíes, *tawba*, es la decisión clara y sincera de caminar este sendero y de ponerse a disposición de la misericordiosa fuerza atrayente del más allá. Sin embargo, la vida diaria es simultáneamente el punto inicial y el sitio donde se desarrolla esta travesía espiritual. El mundo de las manifestaciones se convierte en el sitio donde experimentamos la Divinidad.

At-Tawwāb proviene de la raíz **t-w-b** que significa arrepentirse, ser penitente, alejarse del (pecado), renunciar, perdonar, contrición, indulgente, misericordioso (Allāh).

En el Sagrado Qur'ān *At-Tawwāb* se menciona 7 veces combinado con *Ar-Raḥīm*:

Sura *Al-Ḥujurāt*, Las Habitaciones Privadas (49:12)

> *¡Oh vosotros que habéis llegado a creer! Evitad la mayoría de las conjeturas [sobre otra gente] –pues, ciertamente, una parte de [esas] conjeturas es [en sí] pecado; y no os espiéis unos a otros, ni murmuréis unos de otros. ¿Le gustaría a alguno de vosotros comer la carne de su hermano muerto? ¡Os resultaría repugnante!*
> *Y sed conscientes de Dios. ¡Realmente, Dios acepta el arrepentimiento y es dispensador de gracia* (ar-raḥīm)*!*

Cuando un maestro enseña, explicando temas y haciéndolos más accesibles para los estudiantes, esto es apropiado y equitativo para ellos. Pero cuando un maestro alterna entre la alabanza y la reprimenda, el elogio y el castigo, las sonrisas y la seriedad, a veces llamando a sus padres con el objetivo de estimular a los estudiantes para que den lo mejor de ellos, e incitándolos hacia el camino del conocimiento para descubrir las capacidades que tienen dormidas –esa es la misericordia, eso es *Ar-Raḥīm*. Es desde la misericordia que nuestro sendero se forma, desde la misericordia también provienen las dificultades y las adversidades. Somos tratados con la cualidad de la misericordia para que podamos alcanzar las profundidades de nuestro ser y encontrar el Paraíso.

El Nombre Divino *At-Tawwāb* es un Nombre que nos lleva de regreso. Su forma y código sonoro tienen la cualidad de repetición continua. Allāh continúa dándonos situaciones y circunstancias para que podamos retornar al amor Divino, enraizarnos en las leyes Divinas y así vivir de acuerdo a nuestro ser profundo, en los ascensos y descensos del universo, formados por el constante flujo del amoroso aliento de Allāh.

El Profeta Muhammad, que las bendiciones y la salvación de Allāh sean con él, lo sintetizó de la siguiente manera:

> *Trata a este mundo como si fueras a vivir mil años y al más allá como si fueras a morir mañana.*

Ambas actitudes se complementan y dependen una de la otra porque la concentración externa requiere concentración interna.

Cuando eres capaz de perdonar, cuando puedes disculpar a aquellos que te han molestado o herido –por lo menos en parte– o cuando puedes absolverte a ti mismo, puedes sentir y vibrar con la cualidad de este Nombre Divino en tu interior.

A fin de recibir el soporte, la fortaleza y la conciencia para poder hacerlo, repite este Nombre Divino 409 veces a la mañana. ¡Qué las debilidades que obstaculizan tu camino se disuelvan y puedas despertarte una mañana sin recordarlas! Ten cuidado de dos cosas que pueden detenerte en el camino: la arrogancia y estar semidormido. En el sufismo, el arrepentimiento también significa dejar de ser indiferente.

Admite que has sido injusto, resuelve no repetir esa acción, usa el peso de tu conciencia arrepentida para fortalecer tu intención y no repetir la injusticia, y busca la pureza interior tratando de compensar tu mala acción. Pon todo en las manos de Dios. De esta manera podrás perdonar tanto tu propio descuido como el de tus semejantes.

El arrepentimiento es purificación, significa recomenzar el camino a casa después de haberse perdido.

Al-Muntaqim
81

El Vengador, El Que Retribuye Con Justicia
630 – 3150 – 396 900

En su aspecto exterior, este Nombre Divino conlleva la cualidad de majestuosidad y, oculto en su interior, lleva la cualidad de belleza. La majestuosidad comprende lo que es poderoso, abrumador e impresionante. La belleza abarca la bondad, la entrega, el amor y la paz interior. Los Nombres Divinos llevan invariablemente ambas cualidades, a veces es la belleza la cualidad más visible, otras veces es la majestuosidad.

La raíz **n-q-m** significa recompensa a través del castigo, vengar, negar, no ver un regalo, guardar rencor, detestar, absorber la peor parte, estar enojado, odiar, vengador, vengativo, rencoroso, tener bronca contra alguien.

Cuando repites este Nombre Divino, tu corazón comienza a temblar violentamente y sientes como si fuera a saltar fuera de tu pecho. Tu corazón se ve apretujado por el miedo, un miedo tan profundo como la confianza básica. En ese momento de disolución, la misericordia Divina se manifiesta, las cualidades de la belleza Divina se abren, y el corazón regresa más confiado y calmo que antes. Así es como el temblor fue fuente de paz. Porque siempre en todos los casos se trata de sanar el corazón.

Al-Muntaqim es la gran campaña vengadora realizada contra nuestro propio egoísmo, en contra del entumecimiento que nos lleva a vernos únicamente a nosotros mismos, desconectados de la Unidad y de la conexión con todos los seres, envueltos solamente en la autocompasión. Es la lucha contra el letargo, la estrechez mental, el racismo, la arrogancia, el prejuicio y la falta de conciencia que permanentemente amenazan con capturarnos nuevamente.

Comenzar el viaje personal hacia nuestro propio origen, y aprender a focalizarnos simultáneamente en la totalidad, en la energía de la Unidad, ser guardianes del nuestro planeta, superar el aislamiento y la separación, y encontrar la conexión con toda la Creacion, tal es el siguiente paso en nuestra evolución espiritual. Permitir que nos penetren las energías de conexión mutua y dejar que se desarrollen en nosotros rompe las cadenas formadas por la ilusión de separación y nos brinda la paz que anhelamos.

Controla tu enojo, perdona a quienes han sido injustos contigo, conecta y une lo que se ha quebrado, ejercita el amor y el conocimiento allí donde rige la ignorancia, y al hacerlo mantén siempre el rostro de Allāh en tu corazón. Él es la realidad eterna.

Cuando estamos conectados con nuestra verdadera naturaleza, la luz de las energías elevadas de nuestro mundo interior puede manifestarse. Así es como el conocimiento interior del verdadero ser, la conciencia de amor y Unidad puede descender hacia el mundo denso de la manifestación.

Emerger de nuestro ego, desviar nuestra atención de él, dejar de vernos a nosotros mismos como el centro del universo y participar del todo nos conduce a nuestra propia totalidad. ¡Nos transformamos en numerosos centros!

El vórtice y las fuerzas del materialismo han devenido tan poderosas y densas que necesitamos la ayuda de todos aquellos que llevan en su corazón un compromiso hacia la humanidad y hacia las criaturas de esta tierra.

Allāh brinda la fortaleza necesaria para trabajar para la humanidad a todos los que participan en esta obra.

En nuestras culturas, nos hemos identificado en demasía con los patrones jerárquicos y las variadas formas de exclusión. Nuestro egoísmo nos induce a dar soporte, conciente o inconscientemente, a sistemas basados en la opresión y explotación que conducen indefectiblemente a guerras. Hemos llegado a un punto donde pasamos por alto la verdad original, es decir, la dimensión absolutamente abarcadora de la Unidad que todo lo incluye.

Pero nuestra verdadera naturaleza anhela armonía y paz. En algún estadio de nuestra vida, deberíamos decidir con claridad si queremos seguir el sendero del amor, con todo lo que ello involucra, o el camino de la separación, porque todas nuestras acciones diarias se basan en esta aseveración consciente. Esto forma nuestro centro desde el cual podemos pesar y poner todo en perspectiva.

El camino de los sufíes es el sendero hacia Allāh y Él es su único centro. Su amor por Dios da forma a sus acciones y a sus vínculos, hace que puedan ver por encima de las aristas de su pequeño *yo* y que puedan trabajar por la Unidad en este mundo. Carece de importancia si has comenzado recientemente en el camino o si llevas años de realizar prácticas espirituales. A todos se les brinda el mismo acceso, pues tal es la ley de la Unidad.

Cuando los demás te causan sufrimiento di:

حسبيا الله و نعم الوكيل

hasbiya llāh wa ni'ma l-wakīl

Dios es suficiente para mí y Él es el que me reembolsa con total equidad

y confía en la energía Divina.

Si el sufrimiento ocasionado por una persona tirana persiste, repite:

Iā Muntaqim, *Iā Yabbār* (9), *Iā Kabīr* (37), *Iā Muta'ālī* (78).

Para darle forma a la fortaleza y el poder sanador en tu interior, repite 1000 veces durante un día:

Iā Muntaqim, *Iā Qahhār* (15)

y la tiranía cesará, si Allāh así lo dispone.

La siguiente frase de Bayazid al-Bistami expresa la cualidad de *Al-Muntaqim*:

> *Una noche sentía demasiada pereza y cansancio para hacer mis meditaciones. Me vengué de mí mismo, prohibiéndome beber agua durante un año entero.*

Utiliza este Nombre para lavar de tu corazón todo lo que se sienta superficial o antinatural, incluyendo aquello que has incorporado para complacer a los demás. Libera tu verdadera naturaleza para que puedas reconocer la Divinidad en ti. Mira hacia fuera, observa las situaciones, eventos y vínculos de tu vida y luego vuelve la vista hacia tu interior, observando si las impresiones y las voces internas provienen de tu ser profundo o si te son extrañas, adoptadas, y no te corresponde a ti lidiar con ellas.

Ánclate en tu ser esencial. Contempla tu vida con el ojo de tu corazón *¿Qué puedes modificar, purificar o dejar de lado? ¿Cómo se encuentra tu morada interior ahora y cómo puedes darle a las cosas su lugar apropiado, teniendo en cuenta el sentido y la meta de tu vida?* Honra el espacio de tu corazón y trata a tu alma con amor y consideración. Permite que los vientos del respeto y la dignidad fluyan a través de tus pulmones.

Existen dos niveles para sanar el corazón.

El primero sana los corazones endurecidos, liberándolos del óxido que los ha oscurecido como resultado de toda clase de sufrimientos y cubierto la luz que en ellos existe. El segundo nivel incrementa la compasión y la misericordia de los corazones ya abiertos. Sabe que el estado del corazón influye sobre el cuerpo físico.

¡Qué siempre puedas tener la fortaleza necesaria para transformar tu venganza en compasión, las injusticias recibidas en justicia, el distanciamiento en afecto, y que tu corazón se encuentre siempre vuelto hacia Allāh!

El mayor enemigo de la humanidad es el egoísmo
porque toda maldad nace del egoísmo.

Al-‘Afūw
82

El Que Perdona

156 – 468 – 24 336

Cuando repites este Nombre Divino te sientes envuelto en la luz de la misericordia y de la compasión, una luz que despierta la esperanza y la suavidade, una luz que disuelve las preocupaciones y alivia el corazón.

La cualidad de *Al-‘Afūw* nos brinda la fortaleza para sobreponernos a las humillaciones y ofensas sin amenazas o castigos, sino únicamente a través de la bondad y la generosidad, sin avergonzar a los demás recordándoles sus debilidades. Este Nombre borra todas las huellas del error y permite que caigan en el olvido. Tal es la cualidad de *Al-‘Afūw*.

La cualidad de perdón también se explica como sigue: las personas que perdonan ocultan las huellas de la injusticia. Permiten que los vientos del perdón misericordioso aparten y eliminen de su corazón los rastros dejados por los atropellos recibidos porque perdonar significa limpiar y olvidar. Cuando lamentamos nuestros errores, verdadera y profundamente, la misericordia Divina desciende y permite que nuestros sentidos y nuestro corazón se olviden de ellos, removiendo todas las huellas de estas equivocaciones de la faz de la tierra.

Si has cometido un error y tienes miedo de las consecuencias y del castigo, deberías repetir este Nombre muchas veces en el día y Allāh te protegerá de lo que temes.

Al-‘Afūw proviene de la raíz **‘-f-w** que significa no hacerse notar, obliterar, eliminar o ser eliminado, perdonar, recobrar la salud, sanar, gratuito, pedir el perdón a alguien, favor, bondad, perdón, voluntad de perdonar, borrar, limpiar, liberar, eximir, eliminar, joven borrico, restaurar la salud, curar, proteger, salvar, dispensar, recobrar.

Consecuentemente Allāh *Al-'Afūw* no solo contiene el poder de perdonar, sino que incluso las mínimas huellas que dejaron las heridas y las ofensas se desvanecen, de modo que no permanece ninguna memoria de ellas. *Al-'Afūw* libera al corazón nuevamente y permite que se recupere una vez más. *Al-'Afūw* es un regalo de Dios que emerge de las profundidades de nuestro propio ser y nos libera. *At-Tawwāb* (80) es el Nombre Divino que nos prepara para *Al-'Afūw*.

Si recitas este Nombre 156 veces durante el día, ganaras mayor control sobre tu ego, tu carácter devendrá más refinado y tu medio más indulgente.

Cuando te sientas vencido por el enojo o la furia, la recitación de este Nombre Divino te aplacará y te ayudará a encontrar nuevamente tu centro. Sostén esta oración en tu corazón, sintiendo una profunda compasión hacia ti mismo: *Allāh me trata a mi como yo trato a la Creación*.

Lo amargo y lo dulce son los regalos generosos de Allāh, a veces para ponernos a prueba, a veces como una sanción o consecuencia justa, pero invariablemente como una posibilidad real, un remedio en el camino hacia la madurez, la libertad y la perfección.

El día en el cual se levanten los velos y la sabiduría subyacente a nuestras dificultades se revele, nos disolveremos sobrecogidos por el amor de Allāh.

La profunda misericordia que vive en este Nombre abre nuestro corazón hacia el que la otorga y expande nuestro espíritu, brindándonos un toque de conocimiento sobre Su Divino plan.

¡Oh Allāh, ignora y libérame de las humillaciones
que me he ocasionado a mí mismo y enséñame a amar!

Ar-Ra'ūf
83

El Templado, El Tolerante, El Compasivo, El Amable, El Amigable
292 – 1168 – 85 264

Se dice en un hadiz:

> *El Día del Juicio Dios dirá: "Oh hijo de Adán, yo estaba enfermo pero tú no Me visitaste."*
> *El contestará: "¡Oh mi Señor! Tú eres el Señor de los mundos. ¿Cómo hubiera podido yo visitarte?"*
> *Y Dios responderá: "Uno de Mis servidores estaba enfermo, pero tú no lo visitaste. Si lo hubieras visitado Me hubieras encontrado a Mi a su lado."*
> *Y continuará diciendo Dios: "Yo te pedí comida y tú no Me alimentaste; Yo tenía sed pero tú no Me diste nada de beber [...]."*

Este hadiz ilustra sobre la unión entre Allāh y la humanidad. Muestra que el núcleo central de los seres humanos es idéntico a Dios y que los humanos descubren su felicidad y su inmortalidad cuando llegan a Dios y que están infelices cuando se separan de Dios.

Sura *Al-Baqara*, La Vaca (2:156)

[...] "En verdad, de Dios somos y, ciertamente, a Él hemos de volver."

Sura *Al-'Ankabūt*, La Araña (29:8)

[...] [pues] a Mí habréis de retornar todos, y entonces Yo os haré entender [realmente el bien y el mal de] todo lo que hacíais [en vida].

La suavidad y la tolerancia son cualidades esenciales, especialmente hacia los niños, los enfermos, los que sufren, los débiles y los ancianos. Llenar el corazón con suavidad, tolerancia y bondad significa haber encontrado la propia dignidad como ser humano. La suavidad y la compasión no se sujetan a ninguna ley.

Los seres humanos que tienen las cualidades de suavidad y tolerancia han abierto en sí mismos la fuente de gracia Divina. Si tu repites este Nombre 287 veces, tu corazón se llenará con compasión hacia tus semejantes. Te dará la fuerza necesaria para ayudar a otros y para tender un puente de compasión entre tú y ellos.

Ar-Ra'ūf proviene de la raíz **r-'-f** que significa mostrar misericordia, sentir compasión, ser amable, misericordioso, misericordia, compasión, compadecer, bondad, gentileza, compasivo, bondadoso, benevolente, gentil, indulgencia.

La palabra *ra'fa* que significa compasión y bondad proviene de la misma raíz. En relación a los seres humanos, indica el proceso que conduce a la suavidad del corazón. Extender *ra'fa* más allá de nuestros seres queridos significa moverse hacia la compasión que todo lo abarca, *raḥma*.

Ar-Ra'ūf y *Ar-Raḥīm* (2) a menudo se repiten juntos porque tienen la misma naturaleza.

En nuestra relación con Dios, *ra'fa* implica una gran bondad, misericordia y amistad.

Sura *'Āl 'Imrān*, La Casa de 'Imrān (3:30)

El Día en que cada ser humano encuentre ante sí todo el bien que haya hecho y todo el mal que haya hecho, [muchos] desearán verse muy lejos de ese [Día]. Por eso, Dios os advierte que tengáis cuidado con Él; pero Dios es muy compasivo con Sus criaturas.

El Nombre Divino *Ar-Ra'ūf* se utiliza para sanar la rodilla y el colon. Para ello debieras de repetirlo 287 veces mientras pones tu mano sobre la zona del cuerpo que necesita sanación.

Ar-Ra'ūf despierta en nuestro corazón cualidades de suavidad, bondad y cordialidad tan delicadas y penetrantes que pueden resonar a través de las paredes del odio y la malicia, dándonos la oportunidad de actuar desde el centro de nuestro verdadero ser, con un amor quieto y calmo, en lugar de reaccionar desde nuestro *yo* herido, molesto y lastimado. *Ar-Ra'ūf* no nos ayuda a soportar o sobrellevar la malicia, sino que elimina en nosotros cualquier respuesta a ella. Cuando existe *Ar-Ra'ūf*, no hay nada que defender porque estamos envueltos en la luz de la bondad que nos permite tocar las heridas del corazón de otros. Porque es a partir de esas heridas que surgen los miedos, la hipersensibilidad y los ataques.

Allāh, a través de Su cualidad de *Ar-Ra'ūf*, nos lleva al arrepentimiento antes de cometer un error. Si cometemos el error y se manifiestan las consecuencias, entonces *Ar-Raḥīm* es el que las neutralizará.

La gracia y la bondad de *Ar-Raḥīm* todo lo abarcan, pueden acogernos completamente y simultáneamente paralizarnos en su grandeza. *Ar-Ra'ūf* contiene una cualidad más específica. Es el sentimiento de misericordia y compasión hacia una persona en particular, que puede expresarse en forma más concreta debido a esta 'limitación'.

Cuando nos ocupamos de no darle a alguna persona la ocasión de hacer algo malo, por ejemplo, cuando no dejamos nuestras joyas a la vista, dado que alguien podría sentirse tentado a sustraerlas, estamos poniendo en práctica la cualidad de *Ar-Ra'ūf*. Darnos el tiempo para hablar con nuestros hijos, aconsejarlos y acompañarlos para que puedan fortalecerse y protegerlos porque los ayudamos a no cometer malas elecciones también proviene de *Ar-Ra'ūf*.

Ar-Ra'ūf es la mano protectora, atenta y vigilante, cuya expresión externa puede ser suave o intensa, pero que está invariablemente guiada hacia el interior por el infinito océano de misericordia y gentileza. *Ar-Ra'ūf* nos da esa fuerza interior calma que podemos conservar incluso en momentos de pánico y miedo, o en medio de enormes dificultades. Pues *Ar-Ra'ūf* toca y calma nuestros miedos más profundos.

Respeta las maneras de las demás personas
y no desdeñes la existencia de nadie.
En el comienzo es bondad, finalmente es paciencia y suavidad.

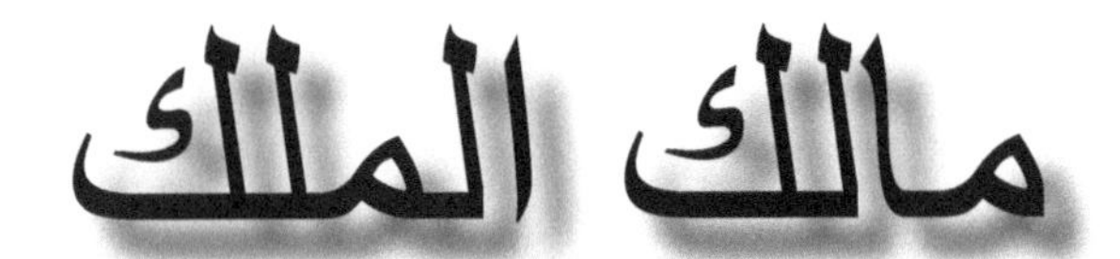

Māliku-l-Mulk
84

El Último Dueño, El Que Dirige El Poder, El Señor de Los Mundos
212 – 1908 – 44 944

Cuando tú repites este Nombre Divino, te sumerges en un mundo donde sientes y comprendes que no eres dueño de nada de lo que te pertenece.

Māliku-l-Mulk nos muestra que cada manifestación del universo se sostiene totalmente en Allāh.

Cuando repetimos *Māliku-l-Mulk* o *lā Mālika-l-Mulk* (al agregar *lā*, *Māliku* cambia a *Mālika*), se despierta en nuestro corazón el conocimiento de que si bien todo cambia permanentemente, todo está eternamente en manos de Dios. Este descubrimiento nos permite involucrarnos en la vida y participar de ella. El despertar de *Māliku-l-Mulk* remueve de nuestro ser los velos que nos hacen creer que no tenemos propósito y nos brinda confianza en la vida y en la humanidad. Todo descansa en Sus manos y cuando nuestro corazón se abre a este conocimiento, podemos ver las transiciones y cambios que trae la vida como una imagen en movimiento de la eternidad. Es así como podemos vivir dentro de la dimensión temporal, dando testimonio de la eternidad.

El universo es un macrocosmos que se refleja en el microcosmos humano. Los seres humanos son los representantes de la Divinidad en este mundo. Por cierto período de tiempo, algunas personas reciben riqueza, otras conocimiento y otras poder. Los seres humanos tienen libertad para elegir que hacer con lo que les ha sido dado. Poden enraizarse en la humanidad a través de acciones bondadosas y suaves que los conectan entre sí, o bien pueden seguir los impulsos de su ego. Sea lo que fuere que decidas, siempre recuerda que nada de lo que posees te pertenece. ¡Qué la tibieza y la dulzura de tu corazón puedan siempre dispersar los demonios de la codicia y la envidia que invariablemente entran a través del portal de la duda!

Como *Malik* (3), *Mālik* y *Mulk* provienen de la raíz **m-l-k**.

Mālik significa reinando, gobernando, ser propietario, poseyendo, tenencia, dueño, señor, poseedor, portador.

Mulk significa gobierno, reinado, autoridad suprema, dominio, poder, soberanía, reinado, realeza, derecho de posesión, propiedad.

Cuando repetimos este Nombre Divino, comprendemos que hemos sido enviados a esta tierra como representantes Divinos para gobernar y servir al universo y a nosotros mismos. Si repites este Nombre 212 veces diariamente, la duda se transformará en confianza y el miedo de no poseer nada se disipará. Repetir este Nombre nos enseña una de las grandes proezas que podemos lograr: el autocontrol.

Allāh nos ha brindado el universo entero como señal de Su existencia para guiarnos hacia la fe y la alabanza, y ha creado la totalidad del universo como una expresión y anuncio de Sus atributos y Nombres Divinos.

¡Oh ser humano, llámame y Me encontrarás! Y cuando Me encuentres habrás encontrado todo. Pues quienquiera que busque a Dios, no Lo pierde, y quienquiera que tenga a Dios como meta, no desespera.

La totalidad del universo, con todas sus criaturas, minerales, plantas y animales está representada por *al-mulk*. El género singular se utiliza aquí porque todo está conectado, cada parte representa al todo y contribuye a que estemos juntos: los animales para la humanidad, las plantas para los animales, la tierra para las plantas y el agua para la tierra. La grandeza de la tierra se adecúa a la capacidad y fortaleza del ser humano, y su rotación se adecúa a las facultades de la humanidad. Todo se complementa en Unidad y todo se somete a la voluntad Divina. Un reino único para el Único rey: *Māliku-l-Mulk*.

Saber que lo que ha sucedido tenía que pasar y no podría no haber pasado si no estuviera en concordancia con el insondable plan Divino nos da la capacidad para reaccionar conscientemente con ecuanimidad y confianza en todo lo que nos pasa, sea fácil o difícil.

Aquellas personas que se ven a sí mismas y a todo como pertenecientes a Allāh devienen uno con Él, y no necesitarán nada más.

¡La fe sin buenas acciones es similar al agua seca!

Dhū-l-Yalāli wa-l-Ikrām (Dhū-l-Jalāli wa-l-Ikrām)
85

El Señor de La Majestuosidad y La Magnanimidad,
El Que Está Pleno de Dignidad y Honor
1100 – 17 600 – 1 210 000

Este Nombre Divino tiene tres partes: *Dhū* significa señor, dueño, propietario, dotado con, provisto con, conteniendo alguna cosa; *Al-Yalāl* significa el que todo lo abarca, poderoso, majestuosidad, sublime, esplendor y gloria; *wa* es la conjunción 'y'; *Al-Ikrām* es generosidad incondicional y amorosa, honrar, recepción amigable y bondad.

Este Nombre Divino conlleva poder y belleza de forma muy proporcionada y obvia. Otorga equilibrio y muestra la presencia Divina omnipotente y completamente abarcativa, en absolutamente todo. Armoniza y nos conduce al estado de unidad.

Como el Nombre Divino *Al-Yalīl* (41), *Al-Yalāl* proviene de la raíz **y-l-l** que significa tener grandeza, elevado exaltado, ilustre, sublime, trascender algo, estar muy por encima de algo, innumerable, honrar, dignificar, envolver, bordear, grande, sobresaliente.

Como el Nombre Divino *Al-Karīm* (42), *Al-Ikrām* proviene de la raíz **k-r-m** que significa más noble que, más distinguido que, más precioso que, más valioso que, honorabilísimo, muy altruista, muy noble de corazón, excepcionalmente generoso.

Dhū-l-Yalāli wa-l-Ikrām o *Iā Dhā-l-Yalāli wa-l-Ikrām* puede otorgar equilibrio especialmente cuando se trata de lidiar con el poder o el control, la generosidad o la prodigalidad.

Toda perfección pertenece a Dios. La generosidad Divina es tal que nos permite descubrir la manifestación Divina en todo. El recitado de cada Nombre Divino despierta en el corazón una forma muy específica de alabanza. *¡Entonces canta en tu corazón y ten fe!* La mayor generosidad Divina se manifiesta cuando un ser humano ha recibido conocimiento. Allāh abre Sus manos y es generoso y Él ama a aquellos que son generosos.

Repite este Nombre cada vez que le pides algo a Allāh, ya sea que se trate de un pedido material o espiritual. Repite este Nombre 100 veces todos los días, contiene luz Divina y sabiduría Divina.

Dhū-l-Yalāli wa-l-Ikrām aparece dos veces en el Sagrado Qur'ān:

Sura *Ar-Raḥmān*, El más Misericordioso (55:27)
pero por siempre perdurará la faz de tu Sustentador, plena de majestad y gloria.

Sura *Ar-Raḥmān*, El más Misericordioso (55:78)
¡Bendito sea el nombre de tu Sustentador, pleno de majestad y gloria!

Cada uno de estos dos Nombres contiene miles de rangos de sublimidad y de esplendor, miles de niveles de perfección y de bendiciones.

Todas las formas y expresiones de perfección y belleza están reunidas en el Nombre Divino *Al-Ikrām*, mientras que todas las manifestaciones de poder y fortaleza están reunidas en *Al-Yalāl*. Las cualidades que admiramos convergen en *Al-Yalāl* y aquellas que amamos en *Al-Ikrām*.

Todos los aspectos de dignidad y poder, como así también la belleza y la bondad se unen en el Nombre Divino *Dhū-l-Yalāli wa-l-Ikrām*, reuniendo así a todos los Nombres Divinos.

La perfección corresponde a Allāh y Él trasciende toda alabanza y glorificación. Todas las criaturas dependen de Él, toda dignidad, fortaleza, belleza y honor proviene de Él y todas y cada una de las necesidades son satisfechas por Él.

Sin embargo, Él se ha atado a Sus criaturas con el hilo invisible de la mutua necesidad, de modo que la bondad, la tolerancia, la comunicación y la alegría puedan desarrollarse entre todas ellas. Pero no te olvides de quien te ha otorgado la fortaleza, la capacidad y el gran honor de poder ayudar. ¡Qué privilegio es llevar y esparcir la bondad de Allāh! ¡Oh Allāh, hágase Tu voluntad en mí!

Las bendiciones visibles de Allāh se manifiestan
como comodidad y buena suerte,
Sus bendiciones invisibles como problemas y mala fortuna.
Diversos e innumerables son Sus favores.

Al-Muqsiṭ
86

El Recto, El Imparcial, El Que Juzga Con Imparcialidad

209 – 836 – 43 681

Cuando repites este Nombre Divino, percibes que tu alma se aquieta y que las olas del enojo y pérdida de control se retiran lentamente como la bajamar. Estos son los vaivenes que fueran ocasionadas por los esfuerzos realizados, los malos entendidos, los obstáculos y las injusticias sufridas en manos de otros seres humanos.

Al-Muqsiṭ proviene de la raíz **q-s-ṭ** que significa distribuir, pagar en cuotas, rigidez en una articulación, actuar con justicia, actuar con imparcialidad, actuar equitativamente, justicia, equidad, actuar con equidad, rectitud, corrección, parte, porción.

Al-Muqsiṭ es el que asigna a cada uno lo que en justicia merece. Aunque la distribución de partes no es necesariamente igual para cada uno, es sin embargo ecuánime, porque Allāh da solamente con justicia. Los regalos y los talentos pueden no parecer equitativos a veces, sin embargo existe justicia. *Al-Muqsiṭ* siempre se extiende hacia nosotros, incluso cuando tenemos el sentimiento de que no está presente o que nuestras necesidades no han sido satisfechas. Como *Al-'Adl* (29), *Al-Muqsiṭ* es un Nombre Divino de justicia, pero de manera diferente porque prioriza el equilibrio, la imparcialidad y la igualdad de derechos.

Repetir *Al-Muqsiṭ* nos ayudará, especialmente cuando sentimos que la vida no nos está tratando con justicia. Esto suele suceder especialmente en relación al plano material, o cuando deseamos tener hijos. A menudo creemos que Allāh ama más a aquellos que son ricos o que han tenido descendencia. *Al-Muqsiṭ* nos ayuda a ir más profundo y descubrir la sabiduría de la justicia Divina, y a expandir nuestro corazón aceptando el plan de Dios. *Al-Muqsiṭ* se puede aceptar únicamente si tenemos el corazón abierto. Allāh le ha dado su porción a cada ser humano. El motivo por el cual algunos reciben más y otros menos, está velado a nuestra perspectiva individual y personal. *Al-Muqsiṭ* es la balanza en la cual Allāh a veces nos eleva y otras nos rebaja, tanto en el ámbito material como en el espiritual:

Sura *Ar-Raḥmān*, El Más Misericordioso (55:7-8)

Ha elevado los cielos, y ha establecido una medida [para todas las cosas] para que vosotros [también, Oh hombres,] no excedáis nunca la medida [de lo correcto]:

Toda madre sabe que su hijo es único y que debe ser visto y apoyado en su crecimiento de acuerdo con su carácter único. La madre siente el mismo amor por todos sus hijos, sin embargo cada niño necesita ser atendido de forma diferente. Pero cuando una criatura tiene el sentimiento de que está recibiendo menos que los otros, cuando tiene la sensación de que no es mirada o valorada, en ese caso aparece una profunda herida, un vacío que será llenado y será protegido con una coraza de autocompasión, un sentimiento duradero difícil de quitar, una sensación permanente de carencia o egocentrismo. Cubriéndose el corazón, como consecuencia, con los velos de la envidia, la malevolencia, la malicia, la codicia y los celos.

Al-Muqsiṭ nos abre el camino hacia la unicidad de nuestra alma, permitiéndonos ver, comprender y atesorar esta parte que nos ha sido dada para que podamos realizar nuestra tarea, tomar nuestra parte en la vida, hacer nuestra contribución a este mundo. Cuando nos conectamos con nuestro verdadero ser, cuando caminamos por el sendero que nos conduce hacia él a través de la herida, comprendemos que nuestra verdadera existencia no depende de circunstancias externas. *Al-Muqsiṭ* refleja la belleza y la majestuosidad de nuestra alma, nuestro verdadero ser.

Los seres humanos que poseen esta cualidad han aprendido a ver más allá de la dualidad y son capaces de permanecer siendo equitativos y equilibrados en situaciones difíciles. Aquellas personas que pueden refugiarse en la Divinidad cuando comprenden que han cometido un error o han sido injustos en su juicio o en sus actos, y pueden disculparse con aquellos a quienes han tratado injustamente llevan en sí la cualidad de *Al-Muqsiṭ*.

Al-Muqsiṭ es el recto. Cuanto más nos acercamos a este Nombre, más cuidado tenemos en tratar con justicia a todos los seres humanos, en realidad a todos los seres. Defendemos la bandera de la justicia en el mundo, ayudamos a quienes necesitan protección, nos esforzamos para cultivar la honestidad y el equilibrio, y motivamos a otros para que lo hagan.

Comienza aprendiendo a ser justo contigo mismo, equilibrado en tu punto de vista y en la forma en que te tratas, antes de extender esta cualidad hacia tus semejantes y a todos los animales, plantas, piedras y minerales.

Y sin embargo, solamente Allāh es verdaderamente equitativo, Él es la fuente en la cual se nutren todos aquellos que anhelan justicia.

Beber de este Nombre modifica nuestra visión y nuestra comprensión. Aprendemos a no juzgar a aquellos que nos lastiman, sino solamente al acto que cometieron, no al corrupto, sino a sus aberraciones, no a los hostiles, sino a la enemistad en sí misma. *Al-Muqsiṭ* toca nuestros sentidos y los transforma en servidores de la justicia. *Al-Muqsiṭ* nos brinda la fortaleza y el coraje necesarios para crecer reconociendo nuestros errores porque las personas de buena voluntad siempre han anhelado justicia.

Repetir este Nombre Divino 209 veces calma a las personas que están en un estado de enojo y depresión. También te ayudará a reunir pensamientos errantes cuando encuentras dificultades para concentrarte durante una meditación u oración. Busca refugio en la Divinidad, ayuda las personas a reconciliarse, incluso consigo mismas, y se justo con tus semejantes, sean amigos o enemigos.

Mientras te das más a ti mismo que a alguien que nunca has visto, no has tocado la esencia de tu alma.

El Día del Juicio todos los animales se inclinarán reverenciando a Allāh
para agradecerle por no haberlos hecho seres humanos
porque grandes son sus ofensas e innumerables
sus actos vergonzosos sobre la tierra.
Allāh ama a aquellos que tratan a Su Creación con amor tierno.

Al-Yāmi' (Al-Jāmi')
87

El Que Reúne, El Que Todo Lo Abraza, El Que Congrega

114 – 456 – 12 996

El Nombre Divino *Al-Yāmi'* reúne aquello que encaja fácilmente y aquello que no lo hace, aquello que es similar y aquello que es diferente. Reúne las estrellas y las galaxias, la tierra y los océanos, las plantas y los animales; reúne lo pequeño y lo grande, y lo que tiene diferentes formas y colores; en los cuerpos de las criaturas reúne el fuego, el agua, el aire y la tierra, la humedad, la sequedad, el calor y el frío.

Caminar por el sendero del Amor significa soltar en lo interno y unir en lo externo. Pues nuestras acciones son esas compañeras que permanecerán con nosotros. El día en que el ave de tu alma abandone la jaula de tu cuerpo, te encontrarás a solas con tus acciones, es decir, con las criaturas nacidas de tu intención. Así que permite que este encuentro sea pleno de luz y significación, en lugar de extraviado y carente de valor.

El Nombre Divino *Al-Yāmi'* proviene de la raíz **y-m-'** que significa reunir, recolectar, unir, combinar, congregar, juntar, juntarse, poner, componer, tener una relación sexual, compilar, sumar, apilar, reunir en la unidad, ancho, general, universal, encontrarse, estar juntos o encontrarse, mezquita, viernes, universidad, recaudador, unión.

Al-Yāmi' nos da la habilidad de reunir nuestros mundos internos para formar una unidad orgánica, uniendo nuestros sentimientos, pensamientos y acciones. *Al-Yāmi'* comienza el proceso de unión interior. En el plano externo, es la habilidad para reunir personas y sus diferentes deseos y capacidades, energía circundante y circunstancias diferentes bajo una fuerza espiritual compartida que brinda seguridad, sentido de pertenencia y amor, de modo que devienen una comunidad viviente.

Allāh nos reunirá, a nosotros los seres humanos, por ejemplo, el Día de la Resurrección, pero también nos reúne a través de lo que llamamos encuentros casuales que muchas veces se transforman en reuniones significativas.

Si has perdido algo, sea un ser amado o un objeto favorito, repite el Nombre Divino *Al-Yāmi‘* 114 veces y luego dí:

يا جامع الناس ليومٍ لا ريب فيه إجمع بيني وبين حاجتي

yā jāmi‘ an-nāsi li-yawmin lā rayba fīhi ijma‘ baynī wa bayna ḥājatī
Oh Tú que reúnes a la humanidad, el día donde no existirá la duda, reúneme con aquello que he perdido

¡*Iā Yami‘*, ayudame reunir mis acciones y my verdad interior!

Llegará el día en que todos seamos congregados por Allāh, el opresor con el oprimido, el débil con el poderoso, el dador con el tomador. Él nos reunirá a todos nosotros, y tomará del opresor para darle al oprimido, tomará del explotador para darle al explotado. ¡Qué nuestras acciones nos amparen como un manto, ese dia!

Allāh *Al-Yāmi‘* conecta lo similar con lo diferente, la unicidad con la universalidad, los opuestos y los complementos, arriba y abajo, lo visible con lo invisible.

Cuando Adán y Eva fueron separados del Paraíso y enviados a la tierra, se reencontraron al repetir este Nombre. Aquellas personas que tienen esta cualidad armonizan su estado interno con sus acciones externas. Ellas pueden reunir los opuestos, tanto en sí mismos como a su alrededor.

Las personas que repiten este Nombre a menudo poseen la habilidad del recogimiento interior y de conectarse con la riqueza de su corazón. Este mundo los recibe con los brazos abiertos y ellos pueden aceptarlo sin convertirse en sus esclavos. Esta libertad acarrea un profundo conocimiento que toca los corazones de la gente y los atrae. Las conexiones del corazón suceden.

Permite que tu voluntad individual se transforme en una con la voluntad Divina. Todo lo que sucede lo hace en última instancia por la voluntad de Allāh.

Gracias al Nombre Divino Al-Yāmi‘, *cada ser comparte en la Divinidad, tomando su esencia y su substancia de Él, y regresando a Él.*

Al-Ghanīy
88

El Que Es Rico, El Autosuficiente
1060 – 3180 – 1 123 600

Allāh es el que es rico y no depende de nadie, sin embargo todos dependen de Él. La cualidad Divina *Al-Ghanīy* se refiere a aquel que es poseedor en abundancia, a aquel que no tiene ataduras, al independiente. Es el opuesto de *faqīr* que significa pobreza y necesidad, cualidades éstas pertenecientes necesariamente a todos los seres creados. Cuando reconocemos nuestro propio estado de necesidad, cuando experimentamos nuestras logros y éxitos como regalos de *Al-Ghanīy* y los atribuimos a Dios, comienza una transformación interna que nos lleva a nuestros amplios espacios de libertad.

Numerosas personas ricas permiten que su corazón se oscurezca por la arrogancia, la vanidad y el orgullo, olvidando que la verdadera belleza nace de la gratitud por las riquezas y de la humildad de servir a sus semejantes. Si repites el Nombre *Al-Ghanīy* seguido, la envidia desaparecerá de tu corazón.

Aquellas personas que tienen necesidades materiales deberían repetir este Nombre 1060 veces los sábados y no requerirán de la ayuda de otros. Cuando sabes que únicamente Allāh es absolutamente rico, solo necesitas pedirle ayuda a Él.

Los Nombres *Al-Mughnī* (89) y *Al-Ghanīy* provienen ambos de la raíz **gh-n-y** que significa estar libre de necesidad, ser o devenir rico, ser rico, no necesitar, ser capaz de dar (alguna cosa o persona), gestionar, no tener necesidad, cantar, entonar cánticos, liberar de necesidad, enriquecer, ser adecuado, ser útil, ser de ayuda, beneficiarse con ganancias, satisfacer, despedir, abundancia, riquezas, próspero, de buen pasar.

El Nombre Divino *Al-Ghanīy* aparece 9 veces en el Sagrado Qur'ān, conjuntamente con *Al-Ḥamīd* (56):

Sura *Luqmān* (31:26)

De Dios es cuanto hay en los cielos y en la tierra. ¡En verdad, sólo Él es autosuficiente (al-ghanīy)*, Aquel que es digno de toda alabanza* (al-ḥamīd)*!*

No depender de otras personas no implica dejar de compartir sus preocupaciones, dejar de cuidarlas, de participar en sus alegrías y sus padecimientos, y de estar abiertos a sus necesidades y deseos. La combinación de estos dos Nombres nos recuerda que desde Su riqueza e independencia *Al-Ghanīy*, Allāh está siempre presente para las personas, regalándoles, perdonándolas y guiándolas.

La repetición de este Nombre generoso nos ayuda cuando, a pesar de todos los esfuerzos internos y externos que estamos haciendo en nuestro camino espiritual, nos vemos constantemente confrontando dificultades. Es como pedir el espacio que necesitamos o creemos necesitar para respirar. ¡Qué la respuesta de Allāh derrame luz sobre nuestra situación!

Este Nombre Divino debiera de recordarnos siempre que la generosidad y la bondad son la base de nuestro origen, desde donde venimos y al cual regresamos. La repetición de *Al-Ghanīy* nutre la energía de generosidad en nosotros, poniendo fin a la mezquindad que tan a menudo nos obstaculiza.

No anheles aquello que no encuentras
y no tomes codiciosamente aquello que encuentras.
No mires las posesiones de otros
y no envidies lo que los demás reciben.

Al-Mughnī
89

El Que Brinda Enriquecimiento, El Enriquecedor
1100 – 4400 – 1 210 000

En general, los Nombres Divinos *Al-Ghanīy* (88) y *Al-Mughnī* son repetidos en forma conjunta.

El Nombre Divino *Al-Mughnī*, el que brinda enriquecimiento, despierta principalmente en el corazón la cualidad de satisfacción porque la verdadera riqueza se expresa a través del contentamiento. Una persona puede haber sido enriquecida con bienes materiales y ésta es la comprensión común del término. Asimismo puede haber sido enriquecida a través del conocimiento, siendo esta una forma de riqueza sumamente valiosa; puede haber sido enriquecida con un corazón satisfecho y libre de apegos. Sin embargo, la riqueza mayor se encuentra en el corazón del creyente.

¿En qué consiste la verdadera pobreza? La verdadera pobreza es la codicia y la mezquindad. Es el demonio invisible que nunca deja al corazón en paz. Es el sentimiento de jamás estar saciado. Confía en Allāh y mantén tu dignidad estando contento, teniendo paciencia y gratitud. Actúa y habla de tal manera que puedas ser sincero y veraz sin herir los sentimientos de los demás a través de tus palabras o acciones.

Esta tierra es el lugar donde transcurren nuestras experiencias, donde aprendemos a conocernos y donde surge nuestro colorido particular. Es interesante notar que en árabe, las personas preguntan *¿Cómo estás? ¿Cuál es tu color?* Y el color de un ser humano se percibe a través de la forma en que maneja lo que le pertenece: los bienes materiales que le han sido dados, su tiempo, y sobre todo como trata a la Creación; y la Creación comienza con uno mismo.

Verdaderamente ricos son aquellos que han recibido conocimiento, sabiduría y fe.

Todo lo que nos es dado, cualquier situación que estemos atravesando es siempre una oportunidad. Algunas personas reciben bienes materiales, con el peligro de volverse arrogantes. Otras reciben pobreza, con el peligro de la duda y la queja. La gratitud y la generosidad en el primer caso, la confianza y la paciencia en el segundo reúnen la carencia y la abundancia. Allāh ayuda a aquellos que están dispuestos a cambiarse a sí mismos y transformar sus estados.

Si repites el Nombre Divino *Al-Mughnī* 1121 veces durante diez viernes consecutivos, la recitación te ayudará a descargar tensiones nerviosas. Además, *Al-Mughnī* nos ayuda a liberarnos de los tormentos de la codicia.

Si repites este Nombre con tus manos abiertas en forma de taza y mirando hacia el cielo, y luego tocas las partes de tu cuerpo o las de otra persona donde hay dolor o enfermedad, comienzas un proceso de sanación. *Al-Mughnī* es un canal a través del cual fluyen las riquezas de Dios al mundo.

La energía del Nombre Divino *Al-Mughnī* se considera una de las más sanadoras y puede traer cambios a nivel físico, material y espiritual, por ello debe ser usado de manera muy responsable. Dado que todo lo que hacemos tiene consecuencias, todo está conectado, siempre debes preguntar: *¿puedo hacerlo? ¿tengo permiso? ¿debo hacerlo, Oh Allāh?* antes de comenzar a hacer cualquier cosa.

El Nombre Divino *Al-Mughnī* se utiliza para tratar migrañas. En ese caso se repite 1100 veces.

Quienquiera que desee caminar por el sendero de la riqueza debe volverse generoso.

Al-Māni‘
90

El Que Impide El Daño, El Que Repele, El Que Impide
161 – 644 – 25 921

Cada Nombre Divino lleva en sí un secreto y un conocimiento profundo cuya verdad se manifiesta en el corazón luego de muchas repeticiones. El *dhikr* ذكر (ritual colectivo dirigido al corazón, a través de la remembranza de Dios realizada en forma constante y en voz alta, acompañada de cierta respiración y movimientos) y el *fikr* فكر (la remembranza de Dios efectuada en silencio durante una meditación personal) son dos prácticas espirituales destinadas a despertar, en el corazón, la dulzura de la entrega. El propósito es que a través de ellas podamos conocer el amor y la cercanía a la Divinidad, y la luz eterna presente en todas las manifestaciones y subyacente en ellas.

El Nombre Divino *Al-Māni‘* proviene de la raíz **m-n-‘** que significa parar, detener, evitar que entre o que pase, impedir, prevenir, restringir, contenerse, bloquear, retirarse, llevarse, vedar, prohibir, abstenerse de algo, fortificar, fortalecer, oponer resistencia, oponerse, pararse, alzarse en contra, rechazar, tener paciencia, dejar, evitar, buscar protección, resistir, obstaculizando, prohibiendo, obstáculo, poder, fuerza.

El Nombre Divino *Al-Māni‘*, el que protege, que impide el daño, se materializa a través de la cualidad de dar; puesto que quien protege da, y quien da protege. Cuando Él te protege de la pobreza, te da riqueza y cuando Él te protege de la enfermedad, te da salud. Cuando Él te protege de la ignorancia, te da conocimiento. Así que lleva en tu corazón esta oración:

Oh Dios, nadie puede impedir lo que Tú deseas darme
y nadie puede darme lo que Tú deseas retener.

Nuestro amor por Dios realmente se muestra cuando preferimos lo que Él retiene, con respecto a lo que Él nos ortoga, es decir cuando estamos igualmente satisfechos con cualquiera de las dos situaciones. Pues todo proviene de Ti, Allāh.

El Nombre Divino *Al-Māni'* se refiere siempre a evitar un perjuicio y surge de la protección y misericordia. Sin embargo, lo que es dado o retenido puede vivirse como negativo porque deseábamos algo diferente. Siempre que algo no nos es concedido, recibimos en su lugar algo más valioso. Sin embargo, estas situaciones son difíciles de sobrellevar porque siempre despiertan un proceso interior que requiere una transformación, un refinamiento. El fuego interno comienza a resplandecer y el corazón llama diciendo: *¡Remueve de mi corazón un velo más de adormecimiento!*

Aquellas personas que poseen la cualidad de *Al-Māni'* están protegidas y son protectoras. Protegen a quienes están a su alrededor, evitándoles situaciones negativas, incluso cuando éstas aparecen con disfraces seductores como la fama, las riquezas o la alegría.

El deseo de servir se hace perceptible cuando tomamos contacto con el alma. Es el alma la que desea servir porque el servicio está en su propia naturaleza. Cuando entramos en conexión con el alma, nuestra primera reacción –ya sea que la sigamos o no– es el anhelo de servir al mundo, de una u otra forma.

Aquellos que saben dicen:

> *¡Cuando Allāh abre el ojo de tu corazón, comprendes que Su rechazo es la fuente de Su obsequio!*

No tomes al mundo y sus regalos como vara para medir lo que te es dado y lo que te es negado, interpretándolos como señales de premio o castigo, pues ni el recibir es una señal de recompensa Divina ni el rechazo es una señal de Su sanción. Ambos son manifestaciones de Su sabiduría y misericordia. Todos los seres reciben de acuerdo con lo que resulta más útil y beneficioso para ellos.

La repetición de este Nombre Divino 161 veces por las mañanas y las noches ayuda a aliviar el dolor y el miedo. Cuando en una pareja se debilita la pasión, la repetición de este Nombre, silenciosamente, una vez en la cama, encenderá el amor. La repetición de este Nombre Divino durante un viaje contribuye a evitar el peligro y a mantener a raya las dificultades.

Los caminos a Dios son tantos como Sus criaturas,
pero el más corto y rápido es servir a otras personas, no molestar a nadie
y hacer felices a los demás.

Aḍ-Ḍār
91

El Que Origina Daño, El Que Otorga Desventaja
1001 – 3003 – 1 002 001

Los dos Nombres Divinos *Aḍ-Ḍār* (el que origina daño) y *An-Nāfi'* (el que crea lo que es bueno y útil) se repiten en forma conjunta.

Existen varios Nombres Divinos que se repiten preferentemente en forma conjunta porque Allāh ocasiona daño, *Aḍ-Ḍār*, para que pueda surgir lo que es bueno y útil, *An-Nāfi'* (92); nos rebaja *Al-Jāfiḍ* (22) para pueda tener lugar la elevación, *Ar-Rāfi'* (23); nos contrae *Al-Qābiḍ* (20) para que la expansión, *Al-Bāsiṭ* (21), pueda florecer; nos humilla *Al-Mudhil* (25) para que el honor, *Al-Mu'izz* (24), pueda llegar.

Cada circunstancia, cada situación de vida acarrea sabiduría y una oportunidad de crecimiento, tanto a nivel humano como espiritual. Todos los estados que llegan a nuestra vida son invitados; a veces son dolorosos, a veces dulces. Aparecen y nos afectan. A nosotros, nos toca decidir cuánto y de que forma deseamos manejarlos y si los rechazamos o los vemos como una oportunidad de comprendernos a nosotros mismos, aceptándolos, escuchando lo que nos traen y aprendiendo.

¡Oh Allāh, guíame y sáname a través de Tu sabiduría!

La satisfacción interior o contentamiento es un regalo y una bendición de las más grandiosas que podemos tener.

> *"Oh Allāh ¿estás satisfecho conmigo?" preguntó en su oración un hombre, y detrás de él alguien le preguntó: "¿Estás satisfecho con Dios para que Él pueda estar satisfecho contigo?" Sorprendido el hombre respondió: "¿Cómo puedo yo estar satisfecho con Dios cuando estoy buscando Su satisfacción?" Y la respuesta llegó: "¡Si estas igualmente feliz con la mala fortuna que con la buena fortuna, entonces quiere decir que tú estás satisfecho con Él!"*

Aḍ-Ḍār proviene de la raíz **ḍ-r-r** que significa dañar, perjudicar, estropear, lastimar, hacer daño, forzar, obligar, imponer una voluntad sobre otra, pérdida, desventaja, necesidad, aflicción, ciego, necesidad, emergencia, aprieto, adversidad, herida.

El perjuicio es invariablemente infligido por Allāh en una buena causa y tiene un propósito útil porque todo lo que sucede conlleva sabiduría y nos ofrece una oportunidad para sanar. Los Nombres Divinos *Aḍ-Ḍār* y *An-Nāfi'* pertenecen el uno al otro para que podamos comprender la unidad y la totalidad subyacentes.

Aprende cuando hablar y cuando callar, cuando abrir tu corazón a otros y cuando simplemente participar en una conversación cortés.

Cuando varias tormentas se presenten en tu vida, repite la oración recitada por el Profeta Muhammad, que la paz y las bendiciones de Allāh sean sobre él:

> *Oh Allāh, Te suplico a Ti y Te pido que me hagas llegar todo lo que es bueno sobre ésta situación, lo benéfico que contiene y el bien por la cual fue enviada. Me refugio en Ti de todo lo negativo, de la malignidad que contiene y la maldad por la cual fue enviada.*

El mundo material contiene el potencial para el bien y el mal. Nosotros los seres humanos tenemos capacidad de discernir y libertad de elegir; debemos decidir asimismo como reaccionar frente a todas las circunstancias que nos trae la vida.

El bien siempre proviene de Él y el mal siempre viene de Él, sin embargo la causa para que ésto último suceda surge de los seres humanos.

Dirigir nuestro miedo y nuestra esperanza hacia Allāh
significa estar libre de todo miedo y de toda expectativa.

An-Nāfi‘
92

El Que Crea Lo Que Es Bueno y Útil, El Que Otorga Ventaja
201 – 804 – 40 401

Cuando recordamos a la Divinidad repitiendo los dos Nombres *Aḍ-Ḍār* y *An-Nāfi‘*, nuestro apego por las personas y nuestras expectativas respecto de ellas se disuelven lentamente y nos dirigimos a Allāh con mayor intensidad. La Unidad se ve fuertemente destacada a través de estos dos Nombres. Él es el que genera daño, ya sea para purificar nuestro corazón y prepararlo para estadios más elevados, o como consecuencia de nuestras acciones. De este modo, lo que por una parte daña, por la otra puede ser realmente útil.

El Nombre Divino *An-Nāfi‘* se origina en la raíz **n-f-‘** que significa ser útil, ser beneficioso, ser ventajoso, ser de utilidad, ser de ayuda, servir, utilizar, volver a usar, transformar en ventaja, usar las propias habilidades para producir buenos resultados, ganar, bueno, bienestar, servicial, saludable, beneficioso.

Nosotros hemos estado aislándonos de la fuerza de la oscuridad durante demasiado tiempo, de esa fuente de energía que se encuentra enterrada en la oscuridad, en el plano más profundo, en lo que ha sido olvidado. La oscuridad es real y peligrosa, pero posee una fuerza y una energía que necesitamos. Como el caos, la oscuridad tiene la energía de la creación, la energía de aquello que es indefinido, indiferenciado, no limitado aún por la forma.

Un tesoro se encuentra enterrado en las entrañas de lo que hemos estado ignorando. Un arroyo de dorada miel fluye a través de las venas de la tierra, a lo largo de los arroyos, en el fondo del océano. En esos sitios oscuros y prohibidos, donde el viento es salvaje y agitado, podemos descubrir una pasión y una magia que nos pertenece. Cuando tocamos esos sitios en nombre de Dios sin preocuparnos por nosotros mismos, sin querer aprender o crecer, sino solamente vivir más plenamente, algo puede finalmente suceder, algo puede liberarse al fin. La entrega completa y perfecta a Dios nos permite tocar la oscuridad del mundo por Él. La entrega es la única protección verdadera del servidor y su único lugar de seguridad real. Si penetramos en la oscuridad sin la entrega a Dios, las tinieblas se apoderarán de nosotros, nos absorberán y entonces estaremos perdidos, completamente inutilizados. En Él está la protección y a través de Él proviene el poder.

El Nombre Divino *An-Nāfi'* se utiliza para la sanación: repítelo continuamente con un corazón sincero y amoroso mientras barres el cuerpo de la persona enferma con una mano.

El mal no es lo contrario de Dios, el mal es la resistencia a Dios. Todo está hecho con la misma energía. La energía Divina es oscura y es luz, masculina y femenina. Contiene tanto la luz blanca como la negra oscuridad del vacío. A pesar que usamos el concepto de dualidad, el mundo está formado únicamente por opuestos aparentes que no son verdaderamente contrarios, sino complementarios. La dualidad existe solamente en este mundo para guiarnos hacia la Unidad. Todo está entrelazado, formando diseños inseparables. Nosotros no somos partes separadas de una totalidad. Somos la totalidad. Descubre los aspectos positivos de tus semejantes. ¡Eso es el amor!

La meditación y la oración nos ayudan a trascender la mente lineal y nos permiten comprender la realidad: todas las cosas están entrelazadas. ¡Observa donde estas parado y a donde te diriges!

Lo único que importa es preguntarte a ti mismo: "¿qué he adquirido?"
ya que tu existencia requiere que seas misericordioso, generoso, humilde
y sobre todo agradecido.
Pues las acciones de esta vida dan forma al cuerpo
que el alma tendrá en la próxima.

An-Nūr
93

La Luz Divina
256 – 768 – 65 536

La Única realidad es la luz del Uno. Toda la Creación está conectada a esta Única luz y es portadora de ella. Todos los senderos espirituales asocian la luz con la Divinidad. Cada vez que decimos que queremos tocar aquello que es eterno en nosotros, nos referimos a esta luz universal y eterna que se esconde detrás de las formas externas. Seguir un camino espiritual iluminado significa reconocer esta luz en todo e inclinarnos ante ella agradeciendo. Una reverencia que contiene la cualidad de servir sin victimizarse, sabiendo que estamos por siempre conectados por la eternidad, a pesar de todas nuestras diferencias.

El Nombre Divino *An-Nūr* proviene de la raíz **n-w-r** que significa floración, florecer, estar en flor, encender, iluminar, llenar con luz, proveer luces, proporcionar luz, aclarar algo, echar luz (sobre algo), esclarecer, clarificar (un problema), ser descubierto, revelado, dejar al descubierto, recibir iluminación, buscar la iluminación, recibir información, obtener una explicación, rayo de luz, lámpara.

An-Nūr brinda visibilidad al mundo, otorgándole existencia de ese modo. En el Sagrado Qur'ān, encontramos un sura completo dedicado a la luz, سورة النور/ *An-Nūr*, que nos permite contemplar luz en toda la existencia:

Sura *An-Nūr*, La Luz (24:35)

Dios es la luz de los cielos y de la tierra. La parábola de Su luz, es como un nicho que contiene una lámpara; la lámpara está [encerrada] en cristal, el cristal [brilla] como una estrella radiante: [una lámpara] que se enciende gracias a un árbol bendecido – un olivo, que no es del este ni del oeste – cuyo aceite [es tan brillante que] casi alumbra [por sí solo] aunque no haya sido tocado por el fuego: ¡luz sobre luz! [...]

Los sufíes entienden que este verso misterioso es una metáfora del corazón humano, habitado por la luz Divina, que nos guía en el viaje de regreso a Dios.

An-Nūr es la luz Divina, la base de toda la existencia, que nos guía a través de la oscuridad de nuestro exilio terrenal.

Allāh no puede ser definido, ni siquiera por una metáfora o una comparación dado que *nada hay que se asemeje a Él* (42:11) y *nada hay que pueda ser comparado con Él* (112:4). Por lo tanto, la alegoría 'Dios es la luz' no se refiere a la realidad Divina, sino a la iluminación que Él otorga al espíritu y a los sentimientos de todas las personas que están dispuestas a ser guiadas.

Los seres humanos llevamos en nosotros mismos dos manifestaciones naturales de la Divina presencia. Una es el corazón que forma nuestro centro, la otra el aire que respiramos. El aire es portador de luz. Cuando inhalamos, en ese mismo momento, estamos llevando hacia nuestro interior la presencia de Dios que todo lo abarca. Con cada respiración, tomamos posesión de esa presencia, nos conectamos con el mundo y nos integramos a la totalidad de la Creación, ya que estamos inhalando la luz con la cual todo –incluyendo nosotros mismos– ha sido creado. Con cada inhalación regresamos a la Unidad, a Dios, mientras que cada exhalación es la transformación creativa, la expresión de agradecimiento en el mundo de la multiplicidad y el cambio. En la pausa entre la inhalación y la exhalación, nos detenemos para conocer la Unidad, tomando conciencia de que somos un reflejo de la luz. Estar consciente de la Divinidad es respirar con el corazón, ensanchar el pecho y otorgarle permiso al cielo para que penetre en tu corazón.

Sura *Ash-Sharḥ*, La Apertura Del Pecho (94:1)
¿No hemos abierto tu pecho,

Así es como el vínculo entre el Creador y Su Creación se renueva a cada instante, constantemente. Las palabras *nūr* (luz) y *nār* (fuego) provienen de la misma raíz **n-w-r**. Al final de los tiempos, la luz se separará del calor. El calor será el infierno, la luz fresca y celestial, el paraíso. En consecuencia el paraíso y el infierno provienen de la Única sustancia original. Cuando morimos, nos enfrentamos con el vastísimo espacio de la eterna realidad, y nuestra propia e íntima realidad sale a la luz, consumiéndose a través de todo lo falso, todo lo que había perdido el equilibrio. Nuestro propio saber aparece y brinda testimonio de nuestra verdad interior. Así es que nosotros somos nuestros propios jueces, dado que nuestras extremidades son las que nos acusan:

Sura *An-Nūr*, La Luz (24:24)
el Día en que sus lenguas, manos y pies atestigüen contra ellos [evocando] todo lo que hicieron!

Pero nosotros no ardemos únicamente debido a nuestra naturaleza adulterada. Lo hacemos debido a nuestra dignidad, pues somos la imagen de la Divinidad.

La repetición del Nombre Divino *An-Nūr* llena el corazón de suavidad y humildad, y le permite comenzar a percibir los Divinos velos luminosos. Comenzamos a ver el mundo invisible con el ojo del corazón. De la misma manera en que el sol calienta nuestro pecho y nuestra cara, todo nuestro ser se entibia a medida que la paz y la calma nos llegan a través del portal del Uno.

Existen dos clases de luz, una luz sensorial que podemos percibir a través de nuestra vista y una luz invisible que podemos experimentar con nuestro espíritu. Cuando nos enfrentamos a un problema y nos esforzarnos para encontrar una solución y, después de mucho pensar y estudiar, aparece una solución, esa es luz espiritual. Nuestro espíritu es luz, *nūr*, el Sagrado Qur'ān es luz, *nūr*. Cuando tomamos una botella de contenido desconocido y una persona viene y le pega una etiqueta que describe lo que tiene en su interior, las palabras en la etiqueta son luz, *nūr*, porque ellas nos han llevado de la oscuridad de la ignorancia a la luz del conocimiento. La luz es conocimiento.

Todo invento, todo descubrimiento, todo conocimiento es luz espiritual, *nūr*, que proviene de Allāh. Pero esta luz tiene un precio y el precio es la búsqueda sincera y el esfuerzo. Cada invento, cada descubrimiento, cada conocimiento consiste en un 99% de sudor y trabajo duro, para finalmente recibir el 1% de inspiración Divina, *ilhām*. Allāh no cambia las cosas de acuerdo con nuestros deseos, sino de acuerdo con nuestra honestidad y sinceridad. Traer algo desde la no-existencia a la existencia es *An-Nūr*. No resuelvas tu vida desde la perspectiva de lo que es útil, sino desde el conocimiento, esto es *An-Nūr* porque *An-Nūr* significa guiar y sopesar. Nuestras facultades cognitivas perciben a Dios, debido a que ellas en sí mismas son de naturaleza Divina: pueden conocer y comprender el significado de las coincidencias. Así es como nos movemos entre la misericordia y el conocimiento.

Cuando sientes que tu corazón se está oscureciendo y que una tristeza profunda está por surgir, repite este Nombre 1000 veces. Si has perdido tu camino, repite este Nombre 256 veces y lo reencontrarás. *An-Nūr* se recita para purificar y liberar el corazón, y fortalecer la visión interior y sensorial.

Con la repetición del Nombre Divino *An-Nūr* comienza una purificación interior. Esta luz de purificación no pertenece al mundo creado. Al recitar este Nombre Divino, se produce un acercamiento que transcurre, paso a paso y durante varias etapas, el alma que va elevándose a esferas cada vez más sublimes de luminiscencia, hasta que se sumerge en la luz de la Unidad, más allá de todas las formas.

La luz Divina se encuentra en el interior de cada uno de nosotros y sin embargo, también nos trasciende. Ella conoce los misterios de la materia y las innumerables flores existentes en el reino de las formas que originan el jardín y el fuego, constituyendo una obra infinita y brillante de:

نور على نور

nūrun 'ala nūr

Luz sobre luz

Dirígete hacia la realidad misma y las formas desaparecen. Observar a las criaturas es ver en ellas únicamente el rostro del Creador. Tal es el comportamiento de los sufíes.

Cuando el corazón se purifica, también lo hace el cuerpo. El modo especial de los sufíes no surge de lo que dicen o hacen, sino de la actitud de su corazón. Nuestros ojos necesitan de la luz solar para poder ver las cosas y nuestro espíritu necesita la luz Divina para conocer la verdad sobre ellas.

Se ha registrado que el Profeta Muhammad, que la paz y las bendiciones de Allāh sean sobre él, dijo:

> *Oh Allāh, alabado seas Tú, Eres la luz de los cielos y la tierra y de todo lo que está en el medio.*
>
> *Oh Allāh, pon luz,* nūr, *en mi corazón y luz en mi tumba y luz frente a mí y luz detrás mío, y luz a mi derecha y luz a mi izquierda y luz arriba mío y luz abajo mío y luz en mi escucha y luz en mi vista y luz en mi pelo y luz en mi piel y luz en mi carne y luz en mi sangre y luz en mis huesos.*
>
> *Oh Allāh, incrementa la luz en mí y dame luz. ¡Oh Allāh, transfórmame en luz!*

Es así de simple: ¡Tú que has nacido en el mundo, abre a través de tus acciones el portal del Paraíso!

La Divinidad es como un océano que se muestra a Sí mismo en millones de olas.

Al-Hādī
94

El Que Nos Muestra El Sendero Recto, El Líder, El Guía

20 – 80 – 400

Este Nombre Divino posee la cualidad del liderazgo Divino para toda la Creación: minerales, plantas, animales y seres humanos. Esta dirección también puede ser descripta como ayuda Divina. Este Nombre permite que fluyan la sabiduría y la guía hacia corazón para que pueda conocer su esencia.

Al-Hādī surge de la raíz **h-d-y** que significa guiar de forma correcta, mostrar el camino, traer, guiar hacia, ser guiado hacia, encontrar el camino, hacer un descubrimiento espiritual, guiado para regresar, pedir la guía Divina, camino, dirección, conducta, donación.

Al-Hādī es la fuente que abarca la totalidad de la guía otorgada por Allāh a la humanidad o a una comunidad en particular a través de todas Sus revelaciones. *Al-Hādī* muestra la interrelación y la unidad esencial de Sus mensajes. El universo es el sitio donde se manifiestan los Nombres Divinos. Con *Al-Jāliq* (11) Dios creó el universo, en él observamos que existe conocimiento, *Al-'Alīm* (19), a través del universo advertimos la existencia de sabiduría, *Al-Ḥakīm* (46), de poder absoluto, *Al-Qādir* (69), y de misericordia, *Ar-Raḥīm* (2). En el océano tormentoso vemos al poderoso, *Al-Yabbār* (9), en una caricia al suave, *Al-Ḥalīm* (32). El universo nos enfrenta constantemente a Su carácter absoluto; podemos conocer a Dios a través del universo.

Sura *´Al-A'lā*, El Altísimo (87:1-5)

¡Proclama la infinita gloria del nombre de tu Sustentador: [la gloria de] el Altísimo,
que crea [cada cosa], y luego la forma con arreglo a su función,
y determina la naturaleza [de todo cuanto existe], y luego lo guía [hacia su plenitud],
y que hace brotar el pasto, y después lo convierte en un rastrojo pardusco!

Todo en el universo está provisto de una coherencia interna y con las cualidades requeridas para su existencia y las tareas que debe realizar.

Al-Hādī, la guía Divina, nos conduce hacia *taqwā*: la conciencia universal de la existencia Divina.

Al-Hādī nos brinda la fortaleza para seguir caminando hacia nuestra meta, a pesar de las tormentas y los obstáculos, porque nos permite ver las señales Divinas en las cosas que suceden a diario. Aquellos que poseen la cualidad de *Al-Hādī* son capaces de escuchar la guía de su voz interior, la de su verdadero ser. Sus plegarias han sido escuchadas.

Sura *Ṭā Hā*, Oh Hombre (20:50)

[...] "Nuestro Sustentador es Aquel que da a todo [lo que existe] su verdadera naturaleza y forma, y luego lo guía [hacia su plenitud]."

La repetición diaria de este Nombre Divino, 200 veces, nos conduce al éxito y a la decisión correcta cuando no podemos discernir la elección adecuada. *Al-Hādī* abre el camino hacia el conocimiento espiritual. A aquellas personas que viven con este Nombre en su corazón, en su lengua y en sus nobles acciones, les será otorgado un conocimiento cada vez más profundo. Ellas podrán ver el alcance y la sabiduría existente detrás de todas las cosas, y apreciar que todo es como debe ser y todo está en orden.

Cuando tienes la sensación que tu camino de vida se está oscureciendo, la repetición de este Nombre te ayudará a discernir nuevamente su significado profundo. Si escribes este Nombre Divino y lo llevas contigo, repitiéndolo una y otra vez, serás guiado en todas tus acciones y estados, visibles e invisibles. Cuando los bebés tienen dificultades para sorber, se les coloca este Nombre alrededor de su cuello.

El Nombre Divino *Al-Hādī* se utiliza tanto para estimular la glándula pineal como para fortalecer y sanar la vejiga, la vitalidad disponible en el momento presente.

Un guía espiritual conduce a los buscadores hacia su propio potencial y despierta en ellos la satisfacción con todo lo que los rodea, levantado el velo de su corazón para que puedan ver, en sí mismos y en el libro de la naturaleza, los grandes milagros y señales de la Creación.

Al-Hādī significa estar abierto a todo lo que es y será, con amor, suavidad, con completa bondad; significa estar alerta, concentrado y centrado en el presente sin enjuiciar, sin saber, sin querer obtener algo, sin reprimir nada, sin aferrarse a nada, sin verbalizar.

En el sura de La Apertura, *Al-Fātiḥa*, se dice :

إهدنا الصراط المستقيم
'ihdinā ṣ-ṣirāṭa l-mustaqīm
Guíanos por el camino recto

que significa: ¡Oh Allāh, deja que nuestros corazones anhelen Tu presencia y se inclinen ante Ti y condúcenos a través de Ti hacia Ti!

¡Oh Allāh, otórganos *himma* همة, ese anhelo, ese hambre de conocer la realidad, esa fuerza de vida que se esfuerza por restaurar la conexión con la Realidad!

Pertenece a la naturaleza de la *himma* همة que todo acto sea placentero para el buscador, siempre y cuando lo conduzca hacia Él.

El amor es el sendero, el alimento y la meta.
¡Quienquiera que desee ser guiado, será guiado!

Al-Badī'
95

El Descubridor, El Creador, El Que Comienza de Nuevo
86 – 344 – 7396

Allāh es el Creador de este mundo y de toda la belleza que contiene. Nada puede serle comparado, Él es el Uno, el eterno. Si deseas comprender este Nombre con mayor profundidad, la naturaleza y la Creación están allí para ti. La naturaleza tiene la capacidad de dirigirse a la mente y al corazón simultáneamente; mientras que la mente analizará y explicará, el corazón absorberá y sabrá. Es el corazón el que guía tus análisis y explicaciones hacia la sabiduría, abriendo así un mundo que te conduce desde la complejidad de la multiplicidad hacia la calma de la Unidad.

Al-Badī' proviene de la raíz **b-d-'** que significa innovación, novedad, crear a nuevo, diferente de, increíble, único, perfecto, poco común, incomparable, introducir, originar, herejía, ser el primero en hacer algo, maravilloso, asombroso, raro, extraer, creador, mujer incomparable.

Allāh *Al-Badī'* es el Uno a partir del cual todo recebe su existencia. Cuando pronuncias este Nombre, estimulas y utilizas las facultades creativas únicas que se encuentran en ti. Son esos asombrosos destellos de luz que nos revelan un punto de vista y una comprensión totalmente inéditas, transportándonos a nuevas dimensiones.

Al-Badī' expresa el milagro a través del cual se genera la Creación:

Sura *Al-Baqara*, La Vaca (2:117)
*Él es el Originador (*badī'*) de los cielos y de la tierra: cuando decreta la existencia de algo, le dice tan sólo: "Sé" –y es.*

El Nombre Divino *Al-Badī'* representa aquello que nunca ha existido. Su repetición podrá ayudarnos a confiar más en nuestra espontaneidad, a liberarnos de nuestros modos de pensar habituales, a hacernos pensar, a animarnos a lo impensable, y a permitir que surja la naturaleza única de nuestro ser. *Al-Badī'* nos ayuda cuando tendemos a imponer nuestras convicciones sobre los demás. Expande nuestro pecho y nos permite experimentar la belleza totalmente abarcadora de la Divinidad

Cuando repites este Nombre Divino, sientes todas sus manifestaciones en tu ser. Comienzas por reconocer tu singularidad, tu riqueza, el milagro que eres y luego encuentras la totalidad del universo reflejada en ti. El mundo entero se encuentra en cada una de tus arrugas y es en este estado de asombro que la lengua comienza a alabar, el corazón deviene suave y el alma comienza a brillar. Una hora contemplando la naturaleza y la Creación Divina equivale a un año entero de oración. Las pruebas están en ti y te rodean.

Si repites este Nombre 86 veces todos los días después de tus oraciones, tu comprensión se expandirá, tu ojo interior se abrirá y llegarás a entender el significado más profundo del conocimiento. Tus palabras serán portadoras de la sabiduría de tu corazón y aligerarán hasta las tareas más difíciles. Este Nombre se utiliza también para fortalecer el cabello.

Ibn al-'Arabī nos explica:

> *Existen tres niveles de conocimiento: primero el conocimiento de la mente,* al-'aql*; es el conocimiento que obtenemos por inferencia o como resultado de la especulación, en una línea argumentativa estructurada en el mundo del pensamiento. El pensamiento reúne y selecciona a partir de esta forma de conocimiento, decidiendo lo que es válido y lo que no lo es.*
>
> *El segundo tipo de conocimiento es el conocimiento de los estados, 'aḥwāl, y solamente puede ser alcanzado a través de la experiencia directa. Aquellas personas que se basan principalmente en su mente no pueden comprender este conocimiento ni utilizarlo como evidencia. Es conocer la dulzura de la miel, la amargura de la planta del aloe, los placeres de la pasión y la unión sexual, el éxtasis y el anhelo. Nadie puede tener este tipo de conocimiento sin experimentarlo y ser impregnado por él.*
>
> *El tercer tipo de conocimiento es el conocimiento de los secretos,* 'asrār*. Este conocimiento trasciende la naturaleza de la mente razonadora. Insufla en el corazón el perfecto poder de la experiencia existencial. No existe conocimiento más noble que este conocimiento completamente abarcador que contiene todo lo conocido.*

En caso de depresión o estrés, ayuda repetir 1000 veces:

يا بديع السموات والارض

yā badī' us-samawāti wa-l-arḍ

Oh Creador de los cielos y la tierra

¡Oh Allāh, libera nuestro corazón de dudas y desesperanzas, llénalo de confianza, y haz nacer en él la petición de tener mayor conocimiento de los misterios de la Creación y de Tus Nombres Divinos!

Aquellas personas que han reconocido su propia singularidad ya no tienen interés en comparar a las personas o en juzgarlas de acuerdo a normas predeterminadas.

¿Cómo puedes reconocer a los amantes de la verdad?

Cuando los ves, te recuerdan a Allāh. Comienzas a ver tu propia luz, más allá de toda la oscuridad ilusoria que te atormenta y te mantiene alejado de tu paz interior. Dejas de escaparte del pasado y de correr hacia el futuro, y te posicionas en la realidad del momento presente.

El artista debe moldearse a sí mismo
antes de poder dar forma a su obra de arte.

Al-Bāqī
96

El Eterno, El Imperecedero, El Perdurable
113 – 452 – 12 769

El tiempo existe únicamente para la Creación, con sus cambios y sus transformaciones permanentes, pero nosotros los seres humanos tenemos la posibilidad estar en la eternidad si no encadenamos nuestro corazón a este mundo. Aprendemos a vivir de esta manera cuando ya no trabajamos aquí en esta tierra solamente para nuestro propio beneficio, sino cuando asociamos nuestras acciones, nuestras palabras y nuestros pensamientos con el eterno, cuando hacemos aquello que regocija a Allāh, para el beneficio de la humanidad y de todos los seres, presentes y futuros. Porque incluso cuando todo ha terminado y nuestro cuerpo vuelva a la tierra, nuestras acciones seguirán hacia la eternidad.

Trabaja con tu *nafs*, tu ego. Haz el bien por razones egoístas. Alimenta a tu *nafs* con los resultados positivos de tus buenas acciones, permite que se convierta en tu socio, de enemigo conviértelo en servidor, pues tu alma sabe bien que tu *nafs* hace el bien por el Amado. Hacer introspección te ayudará con este tema.

El Nombre Divino *Al-Bāqī* proviene de la raíz **b-q-y** que significa permanecer, quedarse, continuar siendo, mantenerse al día, mantener, durar, continuar, seguir, partir, dejar algo, hacer que alguien se quede, preservar, contenerse, guardar de repuesto, salvar, proteger, continuación de la existencia después de la muerte, inmortalidad, vida eterna, duración, supervivencia, perpetuo, sin fin, imperecedero, eterno (Allāh).

Todas las cosas, todos los seres tienen un final, *fanā´* (desgastar, extinguirse), únicamente la Divinidad permanece igual, manteniéndose en su estado original, *baqā´* (permanecer sin cambios, continuar). Esta es la razón por la cual la entrega a la ley Divina, que gobierna el universo, se denomina *baqiyya*, descansar en el eterno. Toda la Creación cobró existencia a través de la orden Divina *¡kun!* (¡sé!) y todo cesa de existir con la palabra *¡zul!* (¡desaparece!). Los seres humanos son el tiempo y el tiempo transcurre, en cambio la Divinidad es eterna, imperecedera. Sin embargo, parte de nosotros pertenece a esa misma eternidad, así que cuida esta eternidad en ti.

Jami dice:

> *En cada momento, con cada aliento, el universo cambia y se renueva. A cada instante, un movimiento de contracción* (al-qabḍ) *lleva a un universo de regreso al origen y a través de un movimiento expansivo* (al-basṭ) *otro similar toma su lugar. Como consecuencia de esta rápida sucesión, el espectador resulta engañado y cree que el universo tiene una existencia permanente.*

Las personas que están conectadas con la Divinidad contemplan aquello que es eterno, relacionándolo con aquello que es efímero. Se concentran en la búsqueda de conocimiento porque el conocimiento esta enraizado en la conciencia Divina y se obtiene a través de Él. La paz originada en la Divinidad purifica nuestra conciencia.

Nuestro anhelo por lo eterno, lo imperecedero, lo inalterable, por nuestra verdadera naturaleza, existirá siempre porque la conciencia Divina forma parte de nuestro ser. El viaje desde lo terrenal hasta lo celestial nos transforma en canales de misericordia y bondad para esta tierra. Nos convertimos en puentes que permiten que los cielos y la tierra se encuentren. Para poder ser felices debemos ser conscientes de nuestro rol conector y vivir en consecuencia.

Cuando no estamos conscientes –o ya no estamos conscientes– de esta tarea, traemos desarmonía a este planeta. Dado que por naturaleza tenemos la capacidad de unir, podemos traer armonía o desarmonía a esta tierra. Hemos recibido este poder porque tenemos las características de un ser Divino. Por doquier el alma busca señales de su hogar celestial de origen. Se emociona con la belleza de la naturaleza, de una canción, de una pintura, de un ser humano. Así el aliento del eterno toca el alma a través de la belleza de las manifestaciones.

¡Eleva tus acciones a Allāh realizándolas con amor y Él las hará imperecederas y eternas!

La eternidad se revela a aquellos que saben de donde vienen y a donde van. La finitud humana se reconcilia a través de la eternidad.

Cuando estás con gente, olvídate de todo lo que ves o escuchas y aférrate a todo lo que se te revela en tu interior. Sé independiente para que tu ser interno pueda sintonizarse con tu ser externo. Vive y experimenta el presente eterno, aquí y ahora.

Todos los seres tienen dos caras, la propia y la Divina. En relación con la cara propia, no son nada, y en relación con la cara Divina, son eternos.

El Nombre Divino *Al-Bāqī* nos brinda la posibilidad de experimentar la eternidad más allá del tiempo, liberándonos de nuestros conceptos limitados de tiempo y espacio, de nuestro ajetreo y esfuerzo constantes, y de esta manera podemos alcanzar un nivel más profundo de conocimiento. Devenimos más sabios, más amplios, y esto nos permite usar el tiempo y el espacio en forma más clara, más eficiente, a medida que aprendemos a recibir, soltar y dejar ser.

En el caso de temores recurrentes, la repetición de este Nombre antes de dormir te ayudará a liberarte de ellos.

Al-Bāqī otorga constancia y pone gran parte de la vida en perspectiva porque imprime en el corazón, el conocimiento que únicamente Él está dotado de constancia y eternidad; así que focaliza antes que nada en tu desarrollo interior.

Se consideran imperecederas las siguientes buenas acciónes:

subḥāna llāh, al-ḥamdu li-llāh, lā 'ilāha 'illa llāh, allāhu 'akbar
¡gloria a Allāh! ¡alabado sea Allāh! ¡no existe nada salvo Allāh!
¡Allāh es el más grande!

Si asumimos que tenemos un alma, una profunda y eterna forma de existencia, también podemos decir que todo tiene alma. Hasta una bacteria tiene una forma, un color y un aspecto espiritual. Remover la bacteria o el virus, es decir, la infección, sin sanar el aspecto espiritual deja las puertas abiertas y las huellas permanecen.

Repetir este Nombre Divino 113 veces por día nos protege de las enfermedades. Cuando aquellas personas que están impregnadas con este Nombre ponen su mano sobre una persona enferma, pueden realizar una sanación instantánea, con el permiso de Dios y si Dios así lo decreta.

El amor es una enfermedad excepcional del corazón. Nos guía hacia Dios y finalmente siempre nos atrae hacia Él, más allá de quien sea la persona que amemos en este mundo. *¡Así que olvídate de todo y ama!*

"¡Oh!" suspira el corazón maravillado
"¿estuvimos alguna vez lejos del amor?"

Al-Wārith
97

El Único Heredero
707 – 2828 – 499 849

Este Nombre Divino indica que Allāh hereda todo lo que existe en el cielo y en la tierra, que todo proviene de Él y regresa a Él. La repetición de este Nombre nos ayuda a liberarnos del dominio de nuestros impulsos y a traspasar la superficialidad de nuestra percepción. Este Nombre nos brinda la libertad para reconocer que toda la belleza, todas las riquezas que nos han sido dadas para vivir y experimentar, verdaderamente no nos pertenecen, pues todo nos ha sido prestado por un período de tiempo antes de continuar fluyendo. Sabe que cada Nombre Divino es portador de luz, de un secreto y de una sombra. La luz de cada Nombre brilla en el corazón de aquellos que pueden penetrar profundamente al interior del Nombre e invocar a Allāh a través de él, una y otra vez.

El Nombre Divino *Al-Wārith* proviene de la raíz **w-r-th** que significa suceder, ser heredero, heredar, transferir por testamento, transmitir, reformar, retirar, derrocar, heredar sucesivamente o heredar uno del otro, herencia, legado, heredero.

Al-Wārith nos recuerda de donde venimos y lo que hemos traído con nosotros en nuestra calidad de herederos.

Al-Ghazālī explica:

> Al-Wārith, *el heredero, es aquel a quien vuelven todas las posesiones una vez que sus propietarios desaparecen, y el que las recibe es Allāh, dado que Él es el Uno que permanecerá cuando la Creación desaparezca. Todo regresa a Él. Él es el que preguntará: "¿Quién es el soberano?" y Él mismo responderá: "el todopoderoso". Las personas dotadas de percepción espiritual han conocido desde siempre la verdad de este anuncio: que todo pertenece a Dios, cada momento de cada día, y que será así por toda la eternidad. Sin embargo, únicamente aquellas personas que reconocen la verdad de la Unidad Divina en la obra de la Creación pueden comprender esto y saber que únicamente Él ejercita el poder y la soberanía. Él es el Único existente.*

Un maestro dijo una vez:

> *Es verdaderamente incomprensible que un ser humano pueda dejar esta tierra sin haber disfrutado de sus riquezas y bendiciones. Se le preguntó: "¿Entonces, existe una bendición en este mundo?" y él respondió: "Existe en este mundo una bendición equivalente a las bendiciones del Paraíso". "¿Y cuál es?" se le preguntó. Él respondió: "La repetición de los Nombres Divinos, la remembranza de Dios. Quien experimenta sabe."*

Cuando las parejas tienen dificultades para concebir un niño, tanto el hombre como la mujer deberían repetir juntos las siguientes palabras, una y otra vez:

Sura *Al-Anbiyā'*, Los Profetas (21:89)

> *[...] "¡Oh Sustentador mío! ¡No me dejes sin descendencia! ¡Pero [aún si me dejas sin herederos, sé que] Tú permanecerás cuando todo lo demás haya desaparecido!"*

Aquellas personas a las cuales les está resultando difícil tomar una decisión debieran repetir *lā Wārith* 1000 veces entre el atardecer y la oración nocturna, y encontrarán la decisión correcta. Aquellos que repitan este Nombre Divino 707 veces y pidan alguna cosa a la cual tienen derecho, la recibirán si está destinada a ellos.

Aprender a no identificarnos con nuestro ser limitado es a menudo un proceso largo que es extraño y desagradable para el ego. La transformación empieza tan pronto como decidimos comenzar la búsqueda hacia nuestro verdadero ser. Todas nuestras capacidades, nuestro potencial, nuestros talentos, nuestras experiencias, nuestros encuentros y relaciones atraviesan un cambio. Nacemos por segunda vez, no de nuestra madre, sino a través de nosotros mismos.

En árabe la transformación se denomina *taqallub*, que significa regresar, volverse y examinar todos los aspectos, buscar, cambio, cambiar. Es interesante mencionar que viene de la misma raíz que *qalb*, corazón. Verdaderamente el corazón es el centro de esta transformación que tiene lugar a medida que hacemos todo vinculado con la transformación.

De la misma manera en que nos preparamos para un viaje largo o una mudanza, tomando cada objeto en nuestras manos, examinándolo con cuidado, girándolo y observándolo mientras lo relacionamos con otros objetos, dejándolo quizás por un rato o quitándole el polvo para que recupere su brillo original. Vamos buscando ciertas cosas, modificando otras. Estos son los preparativos para una mudanza o un viaje. En cambio, cuando se trata de transformar nuestra identificación con el ego para regresar a nuestro verdadero ser, a nuestra alma, conectamos todo con el

Único que es eterno, y nuestro campo de actividad pasa a ser la totalidad de la Creación.

Nuestro comportamiento y nuestras acciones nos muestran donde estamos parados y cómo debemos continuar. Nos permiten verdaderamente ver el estado de nuestro corazón: si está cubierto o limpio. Es por eso que la meditación, la contemplación y la reflexión son tan importantes. Cuanto más nos acercamos a nuestro ser interior, más próximos estamos a la Fuente de amor, y se hacen más claras la libertad, la madurez y las señales de eternidad. Así es como Allāh hereda cada uno de nuestros estados y estaciones, y Él deviene nuestra meta. Al final, todos los seres regresan a Él. Cuando reconocemos esto, cada pérdida, cada dolor, cada muerte recibe contenido y significado.

Sura *'Āl 'Imrān*, La Casa de 'Imrān (3:180)

[...] pues [sólo] a Dios pertenece la herencia de los cielos y la tierra; y Dios está bien informado de lo que hacéis.

Al-Wārith reúne el conocimiento interno y el externo. Nos ayuda a soltar, a superar nuestra codicia y a concentrar nuestra fortaleza en lo esencial, defendiendo nuestro derecho natural a nutrir el alma nuestra.

Allāh es el heredero de todas las cosas y todo lo que permanece después de la muerte regresa a Él.

Sura *Maryam*, María (19:40)

Ciertamente, sólo Nosotros permaneceremos una vez que la tierra y todos los que viven en ella hayan desaparecido, y [cuando] todos hayan sido devueltos a Nosotros.

Allāh nos ha legado todo a nosotros los seres humanos. Podemos disfrutar y usar esta bendición. Podemos elegir como manejarnos con esta herencia porque Allāh nos ha dado libre albedrío, pero al final todo retorna a Él. Si perdemos nuestra visión, ésta retorna al heredero universal, si perdemos nuestra juventud, ésta regresa a Él, lo mismo sucede si perdemos nuestra capacidad de caminar. Todo viene de Él y a Él regresa. Nosotros somos los depositarios. ¡Qué Allāh preserve nuestra vista, nuestra fuerza y nuestra movilidad por un largo tiempo!

El amor contiene las huellas de Su presencia. El amor es la sustancia a partir de la cual se ha moldeado la Creación. El amor está siempre presente, el camino sufí lo revela a nuestra conciencia, orientando nuestro corazón hacia él.

Ar-Rashīd
98

El Que Muestra El Sendero Recto, El Que Guía y Brinda Dirección

514 – 2056 – 264 196

El Profeta Muhammad, que la paz y las bendiciones de Allāh sean sobre él, dijo:

> *Cuestiona a tu corazón... En realidad es la rectitud la que trae paz a tu alma. Por el contrario, la maldad es lo que se posa en tu ser interno y continuamente atormenta a tu conciencia...*

La guía implica autoobservación del nuestro *nafs* y de los impulsos. Este Nombre refleja al ser Divino y asimismo una cualidad Divina. El cielo y la tierra están construidos sobre ambos, y son sostenidos por una misericordia infinita. Todos los seres, incluso los animales, insectos y plantas están envueltos en la Divina guía. Ellos llevan a cabo sus acciones de la manera adecuada a su ser y sus maneras están plenas de maravillas. Cuando a nosotros los seres humanos se nos abre la posibilidad de percibir sus modos, adquirimos comprensión de las maravillas y misterios de este mundo. Todo alaba y canta la melodía Divina, cada uno a su manera.

Pero los seres humanos son libres, así que deben tomar una decisión consciente para seguir este camino. Desde la profunda verdad, todo ser humano está entonado con la melodía Divina y es un instrumento dentro de la gran orquesta de la vida. Sin embargo, la diferencia entre un ser humano que esta semidormido y uno que está despierto es que éste último le ha dicho que sí a su camino y orientado su vida de acuerdo con esa decisión, mientras que el primero no conoce su centro aún.

Quienquiera desee seguir el sendero del despertar de la conciencia debe llamar a la puerta del conocimiento, la llave para poder entrar es el cuestionamiento interior. El conocimiento proviene de una actitud interior que se refleja en nuestras palabras y acciones, en nuestra conducta y en la forma en que interactuamos con otras personas. El conocimiento es un sendero que libera al corazón de enojo, envidia, arrogancia, orgullo y calumnia, y lo envuelve en confianza y en una profunda fe.

Ar-Rashīd proviene de la raíz **r-sh-d** que significa estar en el camino recto, seguir el curso correcto, estar bien guiado, no perderse (especialmente en asuntos religiosos), tener fe verdadera, ser un verdadero creyente, devenir sensible, madurar, crecer, llegar a la mayoría de edad, conducir al camino correcto, guiar bien, dirigir, mostrar el camino, llamar la atención de alguien, puntualizar, enseñar, instruir, familiarizar a alguien con los hechos, aconsejar, asesorar, pedirle a alguien que muestre el camino correcto, pedir guía o dirección a alguien, ser guiado, integridad en las propias acciones, razón, sentido común, conciencia, madurez, entrar en razón, calmarse, despejar el estado de ebriedad, inteligente, discriminando, discerniendo.

Existe conexión entre *Al-Ḥakīm* (46) y *Ar-Rashīd*: el primero conduce las cosas a su lugar correcto y el segundo guía hacia las acciones correctas. *Ar-Rashīd* hace brillar la luz Divina sobre nuestro camino.

Ar-Rashīd proviene de la misma raíz que *murshid*, maestro espiritual o maestro del camino espiritual interior; metafóricamente es cuando Dios toma a un buscador de la mano y lo ilumina en su toma de decisiones. Un *murshid* (masculino) o su femenino *murshida* nos da el coraje, el amor, la fortaleza y la fe para confrontar a nuestro ego herido y nuestra identificación con él, para examinar nuestras creencias interiores, anhelos y deseos, atravesándolos, siempre acompañados por las palabras de la Divinidad hasta que podamos experimentar la amorosa misericordia Divina.

Aquellas personas que han integrado a *Ar-Rashīd* en su ser pueden discernir la verdad de la falsedad. Se aferran al camino que los conduce a la verdad sin perder nunca de vista la meta o cargar sobre sus espaldas esfuerzos innecesarios. *Ar-Rashīd* trae equilibrio entre lo interno y lo externo. La excesiva dependencia y ocupación con asuntos externos trae aparejado el enojo y la furia; por otra parte, la excesiva introspección puede traer inestabilidad, confusión y falta de constancia. *Ar-Rashīd* nos enseña a ver la realidad interna en las señales externas y a caminar por el sendero que nos conduce a nuestra esencia y a Dios.

Repetir este Nombre 152 veces todos los días aumenta nuestra fortaleza en lo interno y en lo externo. Al repetir este Nombre 504 veces, aquellas personas que enseñan estarán protegidas de transmitir información errónea y de ser malinterpretadas. Este Nombre nos da la fortaleza necesaria para reconocer nuestras acciones.

Si deseas liderar un grupo o una comunidad, la repetición de este Nombre te ayudará a que tu deseo se haga realidad.

Vaciarse de todos los rasgos egocéntricos significa llenarse de Dios. Donde el *yo* se libera del egocentrismo y todo lo que con él está relacionado, Allāh, el mismísimo Amor, ocupa ese espacio.

Todos deseamos sentir paz y felicidad. Allāh nos otorga salud, inteligencia, bienestar y belleza a muchos de nosotros, sin embargo solo le otorga *sakīna*, esa paz interior y quietud que proviene de Dios, a aquellos que se acercan a Él y han hecho lugar para Él en sus corazones. Cuando la *sakīna* se manifiesta, sentimos paz y una cálida corriente de felicidad –sostenida por el conocimiento profundo de la Divina omnipresencia existente en nosotros y a nuestro alrededor– se esparce por nuestro ser. Cuando comenzamos a amar nuestra esencia, nuestro verdadero ser en forma incondicional, el camino a Allāh se ha abierto.

Sura *Al-Kahf*, La Cueva (18:10)

[...] "Oh Sustentador nuestro¡ Concédenos Tu misericordia, y haznos conscientes de lo que es recto, cualquiera que sea nuestra condición [externa]!

Permite que tu andar refleje la dignidad y el profundo orgullo de tu alma que brotan de saber que has sido creado en la imagen de Dios. Somos seres espirituales y al mismo tiempo somos seres humanos, atrapados en la dualidad de la luz y la oscuridad. Somos la línea divisoria entre la luz y la oscuridad, y podemos unirlas transformando a nuestro enemigo más solapado: nuestra arrogancia.

El corazón es el océano, los pensamientos las olas.
¡Guíalos bien!

Aṣ-Ṣabūr
99

El Paciente
298 – 1192 – 88 804

La paciencia es una de las virtudes más grandes. Nos confiere constancia y perseverencia, y nos otorga una fuerza increíble para erguirnos frente a las influencias internas y externas.

Aṣ-Ṣabūr es la fortaleza que nos permite perseverar hasta el mismísimo final cuando atravesamos circunstancias adversas. Nos otorga fuerza de voluntad y nos ayuda a focalizar y recogernos en nuestro centro, de modo tal que, incluso durante los tiempos difíciles, en lugar de quejarnos y caer en la autocompasión, podemos experimentar el misericordioso amor de la Divinidad. *Aṣ-Ṣabūr* le brinda al buscador espiritual la energía necesaria para seguir el sendero recto con confianza y aprender de todas las circunstancias.

El Nombre Divino *Aṣ-Ṣabūr* proviene de la raíz **ṣ-b-r** que significa unir, atar, encadenar, ser paciente, ser tolerante, tener paciencia, soportar con calma, renunciar, resistir, pedir paciencia, dar consuelo, hacer que sea duradero, conservar, preservar, encadenando, constante, perseverante, firmeza, autocontrol, autodominio, serenidad, resistencia, aloe, resfrío severo, montón, paciente, perdurable, perseverancia, resuelto.

La palabra *ṣabr* no solo significa paciencia: incluye el concepto de tenacidad, pero sobre todo se refiere a la perseverancia en lo bueno y la entrega a la voluntad, íntegramente abarcadora, de la Divinidad que todo lo abarca. No hay nada que prolongue la vida más que la paciencia; la paciencia nos hace hermosos, pues es pura y purifica todas las cosas.

Ṣabr es paciencia, constancia, autocontrol, consuelo, perseverancia y resistencia, y todas estas cualidades son parte de la belleza porque *ṣabr* te guía a lo esencial, a tu belleza y al Uno que creó la belleza.

Una de las historias del Sagrado Qur'ān que ilustra maravillosamente la cualidad de *ṣabr* es la del Profeta Moisés y Al-Khiḍr, 'el Verde', que la paz de Allāh sea con ellos (18:66-82). Al-Khiḍr es aquel cuya sabiduría está siempre viva (verde). Al-Khiḍr es un personaje que simboliza la experiencia mística más profunda accesible a la humanidad.

Moisés le preguntó a al-Khiḍr si lo podía acompañar en sus viajes para poder aprender de él y absorber (beber) de la luz emergente de su estado de conciencia. Al-Khiḍr le respondió: "¡Nunca podrás tú ser capaz de tenerme paciencia! ¿Verdaderamente, como podrías ser paciente con algo que no puedes comprender en el ámbito de tu experiencia?" Pero Moisés le aseguró a al-Khiḍr que sí podría, diciéndole: "¡Seré paciente, Dios mediante, cumpliré y te obedeceré en todo!" "Muy bien" respondió al-Khiḍr, "cuando tú me sigas, no me preguntes sobre lo que estoy haciendo, ¡espera hasta que yo te lo explique!"

Así partieron y llegaron hasta la orilla del mar. Cuando hubieron desembarcado, al-Khiḍr perforó el barco que los transportara. Moisés gritó con horror: "¡Tú estás haciendo un agujero en el barco para ahogar a aquellos que quieran viajar en él! ¡Que acción tan perversa!" Al-Khiḍr respondió: "¿Acaso no te he dicho que tú nunca me podrías tener paciencia?" Moisés le pidió que perdonara su olvido.

Luego ambos siguieron su camino hasta que se encontraron con un joven y al-Khiḍr lo asesinó. Moisés exclamó: "¡Tú has matado a un inocente que no habia hecho daño alguno! ¡Que acción tan terrible!" Al-Khiḍr respondió: "¿Acaso no te he dicho que nunca podrías tener paciencia conmigo?" Moisés recordó su promesa y nuevamente pidió comprensión, agregando: "Si yo te preguntara una vez más, ¡entonces despídeme porque ya habrás escuchado suficientes excusas de parte mía!"

Así continuaron hasta que llegaron a un pueblo en el cual pidieron alimento, pero los pobladores se rehusaron a dárselo. En esa población al-Khiḍr vio una pared a punto de colapsar y la reconstruyó. Moisés pasmado, dijo: "¡No hay aquí hospitalidad, ni te pagarán por tus esfuerzos! ¡Seguramente te hubieran dado algún dinero, si lo hubieras pedido!"

Al-Khiḍr respondió: "Moisés, aquí es donde nos separamos tú y yo, pero antes de hacerlo, te explicaré el significado de estos eventos que no pudiste soportar pacientemente. El barco pertenecía a gente pobre que se esforzaba trabajando en el mar. Yo lo puse temporariamente fuera de servicio porque sabía que ellos estaban siendo perseguidos por un rey cruel que se apoderaba de todas las embarcaciones que encontraba. En cuanto al joven, tenía padres profundamente piadosos y bondadosos, pero el mozo era malvado y arrogante. Y finalmente, en lo que respecta al muro, pertenecía a dos chicos huérfanos y tenía un tesoro que había sido enterrado debajo. Si la pared hubiera colapsado, los aldeanos codiciosos hubieran robado el tesoro y los muchachos no hubieran sido lo suficientemente fuertes para defenderse. Todo lo que hice fue guiado por una verdad más elevada, nada fue por mi propia voluntad."

A nosotros, los seres humanos, nos resulta difícil mantener nuestra ecuanimidad cuando observamos cosas que no podemos comprender o que nunca hemos experimentado. Tener paciencia y sabiduría, entendiendo que las apariencias externas no siempre concuerdan con la realidad, requiere paciencia y *tawakkul*, confianza en Dios, en un poder absoluto, que todo lo abarca y trasciende nuestras posibilidades de discernimiento.

Cuando abrimos nuestro corazón a un poder superior, cuando tenemos conciencia de lo Absoluto, se produce un espacio en nuestro interior y descubrimos una dimensión más profunda a través de la cual podemos recuperarnos de los esfuerzos y demandas de la vida. El equilibrio que emerge en nosotros trae unidad entre los mundos, equilibrio entre lo efímero y lo eterno, el mundo visible y el oculto, esta vida y el más allá. Una luz se posa sobre todo y trae unidad, paz y arraigo en la Divinidad, en el misterio de la vida.

El Nombre Divino *Aṣ-Ṣabūr* nos da la fortaleza y capacidad para mantenernos firmes en el conocimiento que Allāh nos ha otorgado, dejándolo brillar cada vez más y más.

Cuando repetimos este Nombre Divino, dos sentimientos se manifiestan en nuestro corazón, uno de temor y otro de misericordia. Al repetir *Aṣ-Ṣabūr*, enfrentamos con claridad a nuestro *nafs*, nuestro ego, reprochándole su inconducta y sus defectos, mientras nos envolvemos en el conocimiento de la infinita misericordia y compasión de Dios quien todo lo perdona. Así que el corazón es rotado hacia un lado y hacia el otro sin saber lo que lo beneficiará más. Dios le brinda absolutamente todo a los seres humanos, sin olvidarse de nada ni de nadie.

El temor y la confianza son las dos alas de una misma ave. El ala del temor disuelve la arrogancia, conduciéndonos a la autoobservación y a la remembranza, protegiéndonos de muchos errores y debilidades a través de la atención y la vigilancia. A su vez, el ala de la confianza, juntamente con el conocimiento del amor y la misericordia incondicional de la Divinidad, corre los demonios de la duda y la desesperanza, conduciéndonos a la realización de acciones compasivas. El ave en sí misma es el corazón. Así que corrige tu vuelo, elevando inmediatamente el ala del temor durante los tiempos de superficialidad y tibieza, y ascendiendo inmediatamente el ala de la confianza en tiempos de temor y autocrítica.

Existen tres tipos de paciencia: la paciencia con lo que es bueno en alguien, la paciencia con lo que es apático y negligente, y la paciencia con las catástrofes y los tiempos difíciles. El Nombre Divino *Aṣ-Ṣabūr* nos brinda los tres tipos de paciencia, pues Él es que otorga paciencia y transforma la energía del lamento y la queja, convirtiéndola en confianza y seguridad ¡Sostén con firmeza la inmensidad del océano de serenidad frente a las olas que destruyen tu equilibrio!

"¿Cómo debo tratar a los seres humanos?" le fue preguntado al hombre sabio y éste respondió: "Trátalos de la siguiente manera: dales de lo que es tuyo y no tomes de sus posesiones. Defiende sus derechos, y no les pidas que hagan lo mismo por ti. Ten paciencia con lo que te hacen y no les hagas lo mismo a ellos."

Y surgió entonces la repregunta: "¿Acaso no es este un camino difícil?"

Y la respuesta fue: "Ciertamente, lo que dices es verdad, y aun así no estarás libre de calumnias."

El viajero no transita por el camino ciegamente en la oscuridad, sino que utiliza la luz de Su amor y su propia sensibilidad para seguir el flujo de la vida. El Nombre de Dios es uno de los escudos protectores más grandes porque lo conecta en forma directa con aquel cuyo Nombre está llamando.

Allāh nos otorga la fortaleza, autocontrol y resistencia para completar las tareas que hemos iniciado. Tener paciencia en Dios es fidelidad. Él nos da paciencia y nos ayuda a permanecer fieles a nosotros mismos a través de las montañas y los valles de la vida, los profundos espacios de soledad y las cambiantes ráfagas de dudas y miedos.

La paciencia nace de la dulzura. Cuanto más suave el corazón, mayor será la paciencia. La paciencia Divina se manifiesta a través de la guía que Dios nos ofrece una y otra vez, a pesar de nuestra constante desobediencia.

Presta tu ayuda con paciencia y trae la energía de amor a esta tierra con creatividad. Entonces podremos restaurar la armonía que fuera alterada por nuestro materialismo y codicia.

Sura *Hūd*, Hud (11:115)

Y sé paciente en la adversidad pues, ¡en verdad! ¡Dios no deja sin recompensas a quienes hacen el bien!

Llegará el día en que la tierra dará testimonio de todas las cosas que la humanidad le haya hecho. Cada uno de nosotros tiene una parte de responsabilidad individual, no transferible, por sus acciones.

¡Qué nuestras acciones y palabras traigan luz al mundo y a sus criaturas! ¡Qué Allāh nos asista en el camino hacia nuestro verdadero ser, nos equipe con perseverancia, paciencia y amor, y nos guíe con la luz del conocimiento y la sabiduría para que podamos transformarnos en los pacificadores en nuestra sociedad!

¡La paciencia es la llave de la alegría!

Ash-Shāfī

El Sanador, El Que Restaura La Salud
391 – 1564 – 152 881

El Nombre Divino *Ash-Shāfī* es fuente de salud y recuperación.

Nuestra esencia, nuestro ser profundo posee la bondad infinita que Allāh nos ha otorgado como cualidad esencial. Está relacionada con las cosas positivas y estimulada por ellas, de allí el proverbio: *una buena palabra es la mitad de la cura*. Todas las energías positivas son atraídas por nuestro ser profundo que las despierta, estimula y nutre. Los corazones despiertan en un espacio armónico y positivo.

La raíz **sh-f-y** significa sanar, recuperar la salud, restaurar, saciar la sed, enfriar nuestros sentimientos, tomar venganza, ser decidido, ser resuelto, sanación, medicina, remedio, buscar sanación, hospital (en árabe 'casa de recuperación').

Las siguientes formas también derivan de la raíz **sh-f-y**:

shāfi	sanador
'ashfā'	borde, orilla, frontera
shafā	sanar, curar (herida o enfermedad), poner bien, restaurar la salud de alguien, recuperarse
shifā'	cura, sanación, restauración, restablecimiento, recuperación, convalecencia, satisfacción, gratificación
ashfiya	remedio, medicación, medicina
'istishfā'	buscar sanación
shāfin	sanación, curativo, medicinal, satisfactorio, claro, inequívoca (respuesta)
shafawī	labios, oral
mushfin	moribundo, condenado a muerte
tashaffin	gratificación de la sed de venganza, satisfacción, calmarse
'istashfaya	buscar una cura
shufūf	estado transparente del ser
shafāhu-l-llāh	Allāh ha traído sanación al cuerpo, corazón y alma de alguien.

De acuerdo con 'Abdullah Ansari, la ley sufí de la vida requiere:

- bondad hacia los jóvenes,
- generosidad hacia los pobres,
- buen consejo hacia los amigos,
- indulgencia hacia los enemigos,
- indiferencia hacia los tontos, y
- respeto hacia los que saben.

Hakim Gulam Moinuddin Chishti sintetizo la filosofía sufí, animando a sus estudiantes a:

- amar a todas las personas y no odiar a nadie,
- pedirle ayuda únicamente a Dios,
- desarrollar plenamente las propias capacidades y potencial,
- ponerlos al servicio de la verdad y sobre todo de los necesitados y los pobres.

¡La conciencia despierta es un estado de comprensión y conocimiento!

El *dhikr* es la canción de misericordia que nos recuerda nuestro hogar eterno, despertándonos del sopor que trae el olvido, estimulando lo que está oculto en nuestro interior y sanándolo. Es el amor fraternal en la Divina Presencia.

En el *dhikr* hay dos posiciones básicas que ayudan a que la energía circule y permanezca en el cuerpo: cuando pones tus manos sobre tus rodillas o cuando pones una encima de la otra sobre tu falda. La primera posición estimula más intensamente el área del pecho y el corazón, la segunda te ayuda a concentrarte.

Para intensificar la repetición de un Nombre Divino, *dhikr*, cuando lo haces para otra persona, tócala con tu mano izquierda y pon tu mano derecha sobre su hombro izquierdo. Esto conectará a la persona con el flujo de energía.

Cuando tocas perlas, debes tener cuidado de no destruir su belleza.
De la misma forma, es apropiado para quien desea sanar cuerpos
humanos –la más noble criatura existente sobre esta tierra–
que los trate con amor y suavidad.
Proverbio islamico

La sabiduría del corazón y la sabiduría del amor fluyen hacia donde se necesitan, se multiplican y pueden asimismo fluir de regres. Siempre ha sido así.

¿Me permite? ¿Debo? ¿Puedo?

Estas preguntas nos protegen a nosotros los seres humanos de caer en la tendencia latente del ego: el orgullo, el engreimiento y la arrogancia. Además nos ayudan a generar el espacio para que surjan las cualidades de gratitud y altruismo, basadas en el conocimiento de la necesidad humana que compartimos todos. Es siempre un honor tocar a otro ser humano, recibir permiso para acompañarlo y así ser mensajeros de bondad en este mundo visible.

El ego nos encadena con siete cualidades: envidia, odio, codicia, ignorancia, pasiones negativas, arrogancia y mezquindad.

Dar y tomar, recibir amor y ser altruista son características inmateriales que no emergen de la riqueza o el estatus social. Es a través del amor que comenzamos a devenir seres civilizados. Una vez que nuestra capacidad de amar se ha despertado, se abre el camino hacia el gran Océano.

El sendero del amor consiste en comenzar a moverse, sabiendo que el camino guiará a quienes transiten con confianza sobre él.

Es el silencio, la compasión y todo lo que trae inspiración, lo que une el mundo visible y el invisible, trasciendendo la vida terrenal.

Se trata de encontrar la fortaleza oculta en la vida diaria, de confiar en los sentimientos y la intuición, de llevar una vida disciplinada, cuidando lo que nos rodea y la forma en que nos tratamos a nosotros mismos.

El sendero que conduce de la cabeza al corazón a través del vientre puede ser muy largo y consumir mucho tiempo. Algunos se encuentran dolorosamente arrojados a él por la fatalidad, otros sienten que la vida simplemente no tiene ni alegría ni el más mínimo significado sin ello. Cada persona es diferente y sigue un camino externo diferente.

La enfermedad se manifiesta, generalmente, en un cuerpo que se ha tornado inarmónico y cuyas vibraciones chocan unas con otras. Llevar al cuerpo a su nivel fundamental más profundo comienza un proceso de sanación. Es esencial que la persona que acompaña eleve sus propias vibraciones hasta un nivel armónico y relajado, antes de comenzar la práctica de sanación.

¡Así que deviene como eras cuando no existías!
Junaid

La siguiente oración de sanación puede usarse para beneficiar a una persona, ya sea presente o ausente. Se repite 19 veces:

يا الله

يا شافي

بسم الله أرقيك مما فيك

إشفي أنت الشافي

شفاء لا يترك سقماً

بسم الله أوله وآخره

Iā Allāh	Oh Allāh
Iā Shāfī	Oh Sanador
bismillāh 'arqīka mimmā fīka	En el Nombre de Allāh yo te sano de aquello que llevas en ti
ishfī anta sh-shāfī	Sana, Tú eres el eterno sanador
shifā'un lā iatruku saqaman	Una sanación que no deje rastros de enfermedad
bismillāh awwaluhu wa ´ājiruhu	En el Nombre de Allāh es el comienzo y el final.

Estando sediento, no bebo siquiera una sola gota de agua
sin encontrar Tu imagen en el vaso.
Juro por Dios, desde el amanecer hasta el ocaso,
en cada aliento respiro mi amor por Ti,
jamás voy a conversar con un amigo,
sin que Tú, en mi ronda, seas el tema mío;
ni moras en mis pensamientos sobre Ti, tristes o felices,
sino que Tú estás en mi corazón, yo Te murmuro.
Ni intento beber agua para apagar mi sed,
sino que contemplo Tu imagen en la taza.
al-Hallaj

No solo los sedientos buscan el agua,
el agua también busca a los sedientos.
Rumi

BIBLIOGRAFÍA

Asad, Muhammad. "El Mensaje del Qur'ān". Traducción al español Abdurrasak Pérez. Centro de documentación y publicaciones islámicas. Junta Islámica, 2001.

Asad, Muhammad. "The Message of the Qur'ān". Translated and explained by Muhammad Asad. Kuala Lumpur, Malaysia, 2011.

Bakr, Isma'il Muhammad. *"Asma'u llah al-husna, Athariha wa asrariha"*, [Los Nombres Más Bellos de Allah, su efecto y sus secretos]. Cairo, Dar al-Manar, 2000.

al-Hurani, 'Abdallah Ahmad. *"Asma'u llah al-husna lil-dakirinwa-l-dakirat"* [Los Nombres Más Bellos de Allāh para aquellos que los recitan]. Palestine, 2007.

al-Jerrahi al-Halveti, Shaykh Tosun Bayrak. "The Name and the Named" [El Nombre y el Nombrado]. Louisville, KY: Fons Vitae, 2000.

Makhluf, Hasanayn Muhammad. *"Asma'u llah al-husna"* [Los Nombres Más Bellos de Allah]. Cairo, Dar al-Ma'arif, 1974.

Merton, Thomas. "The Alaskan Conferences, Journals, and Letters" [Las conferencias de Alaska, Diarios y Cartas]. New Directions Publishing Corporation, 1989.

an-Nabulsi, Shaykh Muhammad Ratib. *"Mawsu'at asma' u llahal-husna"* [La Colección de Los Nombres Divinos], vol. I-III. Damascus, Daral-Maktabi, 2004.

al-Qusayri ash-Shafi'i, 'Abd al-Karim. *"At-takhbir fi-t-tadkir sharh 'asma'i llah al-husna"* [Explicando y recitando los Nombres Divinos]. Beirut, Dar al-Kotob al-Ilmiyah, 1999.

al-Rifai, Muhammad Jamal. "El significado de los Nombres de Nuestro Señor" Traducido del inglés por Rauda Aguirre con el permiso de Sidi Muhammad Press. Buenos Aires, 2007.

Salim, 'Abd al-Maqsud Muhammad. *"Fi malakuti llah ma'a asma'u llah"* [En las esferas de los Nombres Divinos]. Cairo, Sharikat ash-Shamarli, 2003.

Az-Zira'i ad-Dimashqi, Shams ad-Din. *"Asma'u llah al-husna"* [Los Nombres Más Bellos de Allah]. Cairo, al-Tawfikia Bookshop.

SOBRE LA AUTORA

Rosina-Fawzia Al-Rawi Al-Rifai, doctora en estudios islámicos, ha publicado numerosos libros en árabe, alemán, inglés y francés. Asimismo ha enseñado sufismo por mas de 20 años y continúa haciéndolo, especialmente através de talleres cuyo tema principal es la espiritualidad femenina.

Nacida en Bagdad, la Dra. Al-Rawi pasó su infancia en Iraq y en el Líbano. Fue iniciada por su abuela en la cultura y tradición del Medio Oriente donde la danza del vientre es una expresión principal del mundo femenino.

Actualmente vive en la ciudad de Viena, Austria, con su esposo y sus tres hijos, desde el año 2001.

www.haus-des-friedens.at
www.fawzia-al-rawi.com

LOS NOMBRES DIVINOS Y SU GRABACIÓN

Para facilitar la pronunciación correcta de los más bellos Nombres de Dios, la Dra. Al-Rawi los ha grabado especialmente para todos los interesados. Se encuentran en la página web que lleva su nombre:

ww.fawzia-al-rawi.com -> Publications -> Downloads -> DivineNamesMP3.zip

Precaución: Se recomienda enfáticamente no escuchar las grabaciones de los Nombres Divinos mientras maneja su automóvil o realiza otras actividades que requieren total concentración.

CONTACTO

Sheema Medien Verlag

Libros. Publicados con amor.

Hirnsberger Str. 52

D - 83093 Antwort

Tel. +49 8053 - 7992952

Fax. +49 8053 - 7992953

info@sheema.de

www.sheema-verlag.de

¡LES DESEAMOS FELICIDAD A TODOS LOS SERES!